起信論講記

第一輯

——平實導師 講述

ISBN-957-28743-5-7

自序

《大乘起信論》是聖 馬鳴菩薩所造，因爲論中義理極深，又宣示成佛之道精神所在之一切種智內涵，多屬佛弟子四眾聞所未聞之甚深法；而又言辭簡略，極難了達其意，是故自古以來，多有未具種智之愚癡人大膽謗爲僞論。更有愚癡初機學人不辨眞假，但見大名聲之法師居士謗之，便亦踵隨謗之；如是輾轉傳謗，常無已時，至今不絕。直至平實正式宣講此論以後，此謗方始漸絕於臺灣，如今不聞有人再謗爲僞論矣！

殊不知聞所未聞法，雖有可能爲索隱行怪之外道論，亦有可能爲甚深極甚深之種智妙法；學人若無種智，無能分辨者，最宜忌口，萬勿輕易評論；否則，萬一誤評極妙種智深論正義，即成最嚴重謗法之地獄罪；舉凡種智妙法深義之誹謗者，皆是謗法中之最重罪故，所謗皆是三乘菩提之根本法故。

檢視《起信論》之引人諍論者，端在「眞如緣起」一法之說，謗者皆引此一言教而評破之，謗爲僞論，誣爲外道假藉 馬鳴菩薩聖名而造此論；每每主張眞如本有，非可藉由緣起之法而修成之。然而彼說之言固有其理，而 馬鳴菩薩所言「眞如緣起門」之眞實義，並無否定眞如本有之意，只因其義甚深，兼述因地眞如轉變爲佛地眞如之妙義，古來少人能眞證知，今時更無何人能眞證知，誤會 馬鳴菩薩論中實義故，便認定爲外道假藉菩薩令名所造僞論，是故自古至今多有誤謗之人。

此論中妙法，主要有二：心生滅門與心眞如門。心生滅門者，始從七轉識之染淨熏習作用，進言法界實相理體之阿賴耶識，明言阿賴耶識心體自身乃是七轉識之根源，名爲如來藏。又倡言「一心唯通八識心王」之說，謂若主張「眾生皆唯有一心」者，則此一心唯可說爲阿賴耶識，將七轉識悉皆納入阿賴耶識一心之中。又言阿賴耶識一名者函蓋第八識如來藏與七轉識，將此不生滅之第八識如來藏與其所生之七轉識合爲一心，即名之爲阿賴耶識。是故自古以來，具有種智之人，常言「一心之說唯通八識」，謂阿賴耶識一心函蓋八識心王也！

然爲利樂初機學人，大益有情令得現觀八識心王體性迥異之處，使其易得證悟阿賴耶識心體自身，欲令因此而生般若實智，往往將此一心阿賴耶識分爲八識心王，並一一細說之，由是故有眼識、耳識……意根末那識乃至阿賴耶識之說。匪唯古來諸多證悟祖師如是說，我 佛世尊於《楞伽經》中亦如是說，即是假為人悉檀而述第一義悉檀也！

佛地眞如之神用，微妙廣大，非諸等覺菩薩所能稍知；然而此一神妙難宣之廣大功德早已含藏於因地眞如阿賴耶識心體中，是故因地眞如阿賴耶識心體本已有之，馬鳴菩薩初未否定因地眞如阿賴耶識心體之本已存在也。然而因地眞如究非佛地眞如，差異極大，悟得因地眞如時仍無法獲得佛地眞如之廣大功德，是故佛地眞如實非初悟之時一蹴可幾，唯除最後身菩薩示現在人間一悟成佛，是故 馬鳴菩薩所言佛地眞如緣起之說，方是正說。

欲得成就佛地眞如所需之一切成佛種子，悉皆存於如來藏阿賴耶識心體中，皆屬本有未發之功德，又因阿賴耶識心體恆常顯示眞實性與如如性，故名因地眞如。然而佛地眞如所有之廣大功德，要由證悟因地眞如阿賴耶識心體之後漸次進修，藉心生滅門之修行緣起，歷經三大阿僧祇劫之進修內容與過程而後可幾，終得成就佛地眞如無垢識廣大功德，是名佛地眞如緣起之眞實義；是故眞如緣起方是眞正佛法，而且是最勝妙之佛法，謂佛地眞如要由因地之如來藏阿賴耶識心體所含藏之七識心王有生有滅之法修行成就；故說佛地眞如並非一悟可成，要由三大阿僧祇劫之累積福德，慈濟眾生，然後求悟般若，進修種智……等無量菩薩行之後，方可成就；由此證實眞如緣起之說方是正說；絕無省去菩薩階位修行無量難行能行之過程，而可在因地一悟即成佛道者，唯除最後身菩薩已經實修圓滿此一過程。

然而佛地眞如心體者，因地本即存在，即是眾生同等皆有之阿賴耶識心體也。此一心體又名如來藏、本際、實際、眞如、如、我……等無量名，馬鳴菩薩在論中說之爲如來藏心。並謂此心配合自己所出生之七轉識，則能直接、間接、輾轉出生萬法。由因此心能出生萬法故，所出生萬法必有生滅，如是而說此一實相心之生滅門，非謂第八識實相心體有生有滅也；少聞凡夫不知論中實義，便謗言：「《起信論》說實相心體有生滅，必定是僞論。」而不知論中所言「心生滅門」者實謂阿賴耶識心體所含藏之七識心王種種生滅現象，都由八識心王合爲一心之阿賴耶識而說、而攝，阿賴耶識心體自身則無生滅，故論中說：「**心生滅門者，謂依如來藏有生滅心轉，不生滅與生滅和合，非一非異，名阿賴耶識。**」是故誹謗此論者，皆是咎由自身之未解論中實義，誤會論中文字所表正義所致。

學佛之人，悟後必須了知：欲實證佛地眞如無垢識者，必須悟後漸次進修，經由心生滅門中所說之一切種智修習、性障之伏除、習氣種子隨眠之斷除、廣大福德之累積，然後始得成就佛地眞如心體無垢識之廣大功德。若不經由心生滅門，則無由達成心眞如門所欲實證之佛地眞如無垢識廣大功德。是故 馬鳴菩薩於論中說明「心生滅門與心眞如門各攝一切法」，又說佛地眞如之緣起，意在此也！

心眞如門，乃由橫面說明第八識如來藏在因地之時即已是具足眞如性相，但因七轉識相應之無明、煩惱種子覆障故，唯顯自體之眞如性相，而不能發起佛地眞如心體無垢識之無漏有爲法上之廣大功德，難以廣大的利樂有情；所以要由心生滅門中下手修行，悟後進修內門六度萬行，以及種種菩薩十度萬行，逮至一切種智圓滿、煩惱障習氣種子隨眠及無始無明隨眠皆悉斷盡，復又歷經百劫勤修極廣大福德之後，方入佛地，方始圓成佛地眞如所應有之極廣大無漏有爲法：四智圓明、廣大神通、十號具足……等法。

是故，馬鳴菩薩所言心生滅門一法，甚深極甚深，當今之世無人能知；自古以來知之者亦少，非有大善根、大福德者，難以聞知其中密旨，何況能自行知之？由於論中文字極爲簡略，所陳義理又復倍極甚深，學人難知難了，是故誤會之者所在多有，自古不絕如縷，迄今仍多。

鑑於臺灣廣大佛弟子眾，數十年來恭敬供養三寶，廣積福德、慈濟眾生、興善止惡，欲遏止人欲之橫流、惡業之擴散，欲令眾生同得解脫生死流轉之大苦；其福不可謂小，其智不可謂無，然而終究未能發起出世間智，更難發起世間、出世間智，唯有世間小智而誤以爲實是出世間智；此非具有福德之佛弟子所應得之果報。有鑑於此，起心欲作廣利有福佛子之事與業，乃決定將本爲會中同修宣講解說之 馬鳴菩薩妙論實義，梓行天下，以報臺灣寶地廣大佛弟子，兼及大陸未來福德成熟者，庶幾不沒 菩薩造論初衷，亦得消解古今誤謗本論之流毒，更兼防止後人再犯誤謗妙論之地獄業，用是緣故，乃倩我正覺同修會編譯組人員，整理成文，略加修飾，即以成本價流通天下；欲得藉此建立正法大纛，兼以廣利因緣成熟之廣大佛弟子。今以此書出版在即，乃述緣起，即以爲序。普願廣大福德具足佛子，悉得藉此書中妙義成辦見道知見，乃至有日終得證悟般若實智，共護我 佛世尊遺法，令得長劫廣利有情！

佛子　**平實**　謹識

公元二○○四年初暑

引言：

今天（編案：此是公元二千年八月八日所講）有許多人在座聞法，其中有一百二十幾位已經明心破參的學員，請你們不要嫌我講得太細、太囉嗦、或者嫌我講得太淺，因爲在座的人中還有三分之二的人是還沒有破參的，所以請你們要包涵一下，因爲我講的時候也要顧慮到那一部分的人，所以必須深入淺出。至於還沒有破參的人，你們聽了以後也許會覺得：「《起信論》好像太深了！這麼深的法，我都聽不懂。」請不要起煩惱，因爲你還沒有破參，所以聽起來似懂非懂，這是很正常的。因爲這個法是大乘裡面別教的法，別教的法是通往圓教的，但是他不共二乘法——二乘聖人不能像菩薩一樣的證解這個妙理——也就是說，二乘聖人所證的解脫道智慧，是無通達大乘實相般若智慧的，因爲解脫道不是般若實相智慧，只是無餘涅槃的一切智而已；因此可以說《起信論》所講的如來藏境界是甚深微妙法門所證的智慧境界，所以凡夫眾生未悟以前會聽不懂，這才是正常的。如果聽了以後似懂非懂，算是智慧很好的人，因爲你畢竟還沒破參，所以這是正常的事情；所以不要起煩惱，可以繼續修習，聽聞熏習久了以後，漸漸的就會開始懂得一些深妙的法義了。

在講《大乘起信論》的過程中，有時候我會舉出一些大法師、大居士錯誤的例子，讓大家可以比較容易瞭解我所說的法義。很可能有兩種人會生煩惱：第一種人有「名師崇拜症」的病，第二種人是「法師崇拜症」的病。我們要瞭解，「有名」的名師不見得就是「光明」的明師，所以名師講的東西不一定全對，還可能會有許多的錯誤產生，就誤導了眾生，所以不必崇拜名師；至於出家法師，他們也是一個正在修證佛法的修行人，還沒有證悟以前，他們所講的也不一定都正確，所以也不需要有法師崇拜症。我們要依照經典上面眞正的意旨來說，依照 佛所說的眞實的意旨來說，而不是說某個人名氣比較大，或者因爲他是法師，就認爲他們講的一定對；而應該這樣認知：不論是名師或無名之師，不論是法師或居士，只要所講的義理合乎經典和大菩薩的論典眞義，那就是明師，不管他們是名師或是無名之師，都無礙於法義的正眞無僞，那就是我們應該追隨修習的對象。

我說法舉例時，也許剛好講到的是你的師父、你的老師，請不要起煩惱。因爲從佛法的修習上來說，對就是對，不對就是不對，不應該和稀泥。我們學佛的目的是在修學智慧，而不是想要依靠哪一個人。我們跟他親近，是要跟他學法、學般若智慧，所以應當把情執丟開，才不會影響到我們自己的道業。我必須要舉例說明法義的差異所在，因爲在舉例說明的過程當中，大家會特別的容易瞭解什麼是對的，什麼是錯的。因此，如果聽到我舉出各方大師錯說佛法的例子時，請不要產生煩惱。

最後，要感謝兩位同修：各位拿到的《大乘起信論》教本，是兩位週二班的同修發心印的，但是他們不想讓人家知道，所以我們尊重他們的要求，在這裡特別表示感謝，而不指稱姓名。

《大乘起信論》爲什麼講是「大乘」？《起信論》爲什麼又說是《起信論》？很多人聽過大乘、中乘、小乘這個名詞，可是大乘與小乘有什麼差別呢？這就值得探討了。《法華經》裡面說有羊車、鹿車、大白牛車，羊車就算再有力量，也只能載一個人，二個人就拉不動了；鹿車呢？如果二條鹿呢？可能二個人、三個人、甚至四個人也可拉得動；那麼大白牛車呢？如果擠一擠加上欄杆可以坐上二十幾個人，一樣是拉了就走。這意思就是說：小乘度的人少，中乘度的人稍微多一點，大乘度的就很多。爲什麼說大乘可以度很多，這跟它的法義特殊有關。

小乘人不一定每一個人都是決定性的，有的人是會迴心的；本來是個小乘的阿羅漢，後來因爲他不是定性的聲聞，所以後來心量改變了，迴入大乘來修行。有的人是決定性的聲聞，始終不會成爲菩薩種性，他的根性就是聲聞種性，在捨報之前會隨緣度眾生，可是到了捨報的時候他就一定入涅槃，不願再來人間。所以就只有一生，也就是他成爲阿羅漢至入涅槃前那一段時間可以度人，所以他度的人少，而且他講的是無我法，而他的無我法又只是人無我，就是蘊處界空，不牽涉到法界實相理體。

辟支佛是中乘，他平常並不度眾生，辟支佛大部分都是不說法的，可是他常常現神通。如果你有幸遇到辟支佛，供養他一齋，他就現神通，一般眾生容易相應，看見他當場現神通的人就會相信他說的法義了，就覺得：學佛這麼好，大家都來學因緣法，度的人也就多一點。可是辟支佛捨報時還是要入涅槃，不再來人間繼續廣度眾生。

大乘的法就不一樣了，大乘的法分成兩個系統，一個系統稱爲通教，另一個系統稱爲別教。通教的意思是說，他所修的法跟二乘法是相通的，所修的是求出三界、求出輪迴，同於二乘菩提：聲聞菩提、緣覺菩提，純粹是解脫道。有一部分人由於福德因緣不足，或善知識難遇，沒有好機緣，只好遇到什麼法就學什麼法，結果遇到的是二乘法，所以就學解脫道；可是他有菩薩種性，看到眾生輪迴生死好可憐，起了悲心，所以發願：「**我不入涅槃，要生生世世用這樣的法門度眾生**」，就發起大悲心度眾生而不入涅槃，是菩薩的種性。他所證的菩提果是聲聞菩提、或者叫作緣覺菩提，跟解脫道相應的，可以出三界；但是他證得解脫果的時候，可以出三界卻不出三界；這個法在大乘裡面也有，它跟二乘法是相通的，內容沒有很大的差別，通二乘人所修的解脫道的法，所以叫作通教：通三藏教，通二乘教，也通大乘教，所以叫作通教的菩薩。

第二個系統講別教菩提，諸位來這裡要學的就是別教的菩提法。別教菩提講的是眞如與佛性，以眞如與佛性爲中心；證得眞如，再證得佛性，以後再修一切種智，進入到初地得道種智，住於無生法忍當中；這樣地地往上前進，初地滿心時轉入第二地中進修，一直到等覺位，斷盡最後一分故意保留的極微細煩惱障習氣、以及最後一分無明隨眠，然後成爲大乘別教所說的佛，這就是佛菩提道。

佛菩提又稱爲般若的證覺，菩薩六度所講的修證內容就是般若，但是六度在初地前修，到了地上，要修十度，這樣才能成就佛果。般若有總相智、有別相智、有種智。總相智就是大乘別教的眞見道位，剛剛找到如來藏的那一剎那開始，以及隨後的那一兩天、三五天在整理的過程當中，都是眞見道，證得根本無分別智，表示說眞實的找到本心了：如來藏並不是想像中有一個如來藏，而是眞正找到如來藏，可體驗祂、驗證祂。

眞正看見了佛菩提修證的道路以後，接下去修學法無我智，就是《楞伽經詳解》所講的東西，就是一切種智的內涵，也就是無生法忍智；這在以後開講《解深密經》中，我們會以「講義」的方式註解出來；這時候再繼續修，在十迴向位之前叫作別相智；初地以後稱之爲種智。「種」就是講眞如——阿賴耶識——裡面種種的種子，這一切種子你能夠修證，能夠證驗它，證得少分而通達般若的時候，就起了法眼而進入初地，就稱爲道種智；在道種智的基礎上地地進修，一直到佛地圓滿，就是眞如——無垢識——裡面所有的功能差別、所有的種子你都具足了知了、圓滿了，這時候的般若實相智慧就叫作一切種智，也具足了大圓鏡智等四智。二乘菩提的解脫智慧叫作一切智，與般若實相智慧無關；大乘菩提所證得的卻是般若的總相智、別相智，別相智就是後得無分別智，進修圓滿時具足了知第八識中所含藏的一切種子，就稱爲一切種智——成佛了。

初地以上的般若智慧是道種智，到佛果時圓滿時稱爲一切種智，這是別教的菩提。這個法，二乘無學位的聖人——阿羅漢、辟支佛——統統不懂；除非他們迴小向大，來學別教的法，證得自性眞如理體第八識如來藏，進入到別教的菩薩位當中。所以說沒有證得如來藏的人，也沒有證得二乘菩提——還沒有斷我見的人——稱之爲凡夫；二乘無學的阿羅漢，以及迴小向大以後，還未證得如來藏的那些聖人，都稱之爲愚人，因爲他們仍然愚於法界的實相。他們雖然不是凡夫，可是他們都還沒有般若實相的智慧，所以稱之爲「愚」；既沒有證得如來藏、也沒有證得解脫果的人，就稱之爲「凡」。諸位進來的時候看見 韋陀菩薩旁邊的兩行字，就是在講大乘別教的菩提，不同於大乘的通教，也不同於二乘的菩提（編案：正覺同修會第一講堂玄關韋陀聖像旁之對聯為：正智親證本來性淨涅槃唯我大乘，正覺菩提現觀人法無我不共凡愚）。

大乘佛法爲什麼叫作大乘？這是因爲別教的菩提，難聞、難信、難修、難證，所以稱之爲大。這個「大」是依於第八識心體的眞如自性而說它是大：體大、相大、用大，因爲這個緣故所以它叫大乘。但是就算你證得自性藏識，一直到你成佛的究竟位，要修行將近三大無量數劫。這三大無量數劫中，你想想看，可以度了多少人在未來成佛！一切佛弟子，一定要攝受眾生，才可以成佛，不然的話，福德不滿足就不能成佛；也就是說，除了「法大」以外，「心量」也要大，大乘主要就是講這個道理。

《大乘起信論》是把大乘般若眞空不空的道理說明出來，啓發大家對大乘法的信受；能信受，多多少少才能信解，它是解說「引起、升起、發起大家對大乘法信心」的一種說明議論。

《大乘起信論》是馬鳴菩薩所造，可是以前有很多人說《大乘起信論》是僞論，說這部論是錯誤的，他們認爲：馬鳴是個初地菩薩，怎麼可能寫出這種錯誤的論來？於是就說，這根本就是外道假託　馬鳴菩薩的名義所寫出來的東西。但是，事實上並非如此。可是爲什麼會有這個現象出現呢？這是因爲那些評論的人，對《起信論》的眞實義旨不懂，誤會了，才會說出這種話。

週二班聽過我講《成唯識論》四年多的人，在他們看來，《大乘起信論》是很淺的東西；可是對於還沒有破參的人來說，《大乘起信論》的義涵，那可深囉！對於剛破參的人來講，那也是很深奧的啊！那些凡夫還沒破參的，看到《大乘起信論》裡面說「心生滅門、眞如緣起門」，一下子，氣就上來了，他們說：「如果心是生滅的，怎麼可能是眞如？如果是緣起的，不是馬上會壞掉嗎？那還講什麼實相？」於是就開始誹謗《大乘起信論》，甚至有人寫出種種評論，來否定勝妙的《大乘起信論》，成爲謗法者。

其實《大乘起信論》是完全正確的，是那些人依語不依義，所以把「眞如緣起」從字面上的意思誤會掉了，所以產生了誹謗的現象。日本人對這部論誹謗得很嚴重的，誹謗的人大部分都是作佛學學術研究的學者，不是眞正在學佛的人；但是卻能產生很大的影響，所以後來香港的月溪法師也跟著誹謗，並印成書籍公開的流通誹謗。其實《大乘起信論》的法義並沒有錯，而且是很清楚的把大乘佛法的眞實義顯示出來，只是月溪法師他自己不懂、弄錯了。

這在後面我們解釋「心生滅門的非一非異」、「眞如緣起門的不斷不常」，諸位就會瞭解到爲什麼 馬鳴菩薩的說法是正確的，也會瞭解這部論爲什麼眞是他所寫的了。

正文：

《大乘起信論》在中國印行的有兩種譯本，我們這個譯本是大周于闐三藏實叉難陀所譯的譯本。《起信論》的開頭有一首偈說：

歸命盡十方　普作大饒益　智無限自在　救護世間尊
及彼體相海　無我句義法　無邊德藏僧　勤求正覺者
爲欲令衆生　除疑去邪執　起信紹佛種　故我造此論

講解：聖　馬鳴菩薩作《大乘起信論》，開頭就是歸命三寶。第一句講「歸命盡十方」，因爲　佛不是只有娑婆世界中才會有，因爲虛空是無邊無際的，所以虛空中就有無量無數的佛世界。

我們這個娑婆稱之爲「淨、穢土」，既是淨土，也是穢土，因爲有髒的東西。但人的心、衆生的心也有清淨的，不是大家都不淨，所以既是淨土、也是穢土，所以在這裡的衆生，也能修行成功，然後與污濁衆生同住。我們這個地球世界是凡聖同居土——你不要說極樂世界才是淨土——所以這裡也是淨土。這邊的淨土當然比不上極樂世界下品下生的凡聖同居淨土，因爲那邊比這邊還要自動化，那邊想要吃什麼，比如說離開娑婆很久了，想吃一杯臺北的永和豆漿，豆漿立刻應念現前，喝完杯子一丟它就不見了，不用你動手。這邊還要勞動機器，那邊都不用。

凡聖同居土下品下生，在蓮花中要待十二大劫，也就是說，往生到極樂世界以後住在蓮苞中，整整聽聞苦、空、無我、無常、四聖諦、八正道、十二因緣、六波羅蜜，這樣聽過極樂世界的十二大劫（註）過後，蓮花開了，正式出生在極樂世界了，這個下品下生的人在極樂世界到處晃呀晃的，什麼時候才能證到聲聞初果都還不曉得，更不要說初地了。你要是在娑婆世界這邊混一混，這一生在慈濟作布施，努力種福田，下一輩子也許就信了這個法，因爲福德累積夠了！信了這個法你就進來了！然後再於正法裡面隨分量力種福德，因緣成熟了以後，不久就明心了；明心的果證，從通教及二乘教的解脫道來講是初果，從別教來講是七住位，那不是很快嗎！前後不過才兩世，在極樂世界來說，只等於是幾分鐘的事罷了。（註：極樂世界的時劫比娑婆長，詳見華嚴所說，或見《禪淨圓融》中的舉說）

極樂世界下品下生的人，要在蓮花中待十二個大劫——不是這裡的十二大劫——是那邊的十二大劫，那邊一天等於我們這邊一個大劫，想想看，那邊的十二大劫，等於娑婆世界多少大劫？要怎麼計算呢？等於是無量劫了！這無量劫中，要在那邊一直聽聞苦呀、空呀、無常呀、無我呀、四聖諦、八正道、十二因緣、六波羅蜜多，要聽無量劫以後，心性轉變成善性了，才能離開花苞。如果你在這裡開悟破參了，去到那邊聞法當下就成爲初地菩薩，悟了以後去那邊要成爲初地菩薩遠比這邊快。你看到底是要去那邊取快的，還是要在這邊取慢的，這就要有智慧去判斷了。

既然十方虛空無邊無際，當然世界國土不可限量。世界國土不可限量，當然也就會有無數的佛；既然如此，學佛的人當然要歸命所有的、全部的佛，所以講歸命盡十方，歸命十方所有的佛，不只是歸命此世界的 釋迦佛而已。

於十方世界「普作大饒益」，是說諸佛可以普遍的大作饒益有情的功德業。佛不像我們所能利益的眾生有限，我出道弘法十年，如今也不過一千人在學（編案：此是二〇〇〇年八月八日所說，不是出版時之實際情況）。當然也有人拿到無相念佛的結緣書而沒有來學，會無相念佛時也算受用，但是全臺灣加起來，我看不會超過一萬個人會無相念佛，還是很有限；但是 佛能夠作的、能爲眾生利益的，可就無量無邊了，所以說「普」。

那麼「大饒益」呢？大在哪裡？大在祂不但可以利益初機的學佛人，也能夠利益高層次的學佛人。譬如說，你在這邊悟了，你說：「**喔！我要到極樂世界那邊留學**（注意！我是講留學，不是到那邊住哦！不是去享受，根還是留在這邊，去那邊學好後再回來利益眾生）。」還沒有證道的人，阿彌陀佛能夠利益他；已經破參、見性，乃至也有可能今生證得初地、二地的人，生到西方極樂世界去，阿彌陀佛也能使他一下子證得八地再回來娑婆，這個差別可就大了。當然也有十方菩薩來到娑婆世界的色究竟天面謁 釋迦牟尼佛的報身 盧舍那佛，迅速成就諸地果證；十方眾佛都能這樣子，你說是不是「大饒益」？所以說 佛是大饒益者。

「智無限自在」，佛爲什麼是智慧無限，而且又是自在？因爲 佛有佛菩提智，佛菩提智具足四智：大圓鏡智、妙觀察智、平等性智、成所作智。有時則說佛有三智，三智是說祂有一切智、道種智、一切種智。一切智是阿羅漢辟支佛所證的，屬於出三界生死的解脫道智慧，只是佛菩提智裡面的極小部分智慧；一切智裡面有十智，從知他心智，乃至到最後的盡智、無生智。佛果的證得一定要函蓋取證解脫果：阿羅漢都可以證解脫果，如果 佛的解脫證境不如阿羅漢——沒有親證解脫果，那怎麼可以說叫作成佛？怎麼可以說是比阿羅漢的證量更高？所以一定是同樣有這個解脫果的，而且 佛所證的解脫果，是連習氣種子也斷盡的，當然更高於阿羅漢們。另外就是證得一切種智，我們前面講過「道種智圓滿了就叫作一切種智」，所以一切種智包含了道種智；一切種智成就的時候，就是四智圓明的成佛境界了。

我們所寫的《楞伽經詳解》，外面有一些老師、法師讀不懂，所以他們就說：「蕭平實經論讀得很多，所以他能夠寫很多東西。」前幾天張老師和我聊天的時候說：「老師啊！好像你的經論讀得並不怎麼多嘛！」我說：「對啊！」但是張老師並不是笑我，她的意思是讚歎。怎麼說呢？她的意思是說：我不曾讀過很多經典，但是卻能把經典中的眞實意思、勝妙正理講出來，眞是令人難以思議。其實大部分的經論我都沒讀過，《大乘起信論》我在十一、十二年前破參以前讀過，也讀過人家的註解，那時候都讀不懂。前陣子我把它翻出來看一看，「啊！那些人的註解都講錯了！」以前根本就讀不懂，現在卻知道他們的註解都講錯了；《大智度論》我曾經前面翻一翻，後面翻一翻，也沒讀完；《瑜伽師地論》也沒讀完，只選取比較重要的部分詳讀；只有一部《成唯識論》我是讀完了，爲什麼呢？那是因爲我已經把它講完了；我今天該講到哪裡，我就讀到哪裡，講完了當然也就讀完了。大乘的經典，有一半我還沒讀過，可是爲什麼能夠寫出《楞伽經詳解》那一類深妙的法義？那都是憑著「道種智」來寫的。修學佛法的重點是在般若慧上面，這才是最重要的；而般若慧的最高層次，就是一切種智的「萬法唯識」的實相智慧，一切種智還沒圓滿具足的時候，就是諸地菩薩所證得的道種智；道種智圓滿了，就稱爲一切種智。

解脫道中的一切智的智慧很淺，如果你的性障很輕微——幾乎沒有性障了——只要把十八界爲你作詳細的說明，你聽完以後就會成爲慧解脫的阿羅漢；可是般若實相智慧甚深極甚深，在還沒有證悟以前，不論怎麼詳細的解說，你還是難以眞正聽懂的；單單一個般若經所說的總相智與別相智，就有多少人誤會了，何況是第三轉法輪的方廣唯識系的經典？能夠知道的人可就太少了。有一次，有人約了本會某老師見一位在大學和佛學院教唯識學的鼎鼎有名的專家。剛開始時，這位專家意氣風發，可是談到後來，卻不敢講話了。爲什麼？因爲他講錯了的地方，我們的老師能知道，但是我們這位老師所講的，他卻聽不懂。

能夠具足般若智裡的一切種智，也就是般若的總相智、別相智、一切種智統統圓滿具足，三智具足了以後才能叫作「智無限」。一一總持統統念持不忘，沒有一法不知；又因爲一一總持中的每一個法相都可延伸出無量義，每一義理當中又可以延伸出無量義來，無量無數義理統統可以具足宣說，無礙宣說，所以又叫作「智無限」。佛常常說：「我四十九年說法，所告訴你們的法」，佛就從地上捏了一把沙子往大拇指的指甲上撒下來，「我已說的法譬如指甲上的這麼一點點土，可是我還沒有說出來的法，就像大地上的泥土那麼多。」講不完！雖然講不完，可是總持統統說了，化緣圓滿，所以 佛在人間示現取滅度。爲什麼祂能這樣呢？這是因爲祂有這三種智慧，所以叫作「智無限」。

因爲 佛的四智圓明：前五識是成所作智，化身無量無邊，現出去的化身非有情非無情，所變的化身卻仍然是中道法。意識有妙觀察智，末那識意根有平等性智，第八無垢識眞如則有大圓鏡智，一一心都可以單獨的去運作，而不像我們八識心王得要合在一起才能運作。祂有這種四智圓明的智慧，由於大圓鏡智的關係，說法無量無邊，所以 佛可以具足四無礙辯，這個就是「智無限」。

大家到正覺同修會來學法，至少要對自己有一個基本信心：我至少要證下品的妙觀察智、下品的平等性智。應當要有這樣的心量，不然的話，你來這裡學法作什麼呢？只要在原來的道場學就好了啊！來這裡學法，最重要的就是要親證這般若的智慧！這是我們這一生中學佛最起碼的基本目標。這個目標達成了以後，接下去往上修進，這一世怎樣能夠進到初地去，也是大家所應該發願去作的；能夠瞭解到這個道理，才能稍微了知什麼叫作「智無限」。

「智無限」所說的智慧一定有一個根源，就是從自性眞如而生。這個「自性品」中有無量無邊的種子；種子又叫作「界」，爲什麼叫「界」呢？因爲每一類種子都有它的界限，比如說眼識，只能看而不能聽、不能嗅、不能嚐、不能觸、不能作別的了知，這是眼識的界限、眼識的種子。

種子還有一個名稱叫功能差別。種子無量無邊，所以第八識眞如的功能差別也是無量無邊的。這些要怎樣去證知它呢？當然就是要成佛，可是成佛得要有一個次第，不能夠一下子就從凡夫地直接跳到佛地去，跳不上去呀！譬如從一樓來到九樓，你得要從樓梯間、電梯間一樓一樓爬上來，不可能說進了電梯門一開一關就到九樓。不可能！一定要有上來的過程。

成佛也是一樣的，第一步要求「明心」，也就是親證法界實相理體的第八識阿賴耶識。成佛的起點，剛開始，在十信位當中，要讓你發起具足的信心：教你外門廣修菩薩六度萬行，到處去布施，還受菩薩戒，乃至出家受聲聞戒中的比丘戒、比丘尼戒。然後告訴你：脾氣要好一點，不要動不動就生氣，要修忍辱行；還要努力用功精進，還教你要修點禪定的功夫，教你聽一點第一義諦般若；六度中的每一度都多多少少要熏習一點、要修證一點，這個就是外門修菩薩六度萬行。

到了信心具足圓滿，十信位滿足了——從別教來講有五十二個階位——十信位滿足了之後，進入初住位中主修布施行，轉入二住位中主修持戒、清淨身心，三住位中主修忍辱、能不動心，四住位中主修精進而不懈怠，五住位中隨分修習四禪八定，六住位中努力熏習般若，但其實都還是住在外門中廣修六度萬行。這一些外門的六度萬行具足了、圓滿了，你才有機緣遇到「明師」，才可能證悟實相；如果前面這一段過程不曾努力修過，那就不要抱怨說：「**我怎麼老是遇到教我聲聞法、緣覺法的師父？**」這都要怪自己，因爲你的菩薩六度萬行修得不夠，福德還沒具足，性障還太重，菩薩性還沒有發起，所以縱使遇到了大乘法的明師，你也不會信受他的。如果這些都有去修，修完之後在　佛前發願，發願文中要從初發心到成佛都函蓋進去。接下來就有機會遇到大善知識，就可以破參——找到第八識而親證眞如。找到第八識而現觀眞如的時候，般若經就通了，沒有找到第八識，沒有親證眞如，般若經你就讀不懂。

般若並不是在說一切法空，般若經裡面有兩個層面：一個層面是從如來藏的體性上來說空性，這個空性體是眞實有的，找到祂以後，可以證驗祂的體性，領略祂的體性，雖然祂不是物質的法；另一個層面，從如來藏所生的五蘊、十二處、十八界等蘊處界自身來說一切法空。不可以像印順「導」師離開了如來藏，把如來藏否定掉了，來說一切法空。沒有如來藏的時候就不可能會有一切法空，因爲沒有如來藏的時候，你的五蘊、十二處、十八界就不可能出現了，尚且不可能有今生的你，哪裡還會有蘊處界空、一切法空？一切法是從蘊處界轉生的，而蘊處界卻是從如來藏來的；既然一切法空是從蘊處界來的，沒有如來藏的時候哪裡還會有蘊處界的一切法空？

因此說：要證悟般若，只有一條路，就是趕快破參，找到你自己的如來藏；要不然，先找到別人的如來藏也可以，因爲找到別人的如來藏時也就會找到自己的，這就是類智忍與類智，不像是找到自己的如來藏時先有法智忍與法智。可是你不要懷疑說：「我是不是和眾生共有一個如來藏？」如來藏是各自唯我獨尊的，你是你的，他是他的，各人有各人的；但是體性都一樣，所以有時祖師說：「衆生共有如來藏。」是說共通的、一樣的，都有同一體性的如來藏，並無差異。如果是共有一個如來藏心體的話，問題可就很大哦！如來藏如果大家共有一個的話，諸位！你們只要推派一個代表來學就好，因爲他能學到的法，你也就同時得到了！但是從現象界中所見，從實相界所見，都不是這樣的，所以不是大家共有一個如來藏。可是如來藏是同一種類的，當你找到別人的，也就能夠返觀而找到自己的了；找到自己的，也就會找到別人的了，道理是一樣的。

有人在網站上講：「蕭平實講般若的實證只有如來藏法一門，太專斷了，太過武斷了，不一定說沒有證得如來藏就不能親身驗證般若。」那麼我們要問：「難道有人不證如來藏而能說自己已經實證般若的嗎？他已經發起般若智慧了嗎？」因爲般若實智就是專講如來藏的體性，就好像一個人一直在講「溼性是什麼、什麼……」但是卻又同時否定了水的存在一樣。溼性是什麼？溼性就是水的體性！離開水而有溼性，這不是一件很荒唐的事嗎？所以，離開如來藏而說有般若實智可證，那是很荒唐的！

還有一句話，諸位要記得；常常有人這麼說：「法門有八萬四千，門門都可以入，為什麼一定要證得如來藏才算是開悟？」這話聽起來好像對，可是當我們開始探討這句話的時候，問題就來了：一個佛法的大殿堂有八萬四千門，不論從東門進來、西門進來、南門進來不都是同一個殿堂嗎？如果你從不同的門進來，而不是同一個殿堂，那表示說佛法的大殿有好幾個，而不是同一個，那就有大問題了。同樣的道理，如果說八萬四千法門證悟了以後，證悟的內容是不一樣的，那就表示實相有二個、三個、五個了！但是法界最後的實相不可能會有好幾個，實相永遠只能有一個。既然證得如來藏的人是開悟，沒有證得如來藏也可以算開悟，那實相豈不就變成兩個了？所以，如來藏是證悟的標的，而不是八萬四千法門之一；所以如來藏是八萬四千法門所證悟的標的，如果所悟不是如來藏而現觀祂的眞如性相，那就不是般若的開悟！

所以，實相既然只有一個，而 佛說的證悟就是證得如來藏，經中也說證得如來藏就是開悟般若！因此，法門可以有八萬四千，可是證悟的內容將永遠都是同一個法：如來藏。但是同一個種類的如來藏，你的是你的，我的是我的，不是大家共同擁有一個如來藏。這個就是證得般若的一個很重要的關鍵。能不能發起般若的智慧，都從這裡作分野，大乘法的超凡越聖，就是從這裡開始的；如果不證如來藏而能夠成爲聖人，那就一定是二乘初果到四果的聖人，永遠超越不了聖人境界；只有親證如來藏，才能超越聖人的解脫境界。

這一條線跨過去了，這個無形的牆、無門之門闖過去了，從此可以內門修菩薩六度萬行；乃至於轉入初地以後，完全是內門修菩薩十度萬行。這就是說：智無限，是要從別教的證悟般若開始。離開別教的般若禪、離開禪宗的證悟（其他宗派中如果也有人證悟的話，一定會和禪宗的破初參明心的內容一樣），就沒有別的法可以讓你往「智無限」的境界前進。

所以說想要成佛，要到達智無限的境界，要進入大乘的見道位，成爲內門中的菩薩，第一步要求就是明心、見道。不能像印順法師那樣的說：「中國所流傳的禪宗的野狐禪。」修習禪宗的禪，一悟就可以讓我們進入大乘別教的見道位，他的否定第七八識的一切法空的「般若」，卻變成應成派中觀的邪見。也不能夠像他的追隨者那樣誹謗說「禪宗那些公案是無頭公案」，對我們來講，禪宗的公案絕對不是無頭公案，每一個公案都有頭有尾，而且親切得不得了。可是他不瞭解，不知道公案在講什麼，就好像沒有一個頭緒那樣，所以對他而言就成了無頭公案啦！

最近出版的《宗門血脈》你們都要讀，公案是給沒有破參的人讀的，不是給已經破參的人讀的。已經破參的人當然也可以讀，可以增益你的禪門差別智啊！但其實主要是要幫還沒破參的人，要讓他們去讀；所以是爲還沒有破參的人寫的，也是爲那一些悟錯了的大師寫的。「智無限」的圓滿，得要從大乘別教的般若下手，才能達成，以外就沒別的辦法了。如果無法證得如來藏阿賴耶識，就只能夠在二乘法的四部阿含諸經裡面顯易的部分去瞭解，四阿含裡面的密意可就永遠讀不懂了。雖然常常有人說印順法師對四阿含的研究很透澈，但是其實他只有半吊子，因爲他連十八界都弄不清楚、都弄錯了；會把十八界給弄錯的人，怎麼可能通達四阿含諸經呢？更何況是阿含諸經中隱說的密意呢？諸位如果破參了，十八界都一一加以現觀而弄清楚了，那你對阿含的瞭解就會比他透澈。等你破參了以後，再以阿賴耶識的現觀作基礎，把四阿含諸經再拿來讀，會發覺阿含諸經裡面有很多密意：公開傳世的解脫道密意和不公開傳世的般若密意，統統在裡頭。可是他們讀不懂！只是阿含中對般若的部分講得很簡略，都是以密意而說的方式，一兩句話就帶過去了。爲了印順法師的信徒們，我們五、六年後還要寫出《阿含正義》來利益他們。

四阿含諸經裡面的密意甚深極甚深。因爲它牽涉到大乘別教的法在裡頭，牽涉到般若中道在裡頭。佛陀在世的時候，解說阿含是非常細膩的，很詳細的解說。可是後來結集經典時，爲了容易背誦，所以就把它簡單化，去掉了反覆的解說，去掉了很細膩的解說，可是那個密意還是保存在裡頭。如果你有道種智，那些密意你都可以看得出來。你能夠通達般若，一步一步到達初地道種智出現的時候，回頭再來看阿含時，那就大大不同了。

我在破參前讀過四阿含，並斷句過了。但是後來破參後再讀時，發覺以前斷句時有一些地方斷錯了。爲什麼呢？那是因爲當時沒有眞的讀懂。後來悟後重新再讀的時候就不一樣了，所以重新斷句的時候就大不相同了。爲什麼呢？因爲以前對很多經文中的密意是讀不懂的，後來讀懂了；當你眞正讀懂的時候，就能把當年 佛陀講阿含諸經時的詳細內容敘述出來，簡略的地方也可以演繹出來，大家讀了你的註解以後就都會懂了。

佛陀講四阿含諸經的時候就已經成佛了，所以實相般若不是在成佛以後一段時間才又懂的，在講阿含的時候就已經統統以密意宣講過了；只是祂用密意來宣說，別人讀不懂，就說 佛在阿含時期沒有講過般若。可見 釋迦牟尼佛在菩提樹下成佛的時候是眞正的成佛，並不是有些人所說的「只是三藏佛」。有一位古人（編案：指智者大師）判教說：釋迦牟尼佛是三藏教地位的佛。那就是說他的證量只是和大阿羅漢的解脫道證量一樣，還沒有般若實智。這個說法不對！祂當時就已經是究竟佛了。也有古人寫論說：釋迦佛是通教佛。那當然不對！通教的第十地是佛地，而通教的佛地只相當於別教的初地而已。但是 佛陀在四阿含諸經中，其實都已經預埋伏筆的把般若和唯識種智的妙法，在四阿含諸經中隱隱約約的說過了；只是太簡略、太少講、太隱晦了，而且是特重在二乘菩提的解脫道上來講法，所以大家往往忽略了，就以爲 佛在初轉法輪的原始佛教四阿含時期沒有說過大乘般若等法。

應成派中觀從西天的安慧論師、月稱論師、寂天法師，一直到西藏的阿底峽，到密宗黃教的宗喀巴、達賴一世，這樣一直傳下來，統統是應成派的中觀。他們一向否定第七識，一向否定第八識。可是在阿含諸經裡面有講第七識、第八識呀！我們上課時也常常舉出阿含的經典，讓大家瞭解原始佛教中的佛經確實有講過，並不是沒講。因爲他們讀不懂，就以爲原始佛教只講六識，不講七識、八識，其實不然；只有誤會阿含正義的自稱原始佛教的部派佛教某些法師，才會說原始佛教中不曾說過七、八識，而他們的見解其實不符原始佛教的眞實情況。他們竟然會產生這麼大的錯誤，僅僅是二乘菩提的見道都達不到，僅僅是聲聞菩提的見道都達不到，爲什麼會這樣呢？因爲不得般若實智而又沒有眞善知識的教導，因爲雖有眞善知識教導，卻因心中有慢所以不信受，所以才會產生那麼大的誤會。如果能夠親證般若實智，就一定不會有這種誤會，所以證悟般若是非常重要的！

證悟般若，在目前來講，這個地球就只有正覺同修會這裡才有。不論去到哪裡，統統是常見的外道法，都是把意識心當作第八識眞如。當你證悟般若之後，還要不要背《心經》啊？（大眾回答：不用背）不用背了！我已經背不起來了，可是你要問我任何一句，我隨時都可以跟你講得很詳細。我爲什麼不背呢？因爲每一句都是講你心裡面所證悟的東西，已經不是單講 佛的心了。只要前面幾句記得，心經裡面的密意也就統統都懂了。

我們出版的《宗通與說通》，從凡夫地一直講到佛地，整個佛菩提道的次第脈絡統統列出來，有一個具體可行、具體可修的次第，讓諸位一步一步的去證驗它。大家不可以滅自己威風的說：「欸！證悟的事是師父才有可能的，我哪有機會？」如果只有師父一個人可以證悟，徒弟們都悟不了，我告訴你這樣的師父是假的，這樣的老師是假的，除非他觀察徒弟們證悟的因緣還沒有成熟，所以不敢強行幫助徒弟們證悟，以免壞了正法，否則不可能只有他一個人證悟而徒弟們都悟不了。他可以成阿羅漢，他的徒弟應該也可以；他可以證悟，徒弟應該也可以證悟，應當如是。如果說一個大善知識只有他可以悟，徒弟要悟的時候，他說：「我看你很難囉！你永遠都沒有機會。」他如果這麼講，你就知道他不是眞正的善知識。

「智無限」，是講爲什麼智慧是無限的？而且可以得自在？從證悟般若智慧開始，從你找到如來藏後，般若慧就開始出現了。漸漸的你會越來越歡喜：啊！學佛的道路原來是這樣子走。

諸位記得要有這樣的大願心去作，可是證悟的條件得要自己去配合。不要老是怪親教師：「我來了這麼久了，怎麼都還沒有消息。」不要怪親教師，要怪自己，一定是自己福德不夠、定力不夠、慧力不夠，才會悟不了。所以不要怪親教師，我們親教師都是很優秀的。

「自在」，什麼是自在？如果請諸位上來說法十分鐘，你自在不自在？不自在啊！爲什麼呢？因爲心裡面一點把握都沒有：「我上去能夠講什麼？講出來的般若道理到底對不對？」沒有把握啊！臺灣有句俗話說：「腹肚裡若無膏，就吐無絲。」蜘蛛要吐絲作網，牠可要肚子裡面有東西呀！不然牠怎麼可以拉出那麼多絲網？

當你把道的次第弄清楚了，當你證得眞如，三乘經典你就都可以驗證；當你有了般若慧的時候，就得到一分的自在。怎樣有一分自在？至少人家講的八不中道，中道是什麼？爲什麼叫不一不異？爲什麼不來不去？爲什麼不斷不常？爲什麼不增不減？爲什麼不垢不淨？何止八不？無量無數的「不」你都可以講了。

爲什麼能夠這樣？因爲找到了自性藏識。找到如來藏的時候，自己親自去領略體會那個如來藏，祂就是一個中道性；證得那個中道性的時候，你就有中道的觀行；有中道的觀行，就是有中道的智慧。這不是印順法師的應成派中觀見所能夠知道的。他們完全不能了知，所以西藏密宗那麼多的法王，他們拿到我的書卻讀不懂。爲什麼呢？因爲沒有般若。所以「自在」的第一步就是要有般若，證得般若時，你就有一分自在了。

當你有般若的智慧，就得到了一分的自在。因爲證得如來藏之後，經典拿起來一翻開，第二轉法輪的經典絕對懂，第三轉法輪的經典就不敢保證了。爲什麼？因爲第三轉法輪的經典講的是一切種智，那是你悟得如來藏、發起般若以後，要進初地、二地、三地……時所要修的東西。可是二轉法輪的經典你一定會讀得懂，那時如果聽到有人講般若、講一切法空時，你心裡面就會偷笑。爲什麼呢？因爲你一聽就知道那些人不懂什麼叫作般若，還在那裡講得口沫橫飛；而你已經知道那些人名氣雖然很大，卻不像你已經親證般若的智慧了，所以你已經知道他的層次在哪裡了，他已經瞞不了你了，所以你就有一分自在啊！即使人家要求你上臺講，你也可以多少講一點，不會怎麼怯場了，這就是第一分的自在。

第二分的自在，是在除性障上面。性障，也就是見惑與思惑，在大乘法裡面叫作一念無明。一念無明有四種住地煩惱：見一處住地、欲愛住地、色愛住地、有愛住地等四種煩惱。自己參究而明心以後，我見消除了，性障也漸漸消除了或斷盡了，得解脫了，到那時候你出來宣說般若，人家大師們不服氣，派人威脅你說：「你再堅持己見，就把你殺掉。」你會說：「要命，有一條；可是你要叫我改變我的說法，門兒都沒有。」這就是第二分自在啊！有解脫道的修證，以及般若慧的修證，二者互相增長，這就是自在呀！

如果有一天你悟了，我跟你說：「某某師姊啊！妳應該要寫一本像《宗門血脈》那樣的書啦！像《護法集》那樣的書啦！」你幹不幹？你一定說：「嗯！這個我要從長計議。」因爲寫出去以後，不曉得什麼時候人家會來捅我幾刀，我怎麼辦？是不是？你沒有那個膽量嘛！所以，心自在，才敢爲護持 佛的正法，準備隨時起程往生後世。

心所以能自在，是因爲有般若慧加上解脫慧。解脫絕對不是因定而得，絕對是智慧，即使是俱解脫，也是靠著「盡智」、「無生智」的智慧而得，不是靠定力而證得；定的本身不能使人出離三界生死，有解脫智慧輔佐，定才能幫人解脫生死。如果你再有道種智，那麼就儘管寫，沒有人敢找你麻煩的。爲什麼呢？當他連你的書都讀不懂，哪裡敢來找你辯論或辨正，根本就不知道你的落處啊！縱然拼命一直去翻經典、論藏，想要找你的毛病，結果找來找去，只能證明你對，不能證明你錯。這個時候你當然是自在的，這就是「佛自在」的根源所在。所以自在的根源，是從般若的智慧、解脫果的智慧上面而得到自在，這就是「智無限」與「自在」之間的相互關連。

「歸命盡十方，普作大饒益，智無限自在」的「救護世間尊」，爲什麼說 佛是世尊？佛還有一個名號叫作大醫王；醫生能夠醫的病只有世間病，佛能醫的卻不只是世間病，祂還醫治輪迴生死的病，世間的所有醫生也要祂來醫啊！否則都是免不掉生死的，所以 佛又稱爲大醫王，這樣才是能夠救護世間的 佛。佛由於這種能夠「普作大饒益，智無限自在，救護世間」的功德，所以稱爲 世尊。

藏密黃教應成派中觀的那些人，有時會振振有辭的說至尊宗喀巴大師怎麼說、怎麼說；但是天曉得！宗喀巴只是個凡夫，連大乘通教聲聞菩提——聲聞教的斷我見——以及別教的親證法界實相的大乘菩提，都沒有見道，怎麼叫作至尊呢？他有一點倒是可以稱爲至尊——天下文章一大抄——他當文抄公是第一名，可以稱爲「文抄公至尊」。這是怎麼說的呢？宗喀巴把藏密諸祖所說的密續統統都集合起來、東抄西錄下來，他的組織能力很好，所以就把抄來的東西編輯一番而寫出《菩提道次第廣論、密宗道次第廣論、入中論善顯密意疏……》等東西來，當作是佛法，但是統統都錯了。

怎麼說他錯了呢？他跟著月稱（那個人被稱呼為「菩薩」，但是我寫到月稱「菩薩」的時候，菩薩兩字都要加個引號，因為他其實不是真的菩薩）的邪見來弘揚佛法，他註解月稱「菩薩」的入中論，其實是入邊論，不是入中論。怎麼說呢？因爲那兩個人所寫的東西都是意識思惟來的，是第六識想像的中道，不是眞正的中道，眞的中道是只有第八識心體才能顯現的。宗喀巴在他的《入中論善顯密意疏》裡面，把末那識給否定掉，把如來藏否定掉，剩下的心只有六個識，和月稱一樣的公然否定第七、八識。

現在我們就來簡單的說一說聲聞菩提，來講十八界。十八界：六根、六識、六塵。六識大家都知道，六塵則是色、聲、香、味、觸、法。那麼六識是不是已經有六個心呢？（大眾答：是！）是有六個心！六根裡的前五根：眼根、耳根、鼻根、舌根、身根都是有色根。佛又說意根是無色根、意根是心，請問六識加上意根這個心，共有幾個識？（大眾答：七個。）已經有七個識了！爲什麼宗喀巴和月稱兩人要把第七識否定呢？把祂否定了以後，十八界就只剩下十七界了，那就不是眞正的佛法了。

他們的近代追隨者又說意根就是大腦，如果意根是大腦的話，那請問：「在《阿含經》裡面佛說意根是通三世的，過去生造了業，會使得意根轉生到未來世去，請問大家有沒有把過去生的大腦帶來今生？」（大眾答：沒有！）沒有啊！那怎麼可以說意根是大腦呢！我今生剛開始學佛時也因爲讀了他們的著作，所以跟著他們認爲意根是大腦，可是後來想想：不對欸！意根如果是大腦的話，那我應該是帶著上一輩子的大腦來，那就沒辦法入胎了啊！不行的啊！所以說，意根應該是心，可是到底是哪個心？又弄不懂！一直到破參之後慢慢整理，到最後才弄清楚。

佛在經中曾說前六識在中陰身壞掉時就沒了，入胎以後就永遠消滅了。剩下那一個意根把另一個識——阿賴耶識——拉著去投胎。這樣七個識以外又多了一個識出來了，這不就有八個識了嗎？「識緣名色，名色緣識」，入胎的時候第八識所緣的「名」只有末那識，只有意根而已，這個時候的名就是只有一個意根，色就是受精卵：只有顯微鏡才看得清楚的那個受精卵啊！眾生才剛入胎就有名、有色，名就是意根，還沒有前六識，這就是說「名色」中所說的「名」就是指第七末那識。「識」來緣「名色」就表示十八界外還有另一個識——六識及意根末那識以外還有另一個識——那不就有八個識了！所以是他們自己讀不懂阿含，不要以爲佛在阿含部的經典裡面只講六個識，不能這麼說的。

所以他們講什麼部派佛教考證啦！講什麼部派佛教的演變與發展啦！說是在部派佛教的發展下才會有第七、八識的發展與出現；但是我不跟他們講什麼演變與發展，我也不跟他們講什麼學術考證，我直接從佛教初期的阿含部的經典來說，以阿含四大部的經典來直探唯識學的根源，不要在佛教弘傳的表象上面來作虛妄的探討，不要在他們所說的什麼根源上去探討，證明他所謂的考證，都只是在古時佛門凡夫們的弘法表象上作文章，根本就不能瞭解到佛法的眞相，根本就不能瞭解到證悟菩薩們弘法時的眞實事相。所以，能夠有這些三乘菩提智慧而又具足圓滿的人，才是眞正的 世尊，宗喀巴與月稱……等人都只是具足凡夫，根本就不懂佛法。

在菩提樹下成佛的 釋迦牟尼佛，如果說祂只是三藏教的佛（天台宗這麼講啊：釋迦成的佛是三藏教中的佛，不是成為別教中所講的佛），那麼阿含諸經裡的那些隱說的大乘法密意豈不是都白講了？可是 佛在阿含期時都有概略性的、隱覆密意的講過第七、八識，也密意講過中道了，並不是沒有講啊！並不是成佛以後才另外悟得般若和一切種智啊！所以，在未來的第三轉法輪中要講的唯識增上慧學，以及第二轉法輪中要講的般若與中道，都像小說家寫小說一樣的預先埋下了伏筆，把以後要講的法義在現在就先透露了一點，接下去第二、三轉法輪時期再詳細的講出來。所以 佛是在菩提樹下初成佛時就已經成爲別教佛了，就已經具足三乘菩提的法義了，所以能夠稱爲 世尊。如果初成佛時只是通教佛、三藏教佛的話，那只能是到達別教初地的證境而已啊！或者是只能達到和阿羅漢一樣的解脫智慧而不懂般若與唯識一切種智的啊！如果初地菩薩能叫作 世尊，那二地菩薩要叫作什麼？是世尊尊？或是三地呢？還是世尊的世尊？不能這麼說呢！所以天台宗的判教有很多的錯誤。這個我們就不談它。

但是印順法師以及所追隨的日本佛學研究者，卻拿天台宗的不實判教作根據，謗說 釋迦並不是眞正的究竟佛，只是三藏教佛、只是通教佛；就用這個錯誤的判教，振振有辭的否定第二、三轉法輪的經典，說不是 釋迦親口宣說的正法。但是他們又都說：「**諸佛只在人間成佛。**」既然諸佛只在人間成佛，那麼 釋迦在人間成佛時，又怎麼會只是三藏教佛、通教佛？如果只是三藏教佛、通教佛，那還能說是成佛嗎？如果眞像他們所說的那樣，那麼，在 彌勒菩薩降生成佛以前，是不是應該有一次是由 釋迦來人間補成佛道呢？那又要請問他們：釋迦何時將會再度前來人間成就究竟佛道？又有什麼根據而使他們可以這樣說？所以，他們這樣講的目的，只是想要否定他們所不能證得第二、三轉法輪的般若與唯識密意的經典罷了！所說當然都是虛妄的謗法、謗佛的胡說。

以上是在講「歸命十方諸佛」，至於歸依法——歸命於法——十方諸佛都因這個法而生，所以法是諸佛的根本，所以十方諸佛以法爲師。「及彼體相海，無我句義法」，諸佛所證的無垢識眞如，都能夠具足爲眾宣說，但是恐怕眾生不能瞭解，所以就施設出三乘菩提，將本來的一佛乘妙義，分析爲三乘法義，次第爲眾生宣講；這樣有次第的爲大家說三乘的菩提法，眾生就比較能夠一一親證。這三乘的

菩提法若是沒有由　佛說出來，眾生不知要到什麼時候才能接觸到佛法、修證佛法？機會太渺茫了！所以法很重要。但是法的由來，卻是從本體如來藏中來的，所以不能只歸命於　佛，還得歸命於法，所以才會說「及」，「及」字表示從法那裡出來的就是佛，所以除了歸命此方的　世尊以外，還歸命十方世界的佛。

「體與相」，體是講眞如本體的無垢識、異熟識、阿賴耶識，有時則把心體直接稱呼爲眞如，我們就以眞如這個名稱來稱呼第八識。眞如本體——第八識如來藏——能夠生出無量無邊的法相，似大海一般無邊無際，所以叫作「相海」。法相都是從自性眞如中輾轉出生，如果沒有自性眞如，就不可能有七識；沒有七識，就不可能有種種心所有法；沒有這些心所有法，就不可能有我們這個五色根，也不可能有色、聲、香、味、觸、各種法塵。沒有這些六七識心體與六塵、心所法等等，則「心不相應」的所有法也就不可能存在。沒有這一些法，也就不可能顯示出無爲法。

因爲有這一些條件的存在，所以世間無量無邊的法相就輾轉出現了，法無量無邊的緣故，所以叫作法相海。「法相海」都是從本體而出現的，所以又叫作體相海，一切的法都是直接或間接由第八識眞如而出生。總括來說，法相海也就是第八識眞如的另一部分體性。

對於還沒破參的人，我們告訴他「見聞覺知是虛妄的，不是眞實的，不要去執著它，要找出那個非見聞覺知的第八識眞如。」可是等你找到的時候，你會說：「老師你騙我！見聞覺知也不是虛妄的，祂根本就是眞如的一部分體性，跟眞如非一非異，怎麼可以說祂是假的呢？」可是如果不先告訴你「是假的」，你就會認定祂是眞的，就會執著祂；執著於祂，你就會輪迴生死啊！當你知道祂們不是眞的，就會去找眞的，眞正的心體第八識眞如找出來後，依這個眞心來看那個假有的七識心王、以及種種虛假的法相，就會發現那些假法其實非假非不假。這樣你就得到了般若的智慧，就眞正的進入中道了。

所以說一切法相——無量無邊的法相——既然是從第八識眞如所出生的，你當然不能夠說它不是眞如的一部分，它永遠不斷的在眞如——第八阿賴耶識心體——的表面上現前運作。譬如說：一朵花，它上面有許多顏色，那顏色是不是花？「是！」錯了！「不是！」也錯了！因爲顏色跟花非一非異啊！當然顏色是從花體上出生，可是也不能夠說那個顏色就是花體。因爲，離開了花的形體本質，就沒有那個顏色了，離開那些花體所顯示出來的顏色，也就看不見花體了。所以無量無數的法相海當然也是體的一部分，這些相海都是從本體而生，體能夠生出這些東西出來。

「體」是指無邊廣大的法，「海」是指無量無邊的功德！所以叫「體相海」法。體與相海的親證，爲什麼說它是無我智呢？因爲從眞如阿賴耶識所出生的五蘊、十二處、十八界，統統是無常無我的；這樣的觀行智慧當然是無我智。沒有辦法在蘊處界裡面找到一個獨立自主的，單獨存在的法性，都是要依眞如阿賴耶識而有的啊！比如說眾生所認知的「我」，其實都是見聞覺知；你能夠「看見色塵，聞香、嚐味、觸覺、知法」。但是外五塵接觸到你的五色根，所以如來藏出生了內五塵，而這內五塵與五色根也都是依於眞如阿賴耶識才能有。而且，不但要依眞如阿賴耶識心體，還要依阿賴耶識裡面所含藏的無明以及業、愛的種子，才可能有你的色身、五蘊出生。如果沒有業的種子，沒有渴愛、無明，沒有眞如阿賴耶識執持種子，那就不可能出生今生的你！連投胎都不可能了。所以「體」是萬法的根源，祂不是被製造的法呀！

業力消滅，也只是了一生而已啊！這一生滅了以後，五蘊的我在哪裡？這個五蘊我不是眞實的，如實的現觀以後，確認五蘊無常無我，所以叫作無我。你說：

「那眞如阿賴耶識就是眞正的我囉！」對不起！眞如也不是眞的我。爲什麼呢？因爲眞如阿賴耶識心體，祂是一個本來性，祂是一個自性性，有祂自己的自性，不是虛妄想像的，但卻是無我性的。你可以證驗祂、領受祂，祂有清淨性，有涅槃性，是本來自性清淨涅槃，怎麼可以說祂是我呢？祂既無形無色，怎麼可以說是我呢？祂又不像大家這樣有見聞覺知，怎麼可以叫作我？一定是有見聞覺知而生起了「我喜歡、我討厭，我要這個、我不要那個」的情緒，這才是三界世間中的我！你拖祂到地獄裡去，祂也不會說：「我不要去地獄！」拖著祂到天上去，祂也不會說：「哦！這裡好享受，我要住下來。」祂統統離開這些執著性、喜歡性及討厭性。根本就不同於眾生我，怎麼可以叫作「我」？祂也是無我性的，所以叫作「無我」。但是，進修到究竟佛地時，就又可以稱爲「我」了，也就是「常、樂、我、淨」的我；所以說這個眞如阿賴耶識所生的種種法，統統是無我性，因爲都是無常性的。

佛把所證的法無我、人無我的道理說了出來，這些法句就叫作無我句，祂所說出來的三乘法都在說無我，因爲眞如——如來藏——並沒有眾生我的體性。可是印順法師不懂呀！就誣賴說：「佛講《阿含經》時一直都是講無我，講般若時候說一切法空，也算是講無我，講到二轉法輪時都不講如來藏我，到後來第三轉法輪時卻又講『如來藏我』。」其實沒有欸！那個「如來藏我」其實只是假名爲我，並不是眞正的我。所以佛一向都說如來藏無我性，沒有五蘊我、十八界我的體性，但是因爲恆而不滅，相對於蘊處界我的無實我性，因此而假名爲我，所以假名我跟蘊處界我是完全不一樣的。可是他弄錯了，不瞭解如來藏的妙義。他的書裡面常常指稱「如來藏我」。他說：「如來藏我，如來，就是世俗的我，就是外道神我。」依他所講的那個佛、如來，倒是變成凡夫去了。他的《華雨集、妙雲集》，什麼《空之探究、如來藏研究》等等，都是這樣講。他想要探究如來藏、探究如來眞實義的動機是對的，但是他所信受的一分日本研究學者的理論是錯誤的，所以他的法也跟著錯誤，因爲他探究錯了，就被藏密黃教的應成派中觀邪見所誤導了。

三乘法都在講「無我句」，可是無我句眞正的義理是什麼？就值得探究了，這些無我句的眞正義理的法，是我們所要歸依的。諸位來到這裡學法，不是歸依我個人，而是歸依三寶，我也只是三寶的一個代表而已——我代表三寶把法傳給諸位，我也是三寶中的一分子。自從廣欽老和尚走了以後，宗門了義的法就斷了，我們現在把它接續起來。但我們不要怪罪廣老，他不是不傳了義法，他是有顧慮的；因為他不識字，萬一有一個弟子不是自己參出來的，他幫助弟子悟了以後，結果那個弟子不信受，反過來誹謗說：「師父！你講的這個不對，這哪有可能就是真如心？」那他要怎麼用教證來證明這是真正的真如呢？沒有辦法！因為他不識字，無法舉出聖教根據來攝受那個弟子。我認識字，所以我多多少少可以舉證經教中的根據，來跟大家說一點，讓大家可以從經教的印證上來除掉疑惑而安住下來，也就生起了法智忍。你如果說我的法有問題，我會反問你：「有問題嗎？」我接著就證明給你看：是沒有問題的。我可以用經教證明，以免純從理證上去證明時，人家會說：「那都是你說的，我怎麼知道是對？是錯？」因為性障重的人，是根本就不相信理證的，他們會編出一些看來冠冕堂皇的理由來跟你對抗，只有經教證據能使他們無話可說而不得不信服；可是廣老他不識字，他沒有辦法，他有這個侷限啊！所以不能怪他沒有把證悟的內容傳給弟子們。

這個「無我句」，要到究竟成佛的時候才能稱之為「我」。為什麼講「我」？因為這個心到了佛地的時候，祂還是不壞的，而且又與二十一心所法相應，所以才會說是「我」，會壞的就是無我啊！不壞的才能稱之為我；有變異的就是無我啊！佛地眞如的無垢識已經完全不變異，不變異的法性怎麼可以說祂是「無我」呢？

這種境界相是等覺菩薩之所不知的。

大乘「無我句」的眞實道理是什麼？是從聲聞法的五蘊空、十八界空、十二處空，開始講般若、講如來藏的空性：這個空性所附帶引伸出來的五蘊、十二處、十八界是空。再來講自心眞如，自心眞如怎樣是空性？祂含藏有多少種子？有些什麼樣的智慧？弄清楚了，所知障才能究竟斷盡，才能稱之爲常、樂、我、淨；除了佛地的這種究竟智慧以外，一切人的第八識如來藏，都不能稱之爲常、樂、我、淨。佛地的涅槃稱爲「大般涅槃、無住處涅槃」，在等覺以下統統都沒有這兩種涅槃，所以都不算常、樂、我、淨；還沒有眞正開悟的一切人都沒有資格講，悟了的人也沒有資格講常、樂、我、淨，要到了佛地才有資格說。

從凡夫地到究竟佛地的全部內容，佛說需要三大無量數劫的修集福德、修習慧學；實際上，三大無量數劫，並不是一般人所想像的三大無量數劫。因爲佛說：有的人是以一大劫爲一大劫，這樣過三大無量數劫；有的人是以一小劫爲一大劫，這樣過三大無量數劫；有的人是以一年、一月、一日、一個時辰、乃至一分鐘、一秒鐘，甚至有的人以一剎那爲一個大劫，這樣過三大無量數劫。所以說如果有因緣、福慧具足的話，是可以在一生中過完一大無量數劫的，乃至一生中過完兩大無量數劫不等。那就看個人的慧力、定力、福德（利益眾生、護持正法、破邪顯正等福德）是否具足，看他的性障有沒有消？慢心有沒有除？然而最重要的一個入點，就是要親證如來藏；如果沒有親證如來藏的話，這些修行就都成爲外門修集福德資糧而已，都談不上佛道的修行。

佛菩提入門的如來藏的親證，是慧根的菩薩之所修證，那些追求世間有爲法的人、追求有境界法的人，跟佛菩提一定不相應。因爲一天到晚講什麼穿牆入壁啦！講什麼神通啊！什麼不可丟掉意識知覺性、……的，都不是佛法。他們主張意識知覺心可以去到未來世，如果意識覺知心可以去到未來世，那麼你一定會知道現在的先生，上輩子竟然是我的公公、或祖父；原來我娶的太太，上輩子是我的媽媽，或者上上輩子是我的女兒，那你還能安心的生活嗎？不行囉！問題可嚴重了。

因爲覺知心、意識心是只有一生的，是不能去到未來世的，所以大家的意識覺知心都是獨有一世的，都不是從過去世往生來到這一世的，所以世間的我們才可以共同生活。所以意識覺知心是不可能去到未來世的，若可以去未來世的話，下輩子也會知道這輩子的事，那就不必辛苦的修習宿命通了！還要修宿命通作什麼？也沒辦法在世間生活了，因爲娶來的太太很可能正是上一輩子很老才故去的媽媽，媽媽也一定會知道所嫁的丈夫正是上一世自己的兒子，那還能一起生活嗎？意識如果是從上一世轉生過來的，意思就是：嬰兒吃奶時就懂得成人的兩性事情了，那還能安住在嬰兒的境界中與父母一起生活嗎？所以意識離念靈知心絕不可能從前一世往生到這一世來，所以離念靈知心根本就只有存在一世而已，是入胎後必定永遠斷滅的法。

所以眞正的佛法不但要符合大乘法的如實理，還得要符合二乘涅槃寂靜的如實理。「涅槃寂靜」是把十八界都滅盡——意識滅盡、意根也滅盡了，那才是無餘涅槃。如果說意識覺知心不可以捨掉，那又如何能證無餘涅槃？那些人一直抱著「意識的我」存在，這就是我見未斷，可是佛法是講無我見、修無我法的呀！這是大家所應具備的基本知見。

三乘佛法統統是講無我法，沒有一個法叫你執著我，說要把這個覺知心的意識我留著。別教菩提中的成佛法道固然說不要把覺知心的我滅掉，要留惑潤生，但卻要體認到知覺性都是虛幻的，要讓祂對自我完全沒有執著，使祂成爲無漏有爲的法性，然後以這個無漏的有爲法性一直去修行，自利利他，乃至到最後成就究竟佛地的佛果，還是不認覺知心爲眞實不壞的我。這樣才是如實的無我法。

如果不能符合三乘經典的法義，那就不是佛法。再怎麼有錢也沒有用，因爲下輩子就不是你的啦！再有名氣也沒有用，因爲名聲是這一世的五蘊所有的，不能帶到下一世去，那有什麼用？何必爭一世的名聲呢？爲了這一世的名聲，爭得一時之快，招得未來無量世的地獄無間純苦而且是長劫的重報，這是很愚癡的，想起來也是很可憐。所以祖師常說，大善知識出現在人間，有利也有弊：有利，是說在眾生中撈到幾個利根的人得度了；有弊，是說愚癡無智的眾生會去誹謗他。可是這個弊也是無法避免的，都是性障重的凡夫自己心性不好所造成的，與大善知識無關；所以說凡是世間法都是有利有弊的，沒有純利而無弊的。

什麼叫作「無邊德藏僧」呢？因爲十方虛空無有窮盡，所以世界國土不可限量；既然世界國土不可限量，當然不是只有我們的世界才有凡夫和勝義的菩薩僧，也不是只有我們這個世界有比丘、比丘尼等僧寶。世界無量無邊，「德藏僧」是指佛弟子在佛法上有所修證的功德性，這功德性當然也因爲世界無邊、所以德藏僧也就無邊。這就是說十方世界都有德藏僧，他們或者證得解脫果、或者分證佛菩提果；證得解脫果而不證佛菩提果的，也就是證得解脫果而沒有明心的，譬如二乘菩提法中的阿羅漢、辟支佛，譬如大乘通教菩提的菩薩們，這些都是證得解脫果的，他也是「德藏僧」，因爲他們都有證得解脫道的法藏啊！

另外有的是從二乘菩提迴心向大乘別教，修行別教的法；有的是從大乘通教菩薩迴心來修別教的法；另外有一種人是直接依別教的法修行而親證，就是我們正覺同修會的修學次第，依別教的法，從凡夫地的外門廣修六度萬行到達第六住位。六住位就是你們來這裡參加禪淨班，到最後半年跟你們講四加行、五陰十八界，如果你們有如實的加以體驗觀行，就可以把我見斷掉，從此不再認意識覺知心爲常住眞如，不再認意根爲常住眞如。這部分完成時，有少數人還沒有明心，就已經可以進入通教或聲聞初果果位了。

如何檢查自己有沒有進入初果位？可以檢查身見、我見是否斷了？如果確實斷了，那你就可以進一步檢查三縛結斷了沒有？怎麼檢查呢？可以去檢查諸方大師所寫的書，所講的、所開示的錄音帶、錄影帶等等。你聽了就知道：「啊！這位大師還是落在意識覺知心上，這人還沒有見道，連二乘菩提的見道都沒有。雖然他很有名氣，可是我不會懷疑這個人究竟有沒有見道，因爲我很清楚的知道他有、沒有見道。」這就是　佛在四阿含中所說的「於諸方大師不疑。」就是疑見斷了。

疑見斷了以後，戒禁取見也會跟著斷除。雖然還沒有明心，但已經有把握知道自己已是初果了，這就是大乘別教中的第六住賢位菩薩，也是大乘通教中、小乘聲聞教中的初果聖人。

但是證得初果的時候，還是進不了別教菩薩的第七住位，得要找到如來藏而不退轉才行。我們現在所走的路就是這兩條路，從凡夫地讓你先把我見斷掉，然後再求證如來藏，然後再以種種法義的增上進修來證明如來藏的本來無生，讓你不退轉而次第進修增上。我們早期就是沒有經過這個斷我見、斷三縛結的加行過程，一進來同修會就是立即明心，或是半年內就讓他明心，而且是參不出來的時候就為他明講，結果是明心後沒有辦法信受，明心之前也沒有先讓他觀行而斷我見，所以我見也沒有斷盡；這一來，他心裡就想：「這個哪有可能是第八識眞如？」心裡老是覺得說「明明這個覺知心才是眞的，眞如怎會是這個？怎會認祂為眞如？」實在無法接受我們指示給他的那個如來藏，結果就退轉掉了，就回頭再認取離念靈知的意識心了。你們現在來學，雖然要磨個兩年、三年半、四年半，但其實對大家反而是好的。

明心了以後，再按照我們安排的次第課程，一步一步走上來。所以來我們這裡學法，不是兩年三年就結束了，就算你兩年半、三年就破參了，也不一定就能生忍而安住下來，如果沒有人攝受你，也還是可能退失的；縱使沒有退失，也只是別教七住位而已，接下去到初地，還有一段很長的路要走，是無法自己走到初地的，得要有人繼續指導進修。在這裡學法，要有一個體認，就是準備十年、十五年、二十年跟著一直走下去，因爲法是學不完的，太多了。我們現在在書中寫出來的，大概永遠都不會超過我心中所知道的三分之一，還有很多勝妙的法義都還沒寫出來。從另一方面來講，你應該要這樣說：「我好有福報，一輩子都學不完，有好多悟後可以修學的深妙法。」事實上也正是這樣哦！這樣六住、七住、十住、十行、十迴向、一地、二地、三地一直走上去，這也是「德藏僧」。

「德藏僧」，有解脫果的德藏僧，也有佛菩提果的德藏僧。但解脫果與佛菩提果，它不像是神通能顯示在外而被人看出來，看不見的！因爲他是自受用的功德：分證解脫境界，分證佛菩提的實相智慧。在表面上是看不出來的，除非他發起他受用功德：能爲人解說，使別人也親證而得受用。但也是只有具備了基本的正確知見的人，才能相信及受用。但是神通卻能顯示出來，讓世人覺得很稀奇，雖然神通不能使人了生死。

阿含部的經典裡提到四位有大神通的仙人，說無常來時怎麼辦？一個說無常來時，他就潛入地下，讓無常找不到；一個說要化入虛空中，任誰都找不到；一個說躲到水裡，一個說躲到火裡去。結果不論躲到哪裡，地水火風的境界中都躲不過無常，還是免不了要死，所以最後這四個人還是都死掉了，神通還是敵不過生死無常。可是我們證得的那個如來藏阿賴耶識，是永遠不會生也不會死的，你睡覺時祂也不睡覺，有大神通的人作得到這樣嗎？作不到的！禪定再好，也沒有用啊！還是免不掉生死的，所以我們所證得的是永遠的定，稱爲法界大定：永遠不起一念、永遠在定，而卻又不住在定中，不被定境所繫縛，所以不在定中也不在定外，這才是妙啊！

有智慧的人，要學智慧的法門，不要老在世間法上轉，若在世間法上的識蘊中轉來轉去，認定離念靈知的知覺性就是眞如、就是如來藏，那是永遠無法證得解脫果的，也永遠無法證得佛菩提果的。可是也不要期待說：證得佛菩提果或解脫果之後可向他人炫耀，不行！因爲那是表現不出來的。能表現出來的，就是你的智慧與眾不同，能爲人解說正確的二乘菩提與佛菩提。

因爲這個緣故，我們應該要歸命無邊的德藏僧。德藏僧就是已證解脫果的阿羅漢、三乘的無學——包括大乘法中親證般若的出家、在家勝義僧——一切有情、一切天人都應該要歸命。而佛菩提果的德藏僧卻是阿羅漢、辟支佛所要歸命的，爲什麼呢？因爲證得佛菩提果的德藏僧，他們智慧無邊。阿羅漢、辟支佛來到證得佛菩提果的德藏僧面前，會聽不懂他在講什麼。確實聽不懂！因爲佛菩提果和解脫果是不一樣的，那是兩條不同的道路。可是佛菩提果親證的時候，也函蓋了一部分的解脫果；修到八地的時候，就函蓋了全部的解脫果。可是這只能在言談、著作、開示中把智慧顯現出來，沒有辦法像世間法一樣、弄個神通就讓人相信你的證量，所以是無法顯示出來的，當你以智慧說法而顯示時，也只有具足了正確知見的凡夫位學人會信受你，那些還沒有具足證悟福德的人，還沒有具足正確知見的凡夫，是絕對不會相信你的，他根本就不知道你已經顯示出你的證量了，所以還是會繼續誹謗你。

所以，來正覺同修會修學這法，是無境界法，是般若智慧的法、是解脫道的法，不要期待有世間的那些境界與現象。不過當你破參後，你會很高興可以看得懂經典在講什麼，這時候就叫作德藏僧。世俗人崇拜神通，但是學人卻恭敬信服解脫道和佛菩提道，不相信、也不好樂有爲神通的。這就是說，「無邊德藏僧」才是我們所應該要歸命的。

佛在世時說：佛在僧數。佛認爲自己也是僧團的一分子，而不是說僧團要歸佛領導，佛只是作爲「法歸依」而已。所以浴佛節時，當大家高唱正覺讚，唱到「歸命正覺海會菩薩眾」時，我就趕快頂禮。爲什麼？因爲我歸命正覺同修會所有的菩薩僧，我是這裡的一分子；一個證道的人，一定是歸命於整個僧團，不是自命崇高的、自認惟一的。又不是一神教的上帝，爲什麼要是惟一的？所以我也是屬於這個正覺海會菩薩眾中的一個菩薩，我是以這樣的心態來和大家共修的。因爲十方世界無量無數，所以十方世界必然的有無量無邊的德藏僧，不會是只有這個地球上有德藏僧，所以說是十方；這些德藏僧是勤求正覺者，而不是勤求外道神通者。

什麼是正覺呢？三乘菩提的正覺、聲聞緣覺菩提解脫道之正覺、大乘通教菩薩解脫道的正覺、別教菩薩佛菩提道之正覺，這都是勤求正覺者。諸位來到正覺同修會先要有個認識，先有個準備，那就是：來學這個法門，一定是孤獨的、寂寞的。因爲眞正的佛法是背俗的，特別是在末法時期。如果在正法期的話，你絕對不會孤單寂寞，因爲大部分的佛弟子，在三乘菩提中最少會有一種見道功德，你說法會和他相通。除非你是別教的法，遇到了通教的菩薩、二乘的聖人、或者凡夫、或者有邪膽而敢否定正法的凡夫眾生，因爲他們聽不懂。不然的話同道一定很多，說起法來一定是不寂寞的。

末法時代距離佛世與諸聖人越來越遠，大部分證道的祖師也都不願回到人間，因爲他們看看這世界以後，就好像有位師兄所說的：「一擔好東西到處挑著要送給人家，人家還嫌你臭。」所以一定要有「在末法時代修證如實的、眞實的、了義的宗門正法，一定是寂寞的」這種心理準備，不然的話，等你出去一談起法來，大家異口同聲的說「覺知心不打妄想時就變成是無念眞心」，只有你說祂不對，你和別人都不一樣，就成爲異類了。可是你破參後，雖然和別人不一樣、雖然寂寞，卻很歡喜，爲什麼呢？因爲你把三乘經典拿出來一對照，統統可以印證，棒極了！這才是勤求正覺者。

等你證得第八識眞如後，你再來讀《宗通與說通》，那時你就知道原來眞正的佛道是這樣走的，你就可以漸漸的通達了。所以《宗通與說通》和《邪見與佛法》兩本書配合起來讀，是非常重要的，一本能使人遠離邪見，一本能使人貫通佛菩提道，能把整個佛道內容全部具足圓滿的敘述出來。如果你能如此的遠離邪見、勤求正覺，這樣才是眞正的學人。如果一天到晚老是求發財，求佛菩薩保祐健康、保祐先生不拈花惹草、求有爲法的神通，就都不是尋求正覺了。

如果我當女眾的話，若先生拈花惹草，我就趕快讓賢，樂得清淨。如果孩子還小，需要父愛，可能還委曲求全想辦法拉住他；若孩子已長大獨立了，就趕快讓他走，可以省去修道上的阻礙與世俗法上的負擔！是不是？應該如是，這樣你才有解脫的功德受用啊！要不然就變成淨土經所說的情執深重、取相生執。這樣，就不是尋求正覺者了。

所以佛道與俗法相背，所謂「世之所珍、道之所賤，道之所珍、世之所賤」，雖然理上是圓融，這「理」還是在世間相上很清楚顯現出來，還是照樣的與世間染淨諸法不一不異，具有中道性；但是修證的理念上與修證的內涵上，卻是大異世俗人的認知，所以 佛在阿含中才會說「佛法背俗」，所以當你證悟以後，所證、所說都和外面道場不同，當然會是佛教界裡的寂寞者。可是你要有佛法背俗的知見，得要有解脫的證量，對於寂寞境界能夠安忍，對世間法沒有罣礙，這樣才是尋求正覺者。

前面講說「歸命」於「盡十方」諸佛，「救護世間尊，及彼體相海，無我句義法。」這邊又說「歸命無邊德藏僧」，歸命無邊德藏中勤求正覺者，這樣都具足了，就叫作歸命三寶。我們講的三寶是佛、法、僧，而不是有些外道所說的精、氣、神。眞正的德藏僧——我所崇敬的德藏僧——是別教法門中的菩薩們，也不是單單證得眞如時就歡喜的認爲「我這一生這樣就夠了」的人。

尚未見道的人，心量不夠廣大，他會想：「**只要證得眞如、可以開悟，我就心滿意足了。**」這是正常的想法，一般人也都是這樣想的，甚至於根本都不敢想到自己會有開悟而親證眞如的一天。我這一世還沒有遠離隔陰之迷，所以在我未破參前也是這樣想。但明心後，就想：「**明心只是別教七住，怎樣能到初地呢？**」這問題，在明心見性後，經過好幾年的辛苦煩惱，到去年註解《楞伽經》時才終於找出來了！

我註解《楞伽經》時，參照三個譯本，每一段都是三個譯本對照之後才確定經文眞義，然後才註解出來的。三個譯本對照以後，才發覺到初地以後原來都是要修證一切種智。在弄清楚修學一切種智的法之前，我以爲悟後起修就是該修證禪定；但是後來知道一切種智的修學以後，就已經知道要走這條路了，只是無法確定如何能到達初地。當這三個譯本對照之後，佛菩提道的次第與內涵就浮現出來了，那就是：明心與見性之後要學一切種智，只有修學一切種智，才能進到初地的入地心中。

一切種智的代表就是《楞伽經》和《解深密經》，這兩部經，經過 玄奘菩薩翻譯之後，再糅譯十家論師的論釋之後，寫成了《成唯識論》。《成唯識論》可以說是驚天地、泣鬼神之作，是佛教歷史中非常重要的一部大論，其重要性僅在根本論的《瑜伽師地論》之下。上過《成唯識論》詳解的課程後，再來看《大乘起信論》，就會覺得很淺了，往往就不當一回事了；但這是指自己辛苦經過參禪過程的人，聽聞人家明說密意的人除外。

眞正的德藏僧，還得要是初地以上的別教菩薩。明心了就算是大乘的勝義僧，但明心時只是證得如來藏的一個總相，還要轉入習種性位、性種性位、道種性位，在這三學位中去熏習一切種智、去修除性障煩惱、去修集入地所應具備的福德、去熏習發起救護眾生的廣大心量。這些都是爲了親證初地的入地心功德，也就是爲了般若的更上層樓，求證般若的種智。這樣一步一步的修上去，就會發覺：原來別教的法函蓋了世間、出世間法，原來別教的妙法才是最究竟的佛法，這就是眞實的德藏僧。可是他還是要勤求正覺，不能離開佛菩提道而求正覺。所以眞實的、究竟的佛法就是佛菩提道，是大乘別教的法門。

別教的法門甚深微妙，如果沒有善知識的指導，只是一個別教七住位的明心都作不到了，更何況是初地？已經明心的人往往覺得：明心原來那麼簡單。可是回頭想想：你到明心前的那一剎那，都還不曉得是什麼智慧境界？都覺得好苦惱啊！都覺得「眞的是無法修證」。事實上就是這樣，能夠走到這一地步的人，就是無邊的德藏僧。這種「德藏僧」盡十方虛空、無量世界中各個世界都有，不是只有我們這個娑婆的地球上才有。因此說是無邊的，都是我們所要歸命的，所以三歸時並不是只歸依一位師僧；而且 馬鳴菩薩說的是歸命一切德藏僧，不是歸命凡夫僧，而且是盡十方的德藏僧。所以 馬鳴菩薩的心量這麼的大，歸命盡十方的佛、歸命盡十方的、無量的無我句、無我義、無我法、德藏僧，不是單單歸依地球世界的德藏僧，還有十方世界無量的德藏僧。我們修學大乘的別教菩提，應當有這樣的大心量：膽子一定要夠大，但是心一定要夠細。

「爲欲令眾生，除疑去邪執，起信紹佛種，故我造此論。」這一段偈文是敘述 馬鳴菩薩爲何要造此論的原因。也就是爲了把眾生的疑惑除掉，而且還要令眾生把錯誤的執著除掉。我們常看到書上寫邪惡二字，邪惡本來不算是嚴重罵人的話，所謂邪，是說不正、偏了。邪爲何稱之爲惡？是因爲他會導致他人把路走偏、走錯了，所以邪見又叫作惡見，所以邪就離不了惡。惡見又叫作五利使，邪見是五種惡見中的一種，也是惡見所攝。因爲它會害眾生在修行的路上走偏，所以稱之爲惡。

惡見稱爲五利使，共有五種煩惱結：「我見」，或者叫作身見——以我爲身，梵語是沙嘎椏——音譯爲薩迦耶見；另一種叫「邊見」——落到斷見或是常見中，不然就是有增有減的執著中；還有一個叫「見取見」，見取見就是認爲自己的法是對的，別人都是錯的，也不管自己的法能不能通過經典聖教量的考驗，別人的法即使符合聖教量，他也不管，都一概加以貶抑，認爲自己的法是永遠勝過別人的；有時候即使別人所證的法和他一樣，不下於他，他也說別人是錯的，他的法超過別人，根本不依聖教印證來作如實的區分；他只是一心想要贏別人，所以見取見是以鬥爭爲業的；另外一個叫「戒禁取見」：由於錯誤的邪見，而去施設一種戒法或一種禁止，說你不可怎樣、怎樣的，這叫作戒禁取見。外道對於解脫生死所施設的不如理作意的戒法，都是由種種的邪見而施設的，這都是由戒禁取見引生的，這五個錯誤的見解就是惡見。因爲這「五個結使」比較容易斷除，眞見道時就可以斷除了，所以稱爲「五利使」。

邪見只是惡見中的一種，邪見爲什麼又稱之爲惡？是因爲會引導人向輪迴三界六道的各種錯路上去，所以稱之爲惡，不是一般所說那人很邪惡的惡。馬鳴菩薩造《大乘起信論》的目的，就是爲了令眾生除去疑惑。

《阿含經》說：除了「於法不疑」之外，還要「對諸方大師不疑」。這是說：對諸方大師在三乘菩提上有沒有見道，你都很清楚，心裡沒有疑惑，這叫作斷疑見。如果你能夠除去錯誤的執著，也能隨分接引而讓眾生從心裡對三寶生起信心；有了信心後，你就會跟著三寶修學；跟著三寶修學後，有一天會因爲信受三寶的法，得到了法益。如實修學而獲得親值勝義三寶的機遇，接著證得三乘菩提，證得後就漸漸的可以承擔如來的家業，這就是紹隆佛種。

只有別教的法能讓人紹隆佛種，通教、三藏教——二乘菩提——都沒辦法。因爲通教和聲聞三藏教的法，所證得的只是解脫果，不能證得佛菩提果；別教的佛菩提果卻是函蓋二乘聲聞教以及大乘通教的解脫果的，所以它能讓你紹繼佛的種性；你紹繼了佛的種性之後，你也可以度別人來繼承這個法，這樣就別人也來紹繼成佛的種性，大家共同走上去。你走上去以後，你所度的人也能跟著次第的走上去，這樣一來，佛的種性就在世間永遠不斷，讓佛的種族可以越來越多，光榮諸佛的種性。

論文：【論曰：爲欲發起大乘淨信，斷諸眾生疑暗邪執，令佛種性相續不斷，故造此論。】

講解：這段論文的意思，是爲了想讓眾生能發起對大乘法的清淨信。清淨信和「有點懷疑的信」是不一樣的，有的人聽到佛法時會有懷疑，心裡會想「眞的是這樣嗎？」有人說：「修學佛法一定是可以證悟的，如果不是證悟的話，怎麼可以稱之爲佛法？」釋迦牟尼佛辛苦的來到人間，就是爲了開示悟入諸佛的所知所見，既然要開佛知見、示佛知見、悟佛知見、入佛知見，那當然是要追求開悟的啊！佛可以開悟，我們應當也可以開悟；修學佛法的目的，本來就是要尋求開悟實相智慧的啊！不然學佛是要幹什麼呢？具足了這樣的信心，才叫作淨信。

這淨信不是針對二乘菩提解脫道來說，而是針對於大乘菩提道來講，因此叫作大乘的淨信。爲了要斷除諸眾生之懷疑：「懷疑是不是眞的有不生不死的涅槃？是不是眞的有解脫生死的法道可以修？如果眞的有眞如可證，我們是不是眞的可以開悟？」眾生的懷疑都是從暗昧而來，暗昧就是心被無明所籠罩；心被無明所籠罩時，解脫的光明、智慧的光明、般若的光明就無法顯現出來。這個無法顯現出來的暗昧要把它修除掉。

有的外道讀不懂「漫漫長夜」四字的意思，這漫漫長夜，指的是被無明所籠罩，不知道實相的光明相，或者叫暗暗長夜。暗就是沒有光明，邪執就是暗昧；錯誤的執著，認爲這樣才是對的、那個才是對的；正當有人告訴他眞實正確的了義法時，他卻不信受，這就叫作邪執暗昧。如果發起了大乘的淨信，而把那些疑暗邪執去除掉，就可以使得佛的種性相續不斷了。

佛的種性是說，心裡愛樂成佛，光是出離三界生死苦，他是不滿足的，還要證知法界的眞實境相。他會說：「能出三界的時候，在大乘別教來講還只是個愚人。我有出離三界的盡智、無生智，證得有餘涅槃，捨報時可以入無餘涅槃。可是實相是什麼？我就不曉得了，無餘涅槃的實際又是什麼？我也不知道，我還得要證知，而且是具足的證知了，才能罷休。」他想：「對大乘菩提或二乘菩提的見道，都沒有親證的人就稱之爲凡，我如今親證了解脫道，雖然已不是凡夫，結果在大乘別教法中卻還稱之爲愚；這可不行，我不要作愚人，我一定留一分思惑以潤未來世生，不入無餘涅槃，繼續修學大乘佛菩提道，我要當佛。」這就表示他的心量開始漸漸轉大了。

有人來學這個法，證悟了以後說：「對於明心見性，本來是想都不敢想的；可是眞走下來後，現在膽子越來越大，不但要明心見性，還要進修初地、二地、三地咧！還要一步一步的走上去。」對不對呢？對！應該要這樣子，你的心量、你的願力，會隨著你修證層次的提高，而不斷的越來越廣大。這就是說，當你對於別教的法《起信論》的內容有了如實的瞭解，不是去聽人家宣講錯會了的法，而是講得正確的、你也能信受了的，那就能使你佛種生起，漸漸具足了菩薩性，你又轉度別人，就可以使佛種相續不斷的傳下去。

爲了這個緣故，馬鳴菩薩才要造這一部《大乘起信論》，可是他造這個論以後，被好多人誹謗說這是僞論。後代的人不敢直接誹謗 馬鳴菩薩，就說這是附佛法外道假藉 馬鳴菩薩的名義所創造的僞論；但是這一部論是不是僞論呢？已經明心的人接著讀下去就知道了。

論文：【有法能生大乘信根，是故應說。說有五分：一、作因，二、立義，三、解釋，四、修信，五、利益。】

講解：這部大論裡分爲五個部分來說明佛法，由於這五個部分能生起衆生對於大乘法的信根，所以要列舉出來加以說明。能令衆生生起大乘信根的法，第一個叫作因；第二個是建立眞實的道理，把眞實的道理建立起來，讓大家瞭解，因爲這個緣故，所以你能發起大乘的種性；建立道理後，因爲只是名相，可能仍然不懂，所以第三要釋義——把它加以解釋；第四是要告訴大衆，還得要努力修習信心，信心不夠的話也沒辦法修證大乘法；第五是說，修學《大乘起信論》時會有怎樣的法益。

論文：【此中作因有八：一、總相，爲令衆生離苦得樂，不爲貪求利養等故；二、爲顯如來根本實義，令諸衆生生正解故；三、爲令善根成熟衆生不退信心，於大乘法有堪任故；四、爲令善根微少衆生，發起信心至不退故；五、爲令衆生消除業障，調伏自心離三毒故；六、爲令衆生修正止觀，對治凡小過失心故；七、爲令衆生於大乘法如理思惟，得生佛前，究竟不退大乘信故；八、爲顯信樂大乘利益，勸諸含識令歸向故。】

講解：作因總共有八種：第一是總相的作因，什麼是總相呢？是爲了使衆生離苦得樂，所以 馬鳴菩薩造了這部《起信論》；造作《起信論》的目的並不是爲了求得名聞利養，因爲 馬鳴菩薩說法時，能使得餓了七天的馬兒在聽到他的妙法時，都會忘了吃麥充饑，聽得很感動而輕聲的鳴叫起來，所以才會被稱呼爲「馬鳴」菩薩，所以他本來就很有名了，不必靠著造論來增廣他的名聲，所以他造這部論的目的不是爲了追求名聲與利養。求名聞利養是很容易的，特別是在現代，只要你敢花錢去作宣傳、去營造聲勢，這是很容易的。我們同修會如果要想有錢，其實也可以很快有錢的，只要我們也去弄宣傳，兩三年就可以成就大名聲，就可以財源廣進了。但是我們不要，我們從來都不作這種事情，所以我們從來都不作宣傳、不造勢。我們要度的人不是初機學佛的人，因爲這樣的人跟這個法無法相應，他們多是求有爲法，大多因爲衝著你是名師來的。我們要度的人是：心量很大、肚量很大，但是所有道場都走遍了，也都知道他們法義的內容了，結果被印證開悟了，爲什麼經典卻讀不懂？爲什麼禪宗開悟的公案卻讀不懂？無法跟經典印證與祖師開悟的公案相印證，所以覺得好苦惱的人。這樣的人來到這裡一旦悟了，就不會再退轉了。

剛開始學佛就不退轉的人，都是有大福報的人，但是這種人並不多；像張老師這樣的人，她什麼道場都沒有去過、都沒學過，只是去歸依三寶而已，但卻一開始就學這個法，一學就好像上癮一樣，就這樣一路走下來。可是這種人很少喔！這是有很大福德的人！一般說來，我們要度的就是到處去逛道場而被印證了以後，發覺蕭平實的書竟然還會讀不懂，發覺原來被印證的開悟是有問題的，所以起疑而尋找經典加以檢驗，同時檢驗正覺同修會的法義以後，證明原來蕭平實的法才是正確的，所以來學這個法，我們就是要度這一類的人；但這一類的人始終是少數，永遠都不會是佛弟子中的多數，所以我們不作宣傳。因爲名聞利養並不是我們所要的，我們要的是眞正的法，我們要的是能讓 佛陀的正法可以綿延不斷的流傳下去，永無休止的利益有緣佛子的人。

我個人一直要求自己不可有一絲絲的、一刹那的慢心生起，如果有人對我頂禮，我也對他頂禮。我也不許自己對別人的眷屬有貪，如果萬一見了哪個女眾而生貪，就當下立即斷掉，趕快懺悔掉。這才是我們要走的路，貪圖人家的恭敬、貪圖利養、貪圖人家的眷屬，乃至貪圖人家的法眷屬，這都是生死法，所以 佛說：「菩薩見欲如同見到毒蛇。」在佛經上也說比丘見到了女人就像見到了老虎，就是這個道理。不是說女人要咬你，而是她比老虎厲害，你會被她所轉而退道心啊！

本來你是要度她的，結果反而被她度去了，度去世間法中了，這就嚴重了。馬鳴菩薩「作因」的第一個主要的、最大的原因，是要眾生能離苦得樂而造《大乘起信論》。不是爲了貪求利養——包括別人的恭敬、眷屬的眾多、世間的利益——還有其他的東西。

第二是爲了顯示如來在世間所顯示的根本的眞實的道理，使得眾生能生起眞正的正覺。「正覺」是說「不是邪覺」，邪覺在佛世時比較少，但並不是沒有。你們悟了以後可以去讀四分律（沒有悟的在家人不可以讀，千萬要注意！如果請了大藏經，律部的四分律、出家律，在破參之前不可以讀，悟了以後才可以讀）那時你會發覺：在佛世也有很多這種現象，那些人對佛法產生了邪覺。律部有這樣的記載，阿含部經典中也有記載，說有個比丘講「如來涅槃後是無」，爲什麼是無？因爲他說如來涅槃後十八界都捨掉了，所以講「涅槃後無」，這也是邪覺，不是眞正的如實的正覺。但這種邪覺，過去佛世時已經有了，只是現在更多，已經多到變成很普遍的狀態，那就是藏密的應成派中觀的邪見，也就是印順法師的邪見。

「邪覺」在佛世時，佛都如何處置邪覺呢？比如說六師外道謗佛，說佛講的法義是錯誤的，不符合實相。他們到了各大城市去謗佛，佛就跟在他們後面，等他們誹謗完了，佛就跟在後面去廣作破斥。那外道因為沒有人要供養他們，大家聽了佛的破斥以後，知道他的法是錯誤的，就不供養他們，只好又離開。佛破了六師外道的邪謬法義之後，隨即又有了一大票人歸依佛，僧房於是又蓋起來了；這六師外道又去到另一個大城市繼續謗佛，等他們謗得差不多了，佛又跟在他們後面又去破斥，於是另一個城市又有一大票人信佛出家，伽藍——寺院與僧房——又蓋了起來。就這樣跟著六師外道腳跟，遍至印度各大城去摧邪顯正，佛教就這樣普遍的弘揚開了。

以前戒賢論師、提婆菩薩、玄奘菩薩也都是這樣；玄奘菩薩繼承了戒賢論師的法義以後，因為印度當時分裂成很多小國，他每到一個國家就立即尋訪正在弘傳佛法的人，就去與對方私下辨正法義。有一次還被戒日王推舉而召開法義辨正無遮大會。所以他建立一個宗旨，貼出來讓人家來破：「真唯識量」。什麼人都可以走上議論臺來破，但國王先訂出上臺辨正的規矩：如果你破了他所建立的宗旨，玄奘菩薩得要當場自殺；如果不自殺，那他只有一條路可走，就是當你的徒弟。同樣的，如果你上臺破不了玄奘菩薩的立論，你就得要當場自殺，否則就得當他的徒弟。結果玄奘大師就這樣到處收了好多徒弟，他的法義辨正無遮大會也沒有人敢上來挑戰。甚至戒日王三度派人去請安慧論師的徒弟，也就是那個造了《破大乘論》的般若趜多論師，請他來辨正法義，請他當面證明他所說的「大乘非佛說」的立論是正確的，也還是不敢來。

為了讓眾生證悟後增長正覺，《成唯識論》是很重要的論著。明心見性之後，好好修學《成唯識論》，並且有依著論中所說的條件去精進修學的話，是可以一世到達初地的。如果還有因緣的話，也可能親證猶如鏡像、猶如光影的現觀，從此以後，夢中與定中的影像與情境，都可以由你自己操控，這就是三地滿心位了。

如來的根本實義，就是自心藏識所顯示出來的眞如法性、眞如行相；就是各人身中個個都有，本來具足圓滿的那個如來藏。在佛地叫作無垢識眞如，在禪宗裡一向是方便說祂為眞如，也就是指如來藏阿賴耶識——第八識。可是如來藏根本的眞實道理很少有人知道，特別是末法時代的今天，大部分都產生了邪解，都不是正解。正解是說對阿含諸經、般若諸經、唯識諸經統統有眞實的證量，才不會產生邪解，才能得到正解。

有的人說：「蕭平實寫書很專斷，都不參考現代學術界的那些研究。」可是我為什麼一定要參考？他們大多弄錯了，沒有參考價值，我又何必參考呢？如果是正確的研究，我當然可以參考，譬如 玄奘大師的五時三教的判教，我不但參考了，還接受了，還把他的判教給予支持，證明他的判教是正確的。可是像天竺後期佛教智光論師的判教，我就不能接受，因爲他根本就把佛菩提道的次第與內容都顚倒了，那表示他根本就還沒有見道，見道的人決不會把道的次第弄顚倒的。

現代的佛教研究學術界，主要有兩大派系，一個是日本派系，一個是美國派系，這兩個派系裡面一直都有一派人，他們這一派人都有一個特點，就是先設定密宗的應成派中觀的知見是正確的，然後再以應成派中觀的邪見爲基礎、爲見地，去研究佛教的教義。這樣的佛教學術研究，這樣研究出來的佛教教義，會是正確的嗎？那都變成了邪見了，不是正覺。

印順法師和藏密黃教就是繼承了這樣的觀念，所以印順、昭慧法師……他們一直都以密宗黃教的應成派中觀邪見作爲思想主軸，他們主張原始佛教中，以及部派佛教剛開始時，並沒有講到第七識，也沒有講過第八識。他們認爲：佛在阿含時期也沒有講過第七、八識，所以第三轉法輪的唯識系方廣經典所講的第七識末那，第八識如來藏阿賴耶識，都是有問題的，都不是 佛所親說的正法，都是後來部派佛教漸漸發展以後，歷代菩薩漸漸創造出來以後，再編集成大乘經典的。

所以，第三轉法輪宣講第七、八識的唯識系方廣經典，他們是不信受的，所以他們在原則上只認爲四阿含諸經才是 佛所親口宣說的經典，所以他們原則上是不承認大乘經典在佛教中的「合法性」的。

可是，四阿含部的眾多經典中，眞的都沒有講到七識、八識嗎？如果你有正覺，你會清楚的發覺到阿含時期的諸經裡，所說的法中，七識、八識統統具足。有正覺境界中的人來讀阿含經典的時候，阿含諸經裡的密意了然清楚，佛所沒有明講的七八識密意在裡面都有，包括唯識的、般若的都在阿含裡已經隱覆密意的說過了。可是他們並不知道。但是因爲部派佛教時期，已經有很多人像印順法師一樣的不能證解第七、八識，所以會有這種現象；當很多開悟的祖師、聖人漸漸地捨壽，而且大多不再來此人間了（因為這裡的眾生不好度，會謗法啊！把最勝妙的正法送給他，他還嫌你的法不對），所以人間證悟的祖師菩薩就越來越少了，就產生了部派佛教中大多不能親證七、八識，因此而有眾說紛紜的現象。

我們選擇《大乘起信論》來講解的目的，也是爲了顯示如來的根本眞實義。爲什麼用「顯示」兩個字？因爲如來的根本眞實正義本來就在，不是經由修行之後才出現的，所以叫作顯示。譬如涅槃的境界是本來就在的，所以在佛菩提智裡說就叫作「顯示」涅槃境界，而不說是「出生」涅槃境界。涅槃的證得叫作「所顯得」，不是「所生得」。可是佛地的四智圓明，四種智慧卻不是所顯得，是修證道以後一點一滴開始出現的、才生出來的，所以叫作「所生得」，這是不一樣的。

如來的根本眞實正義，就是第八識心體所顯示出來的本來自性清淨涅槃。這個本來自性清淨涅槃不是後來才有的，乃至衆生還未證道之前，就已經在了。所以佛才會說：「**一切有情從本以來常住涅槃**」，就是講大家自己都有的那個眞如法性，就是那個第八識如來藏的自體性，祂本來就是眞實存在的心體，而且是如如不動於六塵萬法的清淨性，所以是本來就有的，所以叫作「本來、本來性」，不是修而後有。祂有清淨性，因爲遠離一切覺觀，所以從來不討厭、也不喜歡一切六塵境界，所以從來不貪求任何六塵境界，也不逃避。

可是祂這種清淨性卻不是虛空無，而是有一個無漏有爲法上的自性存在；這個自性你得要證得如來藏以後，才會知道祂的自性是什麼。祂這自性可妙了，般若的智慧都從這自性裡面出生，所以說祂有本來性、有自性性。除了本來性、清淨性、還有自性性以外，祂還有涅槃性。什麼是涅槃性呢？因爲祂從來不生不滅！不生名涅，不滅名槃；不來名涅、不去名槃，不增名涅、不減名槃、不一名涅、不異名槃、不垢名涅、不淨名槃……。所以涅槃就是中道，凡事把兩邊拿來，第一面是涅，第二面是槃，這樣就對啦！這就是第八識心體所顯示出來的涅槃性，也就是祂的中道性。

如來的根本實義，絕對不是常見外道法，印順法師在他的書裡說，在古印度時，就已經有如來這個法相了，大乘佛法興起以後，如來一法也開始興盛起來，而且多數的大乘法師也把如來認作世俗的我了，所以如來其實也就是外道神我的異名。如果眞是像他所說的那樣，那麼 佛在阿含諸經裡廣破常見外道的神我、梵我，圖的又是什麼呢？又何必破斥呢？把外道的神我、梵我的如來破斥了以後，卻又在後來承認他是眞的！何必多此一舉呢？「如來」一法很容易讓人家誤會成常見外道的神我、梵我，但是如來——也就是如來藏、眞如——祂和常見外道的神我、梵我，聽起來似乎有類似的地方，但絕對不是外道神我、梵我的那個意識心，絕對不是那個覺知心，那是第六識意識，而如來卻是第八識，根本就是天差地別的，怎會相同呢？

如來藏之所以難修難證，問題就在這裡。要具備正確的知見以後才能修證，如果生了邪解，不是正解，就沒有辦法修證這個如來藏。在修證之前、要弄清楚祂的體性前，先得要相信確實有如來藏存在。不要信受那些歸依一神教法義的佛學研究者，他們以外道神學的信仰來研究佛教，把佛教來作一個結論，讓學佛的人來信他們，因此而對佛教的勝妙法義不再產生無比勝妙的感覺，削弱佛教信仰的力量，以這種方便法來幫助一神教取得生存的空間，產生能與佛教互相抗衡的力量。沒智慧的印順法師等人卻去信受他們所謂的考證，而在心裡不相信大乘佛法第三轉法輪的方廣唯識經典，這眞是顚倒啊！

第八識如來藏——自心如來——的根本眞實義，要藉著《大乘起信論》來顯示出來，使眾生可以出生眞正的知解；有了眞正的知解以後，就知道要怎樣才有辦法證悟。如果有人告訴你說：「這個覺知心就是眞如。」你信了，你不知道經典裡 佛說眞如阿賴耶識離見聞覺知，那你就沒辦法悟了。你如果知道經裡 佛所說眞如是離見聞覺知的，也是從來都不作主的。那你有了正知見以後，就會去找：到底哪個是我的眞如？你就會有個尋覓的方向，這就表示你已經有了初步的正覺了。如果沒有這個正覺，你就找不到方向，就永遠沒有證得自心如來的機會。

我今生之所以破參那麼慢，問題就出在沒有人告訴我說：「所謂開悟者，就是找到你的眞如阿賴耶識，這個第八識眞如又是什麼體性……。」而且是被人作了錯誤的開示，被教導的參禪方法與方向都錯了，所以自己練成了看話頭的功夫以後，還得在黑暗的黑漆桶中摸索了一年半，才能破參和見性。如果當年有人像我今天這樣正確的開講：「眞如就是阿賴耶識如來藏，說祂是離見聞覺知的，也從來不作主的，這個心如果找到了，你就是開悟了。」那我這一世裡早就破參了。可是當年因爲我的師父開示說虛空粉碎才是開悟，大地落沉才是開悟；參禪的方向和方法都錯了，所以我這一世才會拖那麼久，整整一年半「見山不是山」的日子，眞不是人過的日子呢！你們去禪三，前後也不過四天的苦日子，好多人就難過得那個樣子，我可是整整一年半呢！

但是　馬鳴菩薩就是這麼慈悲，想要讓大家對如來的根本實義能產生眞正的知解，所以他想要把祂顯示出來；爲了顯示這個道理，所以造了《大乘起信論》。

第三個作因，是爲了使善根成熟的眾生不退轉於信心。不退轉信心很重要，如果信心的修行不具足，也就是說十信位的修行不滿足的話，我就算把眞如心體是什麼、你自己身中的如來藏是哪一個，跟你明講了，你也不會信。不信也就罷了，偏偏還會誹謗。別教的勝妙法就像是一把兩刃劍，就是要走到中間才能沒事，如果不在中間的話，不論偏到那一邊都會被割傷。你如果證得眞，也具足信心，那就沒事。如果不信，往往就會誹謗正法。

所以禪宗祖師才會說：「善知識出現在人世間，有利也有弊。」因爲他所證的如來藏——自心眞如——是不可思議的，因緣不具足的人，就算知道了自心眞如的所在與體性，也是無法信受的，所以我們才一定要施設兩年半的課程，來讓大家具足正知見與發起信力。有位師姊報名禪三，第四次才錄取，可是現在修行就不錯了，大家說到她都豎起大姆指，她自己也得到受用，這才是最重要的。可是因緣不具足的人，第一次沒錄取就生氣走了，走了就表示你這人根本緣還沒熟，眞是走得好！因爲這個法甚深極甚深，可是卻又平實極平實、難信極難信。沒有足夠的福德與信力，沒有如實的去證驗祂、體驗祂，善根還沒有成熟、知見福德不夠，你就不會信受，就會去誹謗。所以當他知道如來藏是什麼，發現祂是如此的平實以後，信心也會跟著就退失掉。

馬鳴菩薩造《大乘起信論》的目的，是使得善根已經成熟的眾生，可以在證得自心眞如以後，不退於大乘別教法的信心。讓大家不退於大乘別教的法的目的，是爲了使他於大乘妙法中能有堪任性。對於這個法，能承擔得起來，這叫堪任。如果你不敢承擔，就叫作無堪任性：不堪任於證得這個如來藏的法，不堪任於承擔如來藏的法。如果你悟了以後再來讀《大乘起信論》時，那它可以護持你生起不退的信力，從此以後於大乘法就產生了堪任性。

有堪任性的人是怎麼回事呢？他對於聞所未聞法，心不畏懼，而且能夠加以分辨正邪。如果於大乘法無堪任性的話，對於聞所未聞法，心裡的懷疑、害怕、驚懼、不信，自己將會沒有能力加以分別與辨正，會懷疑這個所未曾聽聞過的法可能有問題，其實卻是極爲勝妙的正法。

在三時繫念法會中，我曾跟大家報告過，無量世以前，我還未明心時，誹謗過一個宣講如來藏的法師，我不信般若怎會和如來藏有關，於是誹謗他，雖然他也還沒有證得如來藏，還只是個凡夫。還好當時我只是私下講一講就過了，沒有公開的大力誹謗他所說的法義；但是，即使是這樣，也落到惡道去當老鼠，當了老鼠才知道懺悔，才知道不對。如果你們看到一隻貓、一隻老鼠時，也許那正是以前的一位修行人投胎的，可不要瞧不起牠喔！牠的覺知心和思想，和我們並沒有什麼差別，我們能想什麼，牠們也能想，只差別在沒辦法用言語表達。牠的判斷力和我們是一樣的，牠對我們的觀察能力和我們對牠的觀察能力是一樣沒有差別的，只是因爲牠被惡業所牽繫，所以淪落了，也許牠過去世曾是一個大法師，或是一個大居士都不一定。所以從那一次看見往世的業因與業果以後，我就發誓不敢誹謗任何大善知識，除非有明確的證據，譬如說他的著作、他的開示的錄音帶、錄影帶、VCD，確實證明他是悟錯、講錯的，然後才敢說他。沒有證據在手，聽人家轉述的，不能確定當事人是不是眞的講錯了，我就不去說他，因爲謗法、謗人的因果，是如影隨形、昭昭不爽的。

明心之後再來讀《大乘起信論》，可以建立起信心不退，就對於大乘深妙法有了堪任性，就敢發起大心說：「**我不只是明心就夠了，還要見性，還要努力護持正法來累積福德，來發起菩薩性，還要依法修除性障而發起聖性，這樣進修初地，還打算到二地、到三地；未來還要跟蕭平實一樣要出來摧邪顯正。**」要有這樣的大心量，才能說你眞的是有大乘法的堪任性，才是眞實的菩薩。

第四個造《大乘起信論》的因，是爲了要使得那些善根微少的眾生能發起信心，乃至不退。什麼不退呢？信不退、位不退！要證得眞如以後才能發起信心，沒有經過信不退的外門廣修六度萬行過程的人，你幫他證得眞如後，他還是無法住在位不退當中，他還是會再退失的。因爲信不退的基礎還沒有打好嘛！基礎打好以後，證得眞如，才能眞的到達位不退。就好像地下室的地基沒有打好就蓋一樓，結果剛剛蓋好，馬上就垮掉了。同樣的道理，你得把十信位所應該修的信不退的部分修好，然後進了初住位開始修菩薩六度萬行，這個外門的六度萬行具足圓滿了，就可以說你的信力就不退了。信不退，明心了，才能位不退。大乘別教法門中的如來藏法門很深，不是普通人所能作得到的，這裡所講的發起信心至不退，也只是十信位滿足時的「信不退」而已。

此外，不退的意思還有幾種：也就是位不退、行不退、念不退、究竟不退。位不退的意思是說，證得自心如來，現觀第八識眞如以後，由於往世的善根與廣大福德，自己能生忍安住而不退失；有的人是因爲慧力的修習，已經有了基礎，所以有能力自己分辨所證的第八識，是不是恆時的顯現眞實性與如如不動性，所以能生忍而安住下來，能忍受說見聞覺知、處處作主的自己眞的是虛假而無常住的眞實性，就能接受第八識離見聞覺知的境界相就是眞如的境界相，心中能接受而安忍下來，從此不再承認見聞覺知心的自己是常住法，由此就可以安住在第七住位中，常住不退，繼續以這個親證第八識所引生的般若總相智而向上進修，這就是位不退的菩薩。

也有人是因爲他沒有文字障，所以他就自己廣閱三乘經典，以 佛所說的種種經典，來比對自己所證悟的第八識如來藏阿賴耶識，看看是否完全符合 佛在經中開示的聖教？結果比對了以後，發覺完全相同，所以就發起無生忍了，就安住下來了，就可以常住於第七住位中不退。有的人則是因爲有福德，自己的性障也少，所以肯接受善知識的攝受；當自己有所疑的時候，就立刻請教善知識，善知識也能爲他善解疑惑，令他生忍於第八阿賴耶識，讓他能夠現觀阿賴耶識的眞如法性，因此就可以常住於般若現觀，常住於第七住位而不退轉於大乘無生忍。這也是位不退。這就是《菩薩瓔珞本業經》中 佛所說的：「是人爾時從初一住至第六住中，若修第六般若波羅蜜，正觀現在前；復值諸佛菩薩知識所護故，出到第七住常住不退。自此七住以前名爲退分。」

佛弟子四眾，於第六住位修習般若波羅蜜多，正觀現前的時候，如果沒有大善知識攝受，令他排解疑惑的話，往往會因爲信力的不具足而不能生忍，便不信自己所悟證到的第八阿賴耶識眞得是眞如心體，不信阿賴耶識就是如來藏，因此就會退失於般若波羅蜜多，也就是 佛所說的：「佛子！若不退者，入第六般若修行於空、無我、人、主者，畢竟無生必入定位。佛子！若不值善知識者，若一劫二劫乃至十劫，退菩提心，如我初會衆中有八萬人退，如淨目天子、法才王子、舍利弗等，欲入第七住，其中值惡因緣故退入凡夫不善惡中，不名習種性人；退入外道若一劫、若十劫，乃至千劫，作大邪見及五逆，無惡不造，是為退相。」所以有的人還眞的須要大善知識攝受，才能夠不退失大乘無生忍的；甚至於有的人雖然有大善知識在身邊，但是因爲他自己的性障還很重，所以不肯接受大善知識的攝受，就自以爲是，也就退失了。

退失的人當然就不是不退的人了。但是退失的事，是常有的事；如果永遠都不會有人退失的話，那個法絕對不是眞正的佛法。連 世尊親自攝受的時候，都還會有八萬人退失大乘無生法，對如來藏本來無生不能生忍，般若智慧就無法現前，這就是退失的人。但是退失佛菩提的人，都是以實相心以外的法來取代實相心，他們大多會自認爲自己是修證更高，是提升到更高的層次中，絕不會自認爲是退失佛菩提的。

信有退是指初信位到十信位還沒有滿足的初機學人，信不退是指初住位到六住滿足的人，位不退是指第七住到十迴向位滿足的人，再上去就是行不退了。所謂行不退的意思，是說初地以上到七地滿心爲止。初地以上的菩薩們，他們縱使因爲衆生難度、恩將仇報，有時不免心灰意懶，但是回心一想：還是得要回到利益眾生上面來，才能修集成佛所須的廣大福德；還是得要繼續進修無生法忍，才能地地增上而成佛道。所以有時雖然因爲眾生難度而產生了心念退失的現象，但是在身口的行爲上，是絕不會有退失現象的，這就是行不退的菩薩們，是初地到第七地滿心位的菩薩。

念不退的意思，是指八地心以上的菩薩們。他們因爲已經滿足二乘解脫道的修證，也修斷了許多二乘聖人所不曾修斷的煩惱障習氣種子，又因爲同樣的具有三明六通，又因爲親證了無生法忍的十種現觀，又加上七地心所證得的念念入滅盡定及「如乾闥婆城」現觀的證量，再加上 佛爲他加持而證得「引發如來無量妙智三昧」，所以已經於相於土皆得自在，根本就不掛心眾生易度難度的問題，根本就不會有在心念上有時產生退失的現象出現，直到等覺地滿心位，都不會再有念退的現象了，所以稱爲念不退的菩薩。至於究竟不退，那當然就是佛地的境界了，因爲一切的身、口、意行，都已經純然清淨而絕無半點的染污了，所應修證的法也都全部具足了，佛菩提道的所有妙義及實相，已經無所不知，已經無可再修證的了，所以稱爲究竟不退。以上所說的，就是不退的意涵。所以不退的意涵，函蓋很廣，不是一般人所知道的那樣。

那麼這一段論文中，馬鳴菩薩說他造論的第四個主旨是：「爲令善根微少眾生，發起信心至不退故。」也就是說，希望眾生能對他所造的《大乘起信論》的意思如實的理解以後，能發起對大乘妙法的信心，而成爲初住位的信不退菩薩，乃至最後多劫的熏修，可以到達究竟不退的境界；這就是他造論的許多意旨之一。但是不退的意思，最主要的還是在於「不壞十無盡戒」而言。十無盡戒，與十無盡願，有異曲同工之妙，也是依不謗正法而說的。如果不能生忍，往往就會誹謗正法，尚且不能保住下一世的人身，何況能修學佛法乃至成佛？

第五、馬鳴菩薩是爲了能使眾生消除業障，調伏自心、遠離三毒故，所以造了這部《起信論》：眾生自無始劫以來，不斷熏習種種世間法，爲了五欲的享受而不斷的造業，所以心裡面大多是充滿了貪、瞋、癡三毒。如果能對這部《起信論》的法義有了如實的理解，因此而對三寶生起具足的信心以後，就會漸漸的開始修學佛法，清淨自心，轉變心性，就可以調伏三毒，業障也將會因爲不再造作貪、瞋、癡等惡業而漸漸的減少。

所謂業障，就是往世所造的種種惡業，導致今生以及未來世中，修學佛法的時候，會有種種障礙出現，阻礙佛弟子們修學佛法，更會阻礙見道，這就是業障。

業障的形成，都是由於在六塵萬法中起貪心，所以因爲貪心的緣故而造惡業；往世所造的惡業種子，在今生修學佛法的過程中就會出現，就會障礙佛子的道業，這就是業障。也有人在往世其實本性不壞，只是因爲一時氣憤，在往世造了惡業；那個惡業種子就被帶到這一世來，當他開始修學佛法的時候，這個惡業種子就會現前，就會障礙他修學佛法以及見道。

也有人是因爲往世被無明所籠罩的緣故，幫助別人誹謗賢聖、破壞正法；當他正在幫人誹謗賢聖的時候，還以爲自己是在破斥外道；當他正在幫人破壞所未曾聞的勝妙正法時，還以爲是在破斥外道法，還以爲自己是在護持正法；這種因爲往世的無明而造作的惡業，當然要下地獄受報；可是受報完了以後，還有餘報，歷經餓鬼道及畜生道多劫以後，初生人間的時候還有餘報，那就是愚癡無智，於深妙正法不能相應，往往重新又再誹謗而又淪落三塗。即使沒有再作誹謗正法的惡業，也會因爲餘報的緣故，障礙了他的見道，使他不論如何努力精進的參禪，不論如何努力的觀行蘊處界，都無法證悟如來藏阿賴耶識，都無法具足觀察蘊處界的虛妄性，所以我見也就斷不盡，那就沒有辦法斷我見、證眞如。如果能把這部《大乘起信論》的內容如實的了知，就會具備正知正見，就不會再妄自否定正法，不會再妄自否定如來藏阿賴耶識正法。也會因爲如實了知業種熏習道理的緣故，而能夠從自己的心性下手，修除種種將會障礙法道修行的不良心性與習慣，就可以遠離三毒。這就是 馬鳴菩薩造這一部《大乘起信論》的原因。

第六、爲了讓眾生修習正確的止觀，以對治凡夫與小乘人有過失的心，以此緣故而造《大乘起信論》：所謂凡夫，就是說還沒有斷除我見的人，也還沒有證得第八識如來藏的人，都是凡夫；如果是斷除了我見，也斷除了我執，成爲阿羅漢以後，卻沒有證得第八識如來藏，那就是小乘聖人。凡夫有什麼過失而說需要對治與修正呢？小乘聖人又有什麼過失？以致 馬鳴菩薩會說小乘人的心態須要對治與修正呢？

這也就是說，凡夫不能斷除我見與我執，所以就會貪著世間五欲境界，因此而造作了種種惡業，就會繼續不斷的輪轉生死，在生死中受盡種種的苦痛，被無盡的煩惱所折磨。爲了這個緣故，凡夫當然須要有對治的方法，所以論中也會說到一些對治的方法，希望凡夫眾生不再貪著五欲諸法。也需要讓凡夫們知道蘊處界萬法都是虛妄的，都應把我見斷除掉，所以說凡夫眾生是需要對治的。

二乘人則是恐懼隔陰之迷，所以不肯發大願心再來人間度化眾生。他們恐怕發願再來人間受生而度眾生的時候，當他的下一世因爲隔陰之迷而對這一世的解脫道證量會忘失了，如果又沒有因緣遇到眞善知識的時候，恐怕又會隨著世間法而輪轉生死去了；由於這個緣故，所以，決定性的小乘人，那些阿羅漢們，他們是不會爲了眾生的利益而發願再來受生於人間的，這就是小乘人的第一個過失。第二個過失是說，小乘人雖然證得解脫果，捨報的時候能夠出離三界生死輪迴的痛苦，但是對於法界的眞實相，他卻是不懂的；因爲不懂法界實相的緣故，所以就不能成佛，所以他所能爲人解說的法義，也就只有解脫道一個法門而已；而且因爲他不想求證佛地的智慧境界，所以一定不會發願再受人身，不會再像菩薩一樣的上求下化，當然也就只有這一世能夠隨緣爲人說法，所能利益的眾生也就很有限了，這當然也是小乘人的過失。這種過失的產生，當然是因爲他們沒有具備正確的止觀；也就是說，他們的止觀範圍，只限於「蘊處界虛妄」的觀行，不能親證法界實相的理體第八識如來藏，所以他們的止觀並不是正確的止觀，只是相對於外道的常見與斷見的情形下，才說是正確的止觀；但是，從大乘法的佛菩提的立場上來看，他們的止觀是有缺失的、有偏乏的；爲了這個緣故，想要修正二乘聖人對止觀的偏失，所以造了這一部《大乘起信論》，來說明蘊處界虛妄的當下，另有一個萬法主體的第八識如來藏，也就是阿賴耶識心體的存在，讓他們可以根據這個正理，來修正他們原有的有過失的止觀。這就是第六個造論的原因。

第七、爲了能使得眾生對於大乘妙法眞理，可以作如理作意的思惟，以及能夠出生於佛前，並且究竟不退大乘法義的信心故，所以造了《大乘起信論》。什麼是如理思惟呢？也就是說思惟的時候，不可以違背實相眞理；譬如說蘊處界空、一切法緣起性空，不可以離開如來藏而說萬法緣起性空，這才是如理作意的思惟。如果離開了第八阿賴耶識這個如來藏心，而說蘊處界緣起性空，而說萬法緣起性空，那就是不如理作意的思惟了，因爲這麼一來，就會落入斷見中去，就會成爲斷滅見了，那就和斷見外道一樣了，這就是不如理作意的思惟。如果是依第八識如來藏心體的實有不壞，而說祂所出生的蘊處界虛妄、緣起性空，這就是如理作意的思惟了，因爲當那些二乘聖人觀行蘊處界萬法，發覺都是緣起性空的時候，斷了我見、也斷了我執，對五蘊、十二處、十八界自我，統統都沒有執著，願意在捨壽的時候把自己滅盡了，成爲眞正的無我了，這就是取證無餘涅槃了；但是他們雖然取證了無餘涅槃，卻不會落在斷見外道所說的斷滅見中，因爲他們相信佛所說的聖教：在無餘涅槃中時，仍有本際、眞如、實際、識、我、如來存在。

也就是大乘法中所說的第八識心體異熟識繼續存在，離見聞覺知、離思量性，獨自存在不滅，不再於三界中現行了。這樣就不會落在斷見外道見裡面了，這樣的二乘解脫道的思惟與觀行，就是如理作意的思惟與觀行了。二乘法中如此的觀行，大乘也一樣，不可以離開第八識如來藏，而說般若就是一切法空，而說般若就是緣起性空，而說諸法滅了以後的滅相不滅即是眞如。這樣的思想，都是不如理作意的思惟，都是愚人的心行。如果能夠對大乘法加以如理作意的思惟與觀行，將來就能「得生佛前」。

「得生佛前」的意思是說，已經證得第八識如來藏了，由此而發起了無分別智；由這個無分別智作爲基礎，再向上進修，最後終於有一世可以進入初地境界了，也就成了眞正的佛子了；在還沒有進入初地以前，都還不是眞正的佛子；只有進入到初地以後，才算是眞正的佛子。如果已經進入初地而成爲眞正的佛子，那就可以說你已經出生在如來家了，就稱爲「得生佛前」了。換句話說，「得生佛前」或者說「生如來家」，是以親證初地的無生法忍果爲衡量的標準，也就是以你是否已經證得道種智而作標準；如果已經證得道種智了，已經發起初地入地心菩薩所應有無生法忍，而且已經有增上意樂而進入初地時，那就是「生如來家、得生佛前」的人，就是眞正的佛子。所以不論是在家相或出家相，只要已經有了無生法忍，就是眞正的佛子；不可因爲身現在家相，就說他不是眞佛子、不是勝義僧；也不可因爲有時會有地上菩薩身現出家的聲聞相，就說他不是菩薩、不是眞佛子、不是勝義僧。換句話說，只要證得無生法忍，就是眞佛子，就是生如來家、得生佛前的勝義僧；不因爲他現在家相，或者身現出家的聲聞相，就指責說他不是眞正的佛子。所以，得生佛前的意思，其實就是說，已經證得無生法忍了，已經有具足的能力來承擔如來的弘法利生的家業了，那就是眞正的佛子了；既是眞正的佛子，那當然就是大乘勝義僧了。

但是此一《大乘起信論》中所說的法，其實還不能使人達成進入初地的願望，因爲這一部論中所說的法義，還只是在般若的總相智與別相智上來說正理的；雖然也說到一部分道種智的內涵，但是並不足以使人因爲修習這一部《大乘起信論》，就能進入初地；即使具足證知這一部論中的法義，也還是不能進入到初地心的；因爲想要進入初地心位，還有許多須要學的妙義，還有許多觀行需要親自去修，還有許多現觀境界等著你去親證的，所以還無法使人得入初地。但是這一部《大乘起信論》卻是極爲重要、也對學佛人有極大利益的鉅論；因爲它在法義上的陳述，如果能夠確實的加以瞭解的話，就可以把握住正確的方向，而且不會退轉於佛菩提；除非誤會了論中的眞實義。所以，這一部論中所說的法義，是可以使人永遠住於正道中，不會走偏了正路，那就有機會可以次第進修而入初地，所以這一部《大乘起信論》的研習，可以使人漸漸的提升見地，保持正確的道路而在緣熟的時候漸漸的進入初地，所以它可以爲大家作爲進入初地智慧境界的正因或助因。馬鳴菩薩爲了使眾生對於大乘法生起如理作意的思惟，不會走偏了修行之路，所以就寫成這一部偉大的《大乘起信論》。

第八、爲了顯示「信受悅樂於大乘法的人將會有大利益」，勸諸有情眾生都歸向大乘法的緣故，所以造了這一部《大乘起信論》：信受與愛樂大乘法的人，有什麼利益呢？主要的有：一、完成大乘法修行過程的人，可以究竟了知一切法界，可以成佛，而不只是成爲阿羅漢而已；二、修行大乘法的人，當他證悟了以後，般若智慧深妙，不是二乘阿羅漢、辟支佛所能知道，所以二乘聖人在他面前是沒有說話餘地的；三、大乘法中的證悟者，不但可以知道阿羅漢所證的有餘涅槃、無餘涅槃境界相，更可以了知阿羅漢所不知道的無餘涅槃中的本際，所以他的解脫智慧是比阿羅漢還要深銳的，所以無餘涅槃中的實際境界，阿羅漢在證悟大乘菩提的菩薩面前，是沒有說話餘地的；四、大乘法中的眞見道與相見道者，他所演說的法義，阿羅漢是聽不懂的；因爲他所證得的第八識心體，也就是萬法生起的根源，也就是所有法界的眞實理體，也就是法界實相，因此而證實萬法皆是自心現量，心外無法，證得法無我，這也是二乘聖人所不能瞭解的。由於大略有這四種利益，是二乘人所無法獲得的，所以，凡是信樂大乘法的修行人，將來都可以或多或少的獲得這樣的大利益，由於這個緣故，所以要造《大乘起信論》來加以說明，勸導一切含識——一切有情眾生——都能歸向於大乘法中。

論文：【此諸句義，大乘經中雖已具有，然由所化根欲不同，待悟緣別，是故造論。】

講解：上面所說的這些法句的眞實義理，在大乘各部經典中雖然已經具備了，也都說過了，但是，由於當時　馬鳴菩薩所度化的眾生的根性和心裡所想的念頭，都和以前　佛在世的眾生的根性與心念中的所欲有所不同，也因爲現在這些眾生所將等待得到的證悟因緣，和　佛世眾生的因緣是不同的，由於這兩個緣故，所以才造作了這一部《大乘起信論》，來利益現在的眾生。

接下來，進入到第一分來說「作因」：

論文：【此復云何？謂如來在世所化利根，佛色心勝，一音開演無邊義味，故不須論。佛涅槃後，或有能以自力少見於經而解多義，復有能以自力廣見諸經乃生正解，或有自無智力因他廣論而得解義，亦有自無智力怖於廣說、樂聞略論攝廣大義而正修行，我今為彼最後人故，略攝如來最勝甚深無邊之義，而造此論。】

講解：這一段論文的意思是說，如來在世的時候，所化度的人多是屬於利根的人，本來就比較容易度化；又加上佛的色身殊勝，以金色身示現的時候，眾生也很容易的就會對佛生起信心，所以就會對佛所說的法能夠信受；又再加上佛的智慧深妙，又具足種種方便善巧，能以一音而為眾生開示演說無邊無際的深妙法義，法味無窮無盡，所以只以經典來為眾生宣說就可以了，所以也就不像現在一般的情形：除了必須有經典以外，還得要有論典來對經典中的深妙義理，加以更為詳細的宣示與演說。所以如來在世的時候，是不必有論藏來作輔助說明的，所以當年佛在世時，菩薩們就不必造論了。

此外，佛在化緣已經圓滿而入涅槃以後，學佛的眾生就有四種情況，第一種是：有的人能以自己所具有的智慧能力，不須讀過很多的經典，他就能夠理解到很多的法義，這種人是不需要有論典來幫助他的。第二種是：他有能力依靠自己的慧力而廣泛的閱讀許多的經典，在讀過許多經典以後，漸漸的就對佛所說的法義發起了正確的見解，這種人，他也是不需要論典來幫助他的，他只需要多花一點兒時間來研讀經典、自己思惟，然後就是證得經典中所說的義趣，所以他也不需要論典的幫助。第三種人是：自己並沒有智慧，無法產生理解和親證經典所說法義的力量，所以他就必須靠著別人所造的論，而且廣作論議的論典，勤加研讀之後，終於也能夠靠著論典中的廣爲議論的緣故，而證解了經典中的深妙義理。第四種人則是：他自己沒有智慧的力量，可是又對菩薩所造的論典中的廣說，產生了恐怖的心態，害怕廣論；這是因爲菩薩在論中說得太細膩的緣故，他反而會忽略本意，而在枝節上面錯用心了，結果反而弄不清楚，就變成只看見一片一片的樹葉，而沒有看見樹幹與樹根。因爲恐怕這樣，所以他就樂聞略論——簡單的概略的論說——他反而因爲略論的緣故，能夠使得他人不離開深妙法的主軸，最後反而能夠攝盡廣大深遠的妙法。馬鳴菩薩的《大乘起信論》就是爲這一類人說的，所以《大乘起信論》是略說深妙法，而不作廣論的，這也就是他創作此一《大乘起信論》的原因。

第二分：

第二分講「立義分」。立義就是建立正義，建立眞實的道理，爲什麼要立義？你要講什麼，先把宗旨建立出來，譬如古時 玄奘菩薩，在印度學成以後，遍歷十八國，後來戒日王爲他召開無遮大會，他建立一個宗旨「眞唯識量」，也就是說一切法唯識，唯識量是眞實的，唯識的現量境是眞實的，一切都是唯有這個識出生，不管是世間法，不管是出世間法，統統是由這個阿賴耶識而出生而顯現，出生和顯現不同，出生是一切有爲法，顯現是一切無爲法，那這個就是立義。

論文：【云何立義分？謂摩訶衍略有二種：「有法」及「法」。】

講解：如何是立義分？馬鳴菩薩說：摩訶衍大略來說有兩種。「摩訶衍」翻成中文就叫作「大乘」，「摩訶」是大，「衍」表示祂能承載，所以「摩訶衍」就是「大乘」的意思，也就是說大乘法的修行者在成就佛道的過程中，能夠度化很多人，不同於小乘與中乘的法義；因爲二乘法所度化的人很少，大乘所能度化的人卻很多，所以這個成佛的妙法就稱爲大乘。在這一部略論的論典中，聖 馬鳴菩薩說：大乘法裡面所說的法，總共可以分爲兩種法，一個叫作「有法」一個叫作「法」。

論文：【言有法者，謂一切眾生心；是心則攝一切世間、出世間法，依此顯示摩訶衍義；以此心眞如相，即示大乘體故；此心生滅因緣相，能顯示大乘體相用故。】

講解：這一段論文的意思，是在講二法與三大，也就是說「一心、二法、三大」，其中的二法就是講「有法」和「法」兩個法；三大就是講「體、相、用」三大。摩訶衍——大乘——的「有法」是講「三界有」，三界有的根源就是一切眾生的眞實心，這個第八識心體是眞實有的法，一般說祂叫作空性、空法。在這裡爲什麼 馬鳴菩薩不說是空性、空法？反而要說是「有法」？這是因爲祂如實不空。一般人總是說：「**佛法講空，四大空、五蘊空、一切法空。**」但是不承認有如來藏阿賴耶識的人，他主張一切法空的時候，就會變成斷滅論；所以有些大法師、大居士講般若時就講「一切法空」，就講「緣起性空」，把如來藏排除掉，不承認一切法空掉的時候還有一個如來藏存在不滅，那樣一來，般若經就變成和斷見論的外道沒有差別了，所以他們的說法是有很多過失的；那些過失，這裡且先不說它。

第八識自心如來藏，爲什麼很多菩薩造論的時候要說祂是「空性」，而不像馬鳴菩薩一樣的說祂叫作「有性」呢？因爲眾生有個毛病，大部分的眾生，你如果跟他說空，他會害怕：「什麼都空掉了，那不是要叫我要斷滅了嗎？」所以聽到「空」就怕了，就要逃避，說：「學佛法，學到後來統統空了，統統沒有了，不是斷滅嗎？我現在有這個色身這麼康泰，現在有這個靈知心、覺知心可以享受世間各種快樂啊！世間可樂啊！可是你卻說是空，我受不了，不能學了。」爲了對治那些誤會佛法是「空無的斷滅空」所以怕落空的人，就跟他說：這個法叫作「有」，叫作「有法」，不是斷滅空。那麼這些人聽了，心裡就覺得很舒坦：「還好有個不空的，那這樣我可以學。」他就歡喜了！當然也有人聽到說如來藏是確實有，他就誤會說：「那麼佛所說的如來藏就和外道的神我、梵我一樣了，這樣看來，如來藏是同於外道的神我的；這和佛在初轉法輪所講的無我空不同，所以第二、三轉法輪的經典是後來的菩薩們長期創造以後，再結集成經典的，不是佛所說的正法，不符合緣起性空的正理。」這就是密宗應成派中觀的邪見者，也就是月稱、寂天、阿底峽、宗喀巴、歷代達賴喇嘛、印順法師、昭慧法師……等人所墮的落處。

如來藏的存在，是離見聞覺知的，外道神我卻是有見聞覺知的；如來藏是不思量性的無我性，外道神我卻是會思量性的有我性；如來藏是不返觀自己的「如刀不自割」的無我性，外道神我卻是「會反思自己」的有我性；如來藏是第八識，外道神我卻是第六識。還有許多不同的地方，顯示如來藏是與外道神我完全不同的，這裡且暫時不細說它，只將顯而易知的不同點，略作說明就可以了，以後有機會再細說它們的不同。所以，如來藏和外道神我是截然不同的；所以，當 佛在第一轉法輪時密意而說第七、八識的時候，他們是聽不懂、也讀不懂的；所以，佛在第二、三轉法輪正式宣講第七、八識的時候，他們就以自己所誤會的阿含經典義理，來判斷第二、三轉法輪的經典，誤以為是和阿含時期所說的不同，就謗說第二、三轉法輪所說的經典不是 佛親口所宣，就說是後來的菩薩們長期創造之後再結集成經，眞是誤會得太離譜了！這就是病在著空的應成派中觀見者。

可是對於眞正要學佛道的一般人來講，他們的病都是病在「有」：病在欲界有。覺知心能夠在色塵，乃至聲香味觸法塵當中享受欲界的五欲樂，就是「有」啊！

爲什麼有這個「有」呢？爲什麼能覺知到這個「有」？因爲有個意識，能夠覺知啊！知道「我」確實在這五欲當中，不離欲界中的六塵，了了分明的觀察自己，自以爲是離六塵的、是不落在六塵境界中的；這就是能返觀的覺知心，也就是意識心的證自證分。其實，當他覺知六塵的時候，就已經是落在六塵裡面的了，只是他不知道這個道理罷了！只有不觸六塵相的心體，才是眞正離六塵的，才是眞正不落在六塵境界中的心。

有的人落在「色界有」，或坐在色界的四禪當中；四禪當中等至位，雖然息脈都斷了，卻清清楚楚了然分明，離開了欲界的色聲香味觸。他以爲這就是眞實的有、不壞的有，他想：「我如果轉入等持位，又現起廣大天人身，有能見、能聞、能覺、能知，這樣到處去聞法也很好，到處去跟人家說禪定的修證也不錯。」也有的人是執著自我可以住在「無色界」的境界當中——在四空定的定境當中——認爲這個了知心如實不壞，那其實就是「無色界有」。

很多有情眾生學佛法，都是想要以這個意識覺知心去入涅槃，結果就無法入涅槃。爲什麼他們這樣無法進入涅槃呢？因爲無餘涅槃的境界中是十八界俱滅的。十八界俱滅的時候，意識覺知心、離念靈知都滅了，哪裡還會有一個覺知心的我存在啊！哪裡還有一個處處作主的意根的我存在呢！因爲覺知心、離念靈知心就是意識界啊！也是必須滅了以後才能進入無餘涅槃的啊！可是眾生不知道這個道理，都是執著那個「有」。殊不知覺知心既是欲界「有」，也是色界「有」，也是無色界的「有」。由於這個緣故，我見、常見不斷，就成爲修證解脫道、取證無餘涅槃的大病。佛爲了對治眾生這個「有」的病，就說這個第八識如來藏叫作「空」性。

《大乘起信論》出現，馬鳴菩薩把它寫出來的時候，眾生（特別是佛門修行的人多病在空，談到佛法時都說一切緣起性空：離開了如來藏而說緣起性空，離開了我們自己的阿賴耶識、異熟識而說緣起性空）不曉得「緣起性空」得要依於這個如來藏才會有五蘊、十二處、十八界的緣起性空，所以他們的修行理論就變成了跟斷滅空沒有差別，只是他用佛法的名相來說這個緣起性空，與斷見論的外道祇有這樣的差別而已。既然眾生都病在空，那麼馬鳴菩薩就跟你說「有法」，說這個法不是空，不是斷滅空，不是無，所以說「有法」，以這個名相來攝受那些聽到斷滅空就不喜歡的眾生。

「有法」就是一切眾生的實相心。這個「心」攝盡一切世間法，也攝盡一切出世間法；依這個心而顯示了摩訶衍，顯示了大乘的如實義；以這個心的眞如性相，就能顯示了大乘的實體，祂的自體雖然是空無形相的心法，但是確實存在，並且實有大作用、大功德，可以讓證悟者親自深入體驗檢證，所以不墮於空無。

所謂眾生的心，就包括每一個有情各各具有的八識心王；對世俗法中的有情眾生來說，八個識是和合成爲一個心的，並沒有八識心王可說。諸位還沒有學佛之前，人家跟你說：「你有八個心，你知不知道？」你說：「哪兒有？我就只有一個心啊！我怎麼不知道我有八個心？」可能還會罵對方：「胡扯！」可是實際上眞的有八個心：眼識看見一切色塵，這個眼識能不能聞香？不行！可見祂是一個心；你這個耳識能聞聲，祂能不能嗅香？不行！可見祂是另一個心；那麼鼻、舌、身識各不相同，能不能拿鼻子來嗅嗅我全身皮膚的感覺？不行！只有一個狀況可以，在佛地六根互用，六識六根互通，那是可以的。

這就是說，眼耳鼻舌身五個識，是有界限的，有界限的緣故所以才叫作眼根界、耳根界乃至意根界。眼根只能對色塵，不能對香塵，所以有界限，簡稱爲界；眼識只能分別顯色，眼識看見很多色相的時候，祂不能分別長短、方圓、高下、遠近，祂不行！祂只能分別青黃赤白，青黃赤白叫作顯色。至於你所看到的長短方圓、遠近高下……等，這個是由意識來分別的，屬於形色。

所以各個心各自掌管祂的職務、祂的業務，因爲有界限，所以這個界又叫作功能差別，這個功能差別在唯識學中就叫作種子。由於八識心王功能差別的不同，所以分界——六根、六塵、六識界——就成就了欲界當中的十八界法。

六根裡面的第六根——意根——祂是無色法，祂是心，再加上眼耳……等六識就有七個心。那你說：「意根在哪裡？我怎麼找不到祂？」你要找祂很容易，先要知道祂的體性，祂就是每一剎那都在作主的處處作主、時時作主的心，甚至你睡著無夢的時候祂也在作主。你說：「這樣！我還是不容易弄清楚到底祂在哪裡。」再告訴你一個更容易找到祂的方法，譬如說，突然間有一個人拿一個石塊丟過來，你根本就不加思惟：到底要往上跳或蹲下去？還是要往右邊閃或左邊閃？你根本就不思惟，一下子就閃掉了。讓你閃掉的那個習慣性的作主的心體就是末那識，就是你的意根。

如果你拿著一顆寶珠，一不小心掉下去，馬上兩手自動往下一捧就捧住了，那就是末那識意根，他是憑著慣性去運作的，非常伶俐的；有些人自以爲開悟了，他所說的眞如心體的直覺，其實就是末那識意根，所以我說他的證境超過那三大法師們的悟境。這樣！你有沒有找到你的末那了？啊！你們如今把意根找到了，很簡單嘛！只要有人指導，並不困難啊！當然意根還有極多特性，還有極多大功德，所以眞密經典的《楞嚴經》中說：「意根默容一切諸法。」我告訴你：意根遍緣一切諸法，伶俐得不得了！誰都比不上祂！解脫道的修證還要靠祂，祂若不肯自己滅了，來成就無餘涅槃，誰也奈何不了祂！但是修學佛道而成佛，也是時時刻刻都離不開祂；將來利樂無量有情，成就佛地廣大無邊的功德，也得要靠祂，時時刻刻都要靠祂，因爲祂的無漏有爲法上的大功德，眞是不可思議的。

那阿賴耶識又在哪裡呢？諸位想不想知道？（大眾答：想！）想！可是不能告訴你！（聽眾大笑）因爲告訴了你，跟你明講了，你的見地就會出不來；見地出不來的時候，就沒有智慧功德受用。得要你自己去找，如果沒去處處、面面碰壁，沒有經過參究的過程去自己找出來的話，那麼就算知道了，也不會懂得整理你的般若智慧——怎麼樣整理你都不懂——結果是佛經拿起來，文字倒是知道是的，可是往往卻讀不懂。可是你如果經過那個參究的過程，見地就可以通透，佛經拿起來一讀就懂了；這是截然不同的見地，所以還是自己辛苦一點兒參究的好。

很多人把阿賴耶識想得太神奇了，其實阿賴耶識非常的平凡、非常的實在，「蕭平實」這個筆名也就是這樣取來的。因爲祂眞的很平凡，一點兒都不起眼；可是祂卻很實在，絕對可靠，比換帖的兄弟還要死忠，絕對是你的死黨。祂從來不跟你扯後腿、不跟你撒謊，也不會褒獎你、諂媚你。可是，祂是絕對靠得住的，絕對是你眞正的朋友，祂比 佛還可靠，因爲你未來要成佛還得靠祂。佛只是告訴你怎麼樣靠祂成佛，你不是靠 佛成佛，是靠 佛告訴你「怎麼樣靠祂成佛」。

在參究的過程當中，你把祂跟妄心的體性混在一起分不清楚，這樣在辛苦地尋找祂的過程中，其實就已經是開始在作整理了。沒有經過這個過程的人，跟你明講了，你絕對無法信受這個就是眞如阿賴耶識。如果有人要跟你明講，在他來說，他是好意，實際上卻是在害你。所以諸位要有智慧，這個東西如果可以明講的話，當年 佛爲大家明講就好了，三乘諸經中的無比深妙法都能講了，難道 佛會沒有能力明講嗎？九地菩薩就有四無礙辯了，爲什麼會講不出來？當然講得出來，但是不能講，明講了眾生不信受，智慧就出不來，就沒有受用。所以才說：「**向上一路，千聖不傳；學人勞形，如猿捉影。**」這個東西你要是能找到祂，找到了，向上一路就通了，但是自古以來的千聖，傳到今天末法時期，都不跟你明說，讓這些想要學如來藏法、想要親證如來藏的人，得要勞苦他的身形，到處奔波去求悟。

正覺同修會的學員，有從東部的花蓮、臺東趕到這邊來上課的，你看！眞的是「勞形」對不對？爲了求法這麼勞苦，這麼勞苦的結果是怎麼樣的呢？在證悟之前卻都好像是猿猴在水面上要撈那個月亮的影子一樣，撈來撈去總是撈不著——如猿捉影——爲什麼要讓大家這樣辛苦呢？就是因爲祂的特性是很平凡、很實在，所以不可以明講，明講了以後你就沒有功德受用，你的智慧也出不來。

在我們早期的禪三中，那是統統有獎的，到了最後一天的下午，如果還是參不出來，我就集合那些還沒有破參的人，在小參室裡一起跟他們明講，成爲百分之百的破參；結果這些人有沒有留下來？統統沒有！後來都不信受，後來反而信月溪法師去了。只有那些自己參出來的人，才會到現在還留在同修會中繼續進修一切種智。因此，後來禪三就不再統統有獎了，因緣不夠的人，就把你留到下一回，讓你自己破參才是對你有益的，我如果當時不忍心讓你受苦，跟你明講，那就會害了你。結果你看現在，品質就比以前好多了。

所以說心——第八識這個心——可以說一切修學大乘佛法的人都想要知道，但是要透過自己參究的過程去找到，你才肯承擔；不然的話，我押著你、用棍子打你，逼你承擔，禪三後你還是不信，還是會退掉了；所以早年有些人是被我用竹如意打痛了，才肯承擔下來的，但是以後還是懷疑不信，還是退失了。就像當年佛爲眾生明講的時候，數億人天悟了，結果還是有八萬人退失不信，道理是一樣的；所以，只有極少數的人可以爲他明講，只有信力、慧力與福德成熟了的人，才可以爲他明講，否則終究是會退失的。話說回來，這個第八識雖然說是很平凡實在，然而這只是爲了幫助還沒證悟的人而說的，詳細探求祂的體性與功德的時候，其實祂卻是在平實當中顯示無比的神用與功德性，顯示祂的自體性是眞實與如如的眞如性相的涅槃相。

一切眾生都有八個識，這八個識和合在一起，才能夠有三界有情在世間生存與活動。欲界人間眾生有八個識，到了初禪天只剩下六個識，因爲沒有鼻識與舌識；如果進了二禪的等至位去安住，只剩下知道定境的意識，以及不知定境的意根以及阿賴耶識三個識。從二禪的等至位開始，一直到第二十八天非想非非想處天，等至位中統統都是只有三個識。如果要去諸佛世界頂禮諸佛，供養諸佛，聞受佛法，就得要轉入等持位，化現莊嚴報身去到那邊去，那個時候就跟初禪天身一樣，色身就比較廣大，但是也只有六個識，沒有鼻識與舌識。

這就是說，三界二十五有的一切境界中，最少都得要有三個識，否則那些境界相都是不可能存在的；入了四空定當中也還是有三個識，意識絕對不滅，所以意識心體是遍三界九地的。意識現行的時候，一定會有一個俱有依的「意根」，還有另一個俱有依「阿賴耶識」。如果沒有這兩個俱有依，就沒有四空天的天人。他們沒有色法，純粹是精神世界。如果是在人間有色身的眾生，你想一想說：「我想要證得非非想定，那我應該是不要色身了才能證得。」不行！當你有這個色身在的時候，如果打一針麻醉針，讓你的五勝義根不能運作——大腦不能運作——那你的四空定的定境也就消失了，所以還得要有這個色身，才能在人間證得四空定。因爲在人間的話，意識得要另外加上一個俱有依「五勝義根」，也就是頭腦。所以說不同的三界的境界，會有不同的狀況。

八個心現行，以及這八個心現行之後，必定會產生的一切法：八個心各有祂們相應的心所有法。這是八個識本身的功能性，以及相應的煩惱、善法、無記法等等；加上了這八個識，我們的色身五根等十一個色法，合起來運行時才能夠有一切法的出現。這八識心王的功能性，以及輾轉出生的一切法，馬鳴菩薩統統把它叫作「有法」。

「有法」爲什麼叫作一切眾生心？因爲這是一切眾生所會顯現出來的心。人是這樣，狗也是這樣，螞蟻也是這樣。看到了貓狗，你不要瞧不起牠，牠的感覺跟你一樣，牠照樣有八識心王，你在想什麼牠大概也知道，你板起臉來牠就夾起尾巴躲到旁邊去；牠只是無法以語言來表達意思而已，因爲牠的五勝義根沒有語言的功能，那就是牠的果報。這八識心王及一切法就叫作一切眾生心（編案：這就是唯識學中所說的「一心之說『唯』通八識」）。

這個心爲什麼「含攝一切世間和出世間法」呢？又爲什麼說「這八識心王含攝一切世間與出世間法而依此顯示大乘的眞正義理」？爲什麼這麼說呢？這就得要概略說明唯識的五位百法了，如果不概略的先說明五位百法，就無法瞭解：這八識心王一切眾生心，如何能含攝世間與出世間的一切法，又如何能夠顯示大乘的眞正義理。

五位百法的總綱說：一切最勝故，與此相應故，二所現影故，三位差別故，四所顯示故；最後再加上四個字：如是次第。換句話說，它是有次第性的。如果你能夠把這個頌記住，並且如實的瞭解，對於大乘佛法，你就能夠大概的知道一個梗概了。

「一切最勝故」是講欲界一切有情的八識心王，但是一切有情的八識心王卻又歸結於阿賴耶識，因爲七個識都是從阿賴耶識所出生的。我們所有的一切法，所能運用的、每天在受用領納的一切法——我們所知道的一切法、受用的一切法——統統是從這八識心王輾轉而出生的。八識心王在一切法中最勝，所以稱之爲「一切最勝故」。

怎麼說呢？因爲意根末那識是由阿賴耶識中出生的。意根爲什麼會由阿賴耶識中出生？因爲無明！阿賴耶識執持了意根與意識相應的無明的種子，導致世世的意根始終自我執著而不肯滅失，就由這種無明的種子作爲生緣，促使阿賴耶產生一個中陰身出來，所以肉身死了，祂就靠著阿賴耶識轉移到中陰身上。中陰身的意識不像活著的時候那麼靈光，因爲勝義根不如活人，所以純粹依著習氣去運作，結果因爲無明而導致貪或瞋，也就入胎受生了。除了過去已悟的人不算，過去世沒悟過的人，都是因爲起貪而入胎的：貪這世的父親或者貪這世的母親而去入胎。如果是起瞋而受生的呢？那就到修羅道去了。可是修羅道中也不離貪，修羅道遍於五道，所以有時候不講六道，講五趣眾生；也就是說，受生到五趣中而成爲心地兇狠的眾生。

剛入胎的時候，有沒有過去世的意識住在母胎中？沒有！如果有過去世的意識，你還能安住嗎？住不了啊！入胎後，在母胎裡一住九個多月，比當兵數饅頭還難過，當兵起碼還可以到處跑，吃點兒東西，看點兒什麼，不然找人閑聊天兒也可以。可是在母胎裡，要找個人家講話都不行，無聊死了。可是大家看看胎兒有沒有覺得無聊？沒有！可見沒有上一世的意識存在，可見是這一世才有的意識。而剛入胎的時候，連覺知性都沒有，可見入胎時並沒有意識，因爲沒有人在剛入胎時無聊過。意識到什麼時候才有？到了六、七個月的時候，五勝義根開始發達，即將圓滿了，然後意根才可以藉五勝義根，接觸阿賴耶在這裡所顯示出來的內相分，才會使意識覺知心現行。

意識剛出現時，就是在那樣的環境裡面住，因爲這個意識心是以這一世的勝義根作俱有依，而新出現的覺知心，不是上一世的勝義根作俱有依而有的覺知心，所以祂是全新的，是這一世才剛出現的，與過去世的意識覺知心是無關的，是這一世才剛開始新生的，所以祂根本沒有見過外面的廣大世界，祂什麼也不懂，祂認爲本來就這樣，很習慣啊！從來沒有感覺到子宮裡的空間太小了，所以祂不知道住在子宮裡是痛苦的事。只是聽到好像有什麼聲音，也不曉得這個聲音就是媽媽的聲音。祂在處胎位中，不現起的時候多，睡著消失的時候多。等到出生的時候，矇矇矓矓還是看不清楚色塵，要過了幾天後，漸漸才能看得清楚近的色塵相，後來能夠看得遠了，才知道原來世界這麼廣大。這時候叫你再入胎住一秒鐘，你都會受不了。

由於阿賴耶識所持的無明種子，使得意根起作意，讓阿賴耶識出生了中陰身，然後你才會起顛倒想而去入胎。入了胎以後，接下來八識心王漸漸的具足，也就是說五勝義根具足了，你就得要出生了。出生以後這八個識，以及五勝義根、五扶塵根和合運作，就有許多的法出現。如果沒有五勝義根，你的前六識就無法在人間出現，就無法在人間出生與運行。

五勝義根是從什麼樣的狀況中出生的？從過去的我執、我愛、我見、無明種子，而由阿賴耶識變現出來的。你的色身絕對不是上帝創造的，也不是媽媽變的，是你自己變的。你們這些當媽媽的人，可不要跟你的兒子說：「**你的色身是我變出來的，是我製造的。**」妳沒有變給他，妳也沒有製造他的色身，妳只是供給他應該有的元素——地水火風四種元素。妳所供給他的只是血液、養分。是他自己變生自己色身的，但是妳幫助他變，由誰來變生呢？是由他自己的阿賴耶識，攝取了妳所供給的養分，就開始變、變、變，一直不斷的在變，是由他的阿賴耶識來變生他的色身，所以阿賴耶識叫作「第一能變識」。祂變現了自己的內五陰世間——色身由祂所變現出來。

這個「第一能變」的阿賴耶識，依著你過去世所造的業而變現出你的五扶塵根，以及你的五勝義根。能夠這樣變現各人所不能製造的色身，難道不是一切最勝的心體嗎！製造色身是一項偉大的工程，連現代的先進醫學專家，都還沒有辦法作到百千萬分之一呢！所以祂眞是厲害、眞是偉大！祂也能夠變現意根出來，讓意根能夠時時作主、處處作主。意根開始作主後，卻又把阿賴耶識據爲己有，說阿賴耶識的所有功德性都是我自己所有功德性，這就是唯識學中所說的「意根恆內執阿賴耶識爲我」。這句話，還沒有破參的人就一定聽不懂，只懂得字面上的意思，不懂眞正的意思，但是破參的人一聽也就懂了。

其實意根是附屬於阿賴耶識的，只是因爲阿賴耶識從來都不作主，祂就像西蜀後主的阿斗，意根就像諸葛亮，八識心王都是意根在作主。阿賴耶識從來都不思量，所以祂從來都不作主，但是意根需要什麼祂就供應什麼，祂都作得到，因此說祂是一切最勝。

由於阿賴耶識變現了五色根加上意根，然後有了前六識出現；有了前六識出現以後，接下來五遍行的心所有法，以及欲、勝解、念、定、慧的五別境心所有法，善十一和六個根本煩惱、二十個隨煩惱法、四個不定法，這五十一個心所法統統就會跟著陸續出現，因爲這些就是這八個識的體性。

五十一個心所有法，是由這八個識和合運作才能變現出來的，依附於阿賴耶識心體的現行識，以及阿賴耶識所執藏的意根種子，意根就能在阿賴耶識的配合下變現許多法相出來，所以意根叫作第二能變識；由於阿賴耶識與意根的配合而可生起前五識，所以意識能變現出人們所構想的及實行的種種法來，所以意識叫作第三能變識。因爲有這些法的緣故，所以色聲香味觸及世間出世間的一切法就跟著出現了。

諸位悟前以及悟後未學種智以前，往往都以爲：「我有看到蕭老師坐在那裡講經說法。」其實你沒有看見我，你看見的是你的眼根——眼根是指你的眼球——從我這裡攝取的影像，影像在眼球後面的視網膜出現而又變成了訊號，傳到你大腦裡面掌管視覺的部分，在那裡，你的阿賴耶就根據那個訊號，變現出一個好像有影像的內相分出來。其實你的七轉識所看到的是這個內相分，你並沒有眞正的看見我。就好像戰車的駕駛兵，坐在戰車裡頭，透過三稜鏡的反射而看得見外面的影像。他所看見的那個影像並不是眞正外面的影像，但是跟外面的影像是完全相似的。

阿賴耶識能夠這樣變現，變現你自心裡面的色聲香味觸，由這五塵上再產生了法塵，讓意根接觸到，意根想要詳細的了知法塵與五塵，就現起意識覺知心，意識就在這阿賴耶識所變現的六塵內相分裡面分別：「**蕭老師好像今天比較有精神，今天好像比較光彩一點。**」但是其實蕭老師究竟是什麼形色、顯色？你根本沒有看到。你看到的色塵相，是由外相分轉換成你五勝義根裡面的內相分。而這內相分裡面的色聲香味觸法，統統是由你的阿賴耶——自心藏識——所變現出來的。八識心王和合運作的結果，就能夠變現一切法，因此說這八識心王是「一切最勝故」。

如果沒有第三位的五十一個心所有法，如果前六識不是有那種能夠見色、聞香、嚐味乃至知法的功能差別性，你就無法作任何的覺知與了別。因爲有這六個識，有這些種子——有這種功能差別——有這種界的體性，所以你能夠與一切的世間法相應。可是你所相應的一切世間法——你所接觸到的世間法——其實都只是你自己的第八識及七識心王所變現出來的，都不是外面有的法。你所接觸到、領受到的，都是你自己心所變現的，所以叫作三個能變識，所以這八識心王，叫作「一切最勝故」。

也許有人要跟我抗議說：「你說沒有外法，不可能！明明就有外法。譬如說現在點著香，這香隨著風飄散整個講堂都是香的，這難道不是外法？這個法怎麼會是我的心所生的？」我告訴你，你並沒有眞正聞到這個香的香味，你聞到的是經由你的鼻根，傳到你的大腦勝義根的訊號，然後你的阿賴耶在那裡變現出那個內相分的香味給你嗅到。所以你嗅到的香還是你自己的法，哪裡有嗅到外香？哪裡有外法可得？沒有！

又有人說：「怎麼沒有外法？你看科學家都可以發明原子彈、氫彈、核子彈、中子彈，未來乃至可能發明核融合的技術。搞不好到了哪一天，普遍化以後，我們汽車只要加水就可以開了。核融合都可以作得到，這不是外法是什麼？」我告訴你：這也是心內之法，不是那個物質本身有那個法。是因爲你的心產生了那個法，所以你去尋找、去研究、去證實，是由你的心去組合變化，所以讓你成功的造出核融合的機器，所以還是由你的心所出生的，所以沒有外法可得，一切都是心之所現。

既然這樣，八識心王不是「一切最勝」嗎？是一切諸法裡面最殊勝的，因爲祂們是諸法的根本。可是從八識心王自身來看呢？七轉識卻又歸結到阿賴耶識，祂眞實能出生萬法而又如如不動，所以這個法門又稱之爲「心眞如門」。但是心眞如門卻又包含了七轉識的心生滅門。

「與此相應故」就是講八識心王所擁有的五十一個心所有法；這五十一個心所有法，必定是與八識心王相應的，所以稱爲「與此相應故」。「此」字就是指此八識心王。

五十一心所法中的五遍行：觸、作意、受、想、思，這五個心所有法在十八界中與八識心王相應，它跟八識心王每一個心統統相應，所以叫作遍行，遍行於八識心王中的一切識的緣故。而且這五遍行法，它遍三界九地中都有，也遍一切時存在，又遍一切處——遍十二處都在，所以稱爲遍行。

如果有人找到了一個心，說：「我找到了！這個就是眞如阿賴耶識。」那你問他：「你這個心跟五遍行相應的時候，有沒有遍一切時都不間斷？」如果他想一想後回答：「我睡著無夢時好像就不跟五遍行相應了。」那麼這個就不是眞如阿賴耶識了。同樣的，也可以問他：「有沒有遍一切界裡面相應？在六根界有沒有相應？在六塵界有沒有相應？在六識界有沒有相應？」如果沒有，那就不是眞正的開悟了，不是眞的證到眞如了。如果你有道種智以後，可以有很多方法去勘驗對方是不是眞悟。你不必自己去勘驗，只要告訴他那些道理，讓他自己去勘驗自己有沒有悟，這樣就不會傷了和氣。

可是五別境心所有法呢？阿賴耶跟五別境心所法是不相應的。阿賴耶識從來都不會生起欲心所，說我現在想要去聽法。想要去聽法，就是欲，祂不會起這個欲念。你要去聽法也好，你不去聽法也好，祂統統無所謂，絕對的隨緣。你說：「我要去聽法，所以我把阿賴耶識帶來了。」連老天也不曉得是你帶祂來？還是祂帶你來？等你們悟了，你們就知道了。

你來到講堂聽法，聽法以後你起了勝解：「原來蕭老師講的法是這個，啊！我懂了。」你懂了，也就是起「勝解」心所有法了；可是勝解的是你，阿賴耶識不起勝解，因爲祂離見聞覺知，連法義都沒有聽到，如何起勝解？你聽到了法義，祂卻沒聽到；祂沒聽到，那祂在幹啥？在睡覺嗎？對不起！祂也沒睡覺。那祂入定了嗎？對不起！你有時會入定，祂從來沒有入定；你有時會出定，祂卻從來都沒有出定，祂不出定也不入定，這才是眞正的法界大定。

譬如你來正覺講堂聽講，你說：「我今天聽了好歡喜，我聽懂這個法了，所以我記住這個法了。」這是因爲你有了勝解，有勝解就會記住，記住就是「念」心所，「念」就是憶持不忘，念持不忘。可是你如果問阿賴耶識說：「今天去講堂聽課，你有沒有聽見什麼？」祂不會跟你講說：「我沒聽見。」祂不會，祂連答覆都沒有，祂離見聞覺知，根本不聽受聲音，只是像鏡子一般的把聲音變現給你，祂卻是不去聽聞的，所以祂根本沒聽到，所以祂沒有「勝解」，也就沒有這個「念」心所。那你說：「我在那邊聽了兩個鐘頭，爲什麼你統統沒有聽見？你是入定了嗎？」祂沒有入定，因爲祂不與「定」心所相應。那你說：「你沒有入定，那你是睡著了嗎？」如果祂睡著了，你一定馬上就悶絕了，所以祂也沒有睡著。那你又說：「我們上課聽了那麼多，你聽懂不懂？」祂也不跟你說我不懂，也不說懂，反正就是相應不理，因爲祂不與「慧」心所相應。

這能夠讓人了別六塵境界相的五個心所有法，並不是遍一切識都相應，所以不叫「遍行」。可是它們與意識完全相應，五別境心所法的每一法，都有少分或多分功能和前五識相應；最後一個慧心所的部分，少分與末那識相應，前四個「欲、勝解、念、定」，則與意根完全不相應。意識是與每一個別境心所法都相應的，所以覺知心的祂，不但有五遍行，也與五別境心所法相應。所以祂能夠作很廣大的了別，也能作很細膩、很微細、連貫的、廣泛的思惟與整理。你如果想要祂只注意一點點，祂也可以，這就是祂的特性。所以，意識雖然是虛妄法，是我見中的我，是常見外道所說的「常不壞我」，修學佛法不可以離開意識，要用我們的覺知心來修學佛法，來體驗自己的虛妄，來證得無我性，來證得實相法界。

意識有這個功能差別，有這個體性，所以說「五遍行、五別境心所法與此相應故」。與什麼相應？與意識相應；五遍行與此意識心相應，也是與阿賴耶識相應。但是，貪、瞋、癡、慢、疑，加上一個惡見（惡見中總共有五種邪見），就是六種根本煩惱，這六種根本煩惱與誰相應？與意識相應。末那也有一部分相應，我見、我慢、我貪、我癡，祂也相應。其餘的二十個隨煩惱，都與意識心相應，所以說這些心所有法，包括後面的二十個隨煩惱，加上不定：睡眠、尋伺……等四個法，這些心所有法是跟八識心王相應的，所以叫作「與此相應故」。

因為八識心王有這些心所有法，配合過去世的無明，以及這世父母的緣，四大元素的緣，所以有了五勝義根、有了十一種色法出現。包括修定以後能夠變現出來的法處所攝色，八地菩薩、七地菩薩都能變現的色法；八地菩薩不用加行，一作意就變出來了，七地菩薩得要加行才能變現出來。這些都是由八識心王，五十一個心所有法，才能夠顯現出來——包括我們的色身——所以說這十一個色法叫作「二所現影故」，是由第一位的八識心王與第二位的五十一個心所法，由這兩個法而變現出來的。

由「一切最勝」的八識心王，「與此相應」的五十一心所法，顯現出這樣一個影子：有我們的色身，有我們所接觸到的十一種色法，因爲有了這個八識心王與五十一心所法共同變現的十一個色法，所以再由這十一個色法配合八識心王與五十一心所法的運作，與這三位七十法中或多或少的法配合相應的運作下，又有了時間、空間、勢力慣性、名句、文身……等二十四個世間的法，就都出現了，所以說這二十四個「心不相應行」的法，是「三位差別故」。

這二十四個心不相應行法從哪裡來的？從「一切最勝」的八識心王，「與此相應」的五十一個心所法，「二所現影」的十一個色法，或多或少的相應運作，而有這二十四個心不相應行法。但是這二十四個「心不相應行法」卻是由三個主體，三位的法分別組合而產生。又因爲這二十四個我們覺知心不直接相應的法，它們也會因爲三位諸法的或多或少的配合，而有時間過程……等的差別，所以叫作「三位差別故」。

有了這四大單元的法以後，就能顯示出六種無爲法：眞如無爲、虛空無爲、擇滅無爲、非擇滅無爲、滅盡定無爲或叫作想受滅無爲，最後一個不動無爲就是第四禪的無爲性。但是，如果你在人間時，五勝義根壞掉了，這六個無爲法就顯現不出來了。譬如眞如無爲，眞如無爲是講阿賴耶識自體性所顯示出來的無爲性。

一般人都說：「這個涅槃，就是斷盡煩惱然後才能將涅槃修得。」但是，這是從二乘菩提上來說的，從法界實相來看，其實涅槃並不是修來的，但也不是不修而能得。怎麼說呢？就得要先從本來自性清淨涅槃來看，以這個本來自性清淨涅槃的親證，然後你才能瞭解無餘依涅槃和有餘依涅槃，最後才能瞭解佛地的無住處涅槃。然後才能眞的瞭解這四種圓寂都是顯現出來的，是本來就有的，而不是去修來的，佛法的修行只是恢復祂本來的狀態，也就是除掉輪迴性而留下涅槃境界而已。

可是一般人都不知道，以爲涅槃就是好好去修行，最後把自己斷滅，死掉了才叫作涅槃。那這樣的話，這個涅槃還是修來的，既是修來的，一定要靠各種緣才能證得涅槃；如果是靠各種緣而修來的涅槃，將來有一天這個緣散了的時候，這個涅槃不就得跟著壞了嗎？那你修這個將來會壞的涅槃要作什麼呢？沒有意義了。涅槃一定是本來就有的，然後非修非不修，使祂顯現出來。這樣本來就有的涅槃，才能夠說祂是不生不滅的，說祂是不壞的，是不來不去的，所以，這樣不生不滅不壞的涅槃，才是眞正的中道。

涅槃是人死了才叫涅槃嗎？不是的！如果人死了才叫涅槃，人又生了就沒有涅槃了。佛在經中曾說：「一切眾生本來常住涅槃」，每一個人自從無始劫以來都是常住涅槃的。我們剛搬過來這個新講堂（編案：這是二千年八月時講的），講堂還新，還沒有蟑螂；如果稍微舊了的話，有一天蟑螂爬過來，證悟了的人會說：「牠也是本來常住涅槃。」你說：「豈有此理！蟑螂是何許物？怎麼牠可以有本來常住涅槃？」但是我告訴你：「千眞萬確！眞的是這樣。」涅槃是依我們阿賴耶識的體性來說的，不是依七轉識所住的境界而說的；千萬不要外於自心阿賴耶識而去說涅槃，那樣的涅槃絕對是錯誤的。假使有人是依七識所住的境界相而說是證得涅槃的話，我保證：那一定是外道的五現見涅槃，一定不是佛門中賢聖所證得的涅槃。

爲什麼阿賴耶識有本來就有的涅槃性？這就要說到本來自性清淨涅槃：阿賴耶識祂有「本來」性，不是父母生的，也不是上帝創造的，也不是佛菩薩所給的，而是每一個有情從無始以來就有。無始以來就有，所以不是後來生出來的，所以涅槃境界不是有生的法。沒有生就沒有滅，有生的東西一定將來會滅；因爲祂本來就無生，所以祂不滅，這叫作本來性，所以涅槃是不生滅的。阿賴耶識有這個本來就有涅槃境界，所以說這個涅槃叫作「本來」自性清淨涅槃。

阿賴耶識有一個自性，這個自性又可以分成很多種：是空性，也是有性；祂既是能生性，祂也有所生性。奇怪了！祂有能生、有所生，那不是有爲法嗎？是！阿賴耶識也具備了有爲法，如果祂沒有具備有爲法的體性，那你上一輩子入了母胎以後，還可以變現出這個色身嗎？當然不可能！因爲你的祂有這個變現的能力，所以媽媽供給你血液養分與生長的環境，你就能夠靠著祂來變現出這一世的自己。所以祂具有「有性」，祂能夠變現出「三界有」的這種體性，這就是祂的自性之一。這也就是說，祂有能生萬法的體性，這就是能生性；而祂所出生的萬法，就是祂的所生性；因爲祂所出生的萬法也都附屬於祂，所以萬法就是祂的所生性。

另外祂還具有空性，這個空性也是祂的自性之一。爲什麼是空性？因爲祂無形無色，也因爲祂不落入三界六塵法中，所以是空性。爲什麼不叫「空有性」？因爲眾生執著有，所以不叫作有性，所以故意叫祂作空性。如果有個世界的眾生統統執著空，那就告訴他們「如來藏阿賴耶識是有性」。自心如來除了這個空性、有性，祂在三界中，尤其在你身中現行的時候，祂又有祂的「自性性」：離見聞覺知，絕對不作主，完全隨緣，對你絕對是死忠的。除此之外，祂還有一些自性是不可以講的，講了以後密意就洩漏了，這要你們自己去體驗，才能發起勝妙的智慧。

阿賴耶識有這種「本來」性，有這種「自性」性，然後還說祂是「清淨」性，因爲祂從無始劫以來本離見聞覺知，所以絕不會起貪厭與瞋的心行。當你看見一朵花兒好漂亮，就多看了一會兒，但是你看、祂不看；你看見一坨狗屎，覺得醜惡死了，所以不想要看，但是祂卻還是無所謂要不要看；你走過珠寶行，看見一尊翡翠觀音，翠綠透明又厚又大，彫工又好，眞是件稀世珍寶，你說我多欣賞一會兒，但是你看、祂不看；看見一個醜八怪，嚇死人了，你說我要趕快逃，祂卻無所謂，都隨便你。你逃祂就跟著你逃，你看祂就跟著你看，可是你逃的時候祂沒有逃，你看的時候祂沒有看。你如果聽了我這一句話，就說是「**你看的時候祂**

不看」，那你又誤會我的意思了，因為祂比你早「看」到；你逃的時候祂不逃嗎？我說祂逃得比你厲害。這話聽起來好像是七顛八倒得很厲害，其實一點兒都沒有錯誤，事實上是如此，法界眞相也是如此；可是這個密意你不知道，因為你還沒有證悟的緣故，所以不知道；但是，祂就是這麼奇怪，這就是祂的「清淨」性；祂有這種「清淨」性：不貪、不厭、不瞋、不愛，所以說祂是「本來」，是「自性」，也是「清淨」。

阿賴耶識還有一個涅槃性，為什麼是涅槃性呢？涅者不來，槃者不去，祂永遠都不來不去，所以是涅槃。涅者不生，槃者不滅，祂的心體永遠都不生滅，所以是涅槃。涅者不斷，槃者不常，祂心體永遠不斷，種子永遠不常，所以是涅槃。祂總是離開兩邊，永不出生，恆不斷滅，所以祂就是涅槃，所以經中 佛說「阿賴耶識同於涅槃」。這個自心藏識的本來性、自性性、清淨性、涅槃性，都是本來就圓滿具足的，都是本來就已經顯現出來了的，不是因為你修行了以後祂才有的，所以涅槃是不生不滅的。而這個本來自性清淨涅槃，在你還沒有悟之前就已經有了，只是你自己不知道。等你找到眞如阿賴耶識的時候：「啊！原來是這樣！」所以，當你看見一條蜈蚣爬過來的時候，有的女眾悟了以後，初見的當下也許會「哎呀！媽呀！」一直高聲大叫，可是事後回想起來，牠不也是住在本來自性清淨涅槃中嗎？沒有錯！所以 佛說：一切眾生皆是本來常住涅槃。眞的沒有錯！這個涅槃是存在的，你即使造了大善業，生到天上去享福，祂跟著你上去，祂的本來自性清淨涅槃也跟你在天界中顯現。如果有一天被邪師誤導，謗了正法，誹謗賢聖，下輩子下了地獄；在地獄中，那個人的本來自性清淨涅槃還是一樣沒有變，還是一樣繼續顯現出來；永遠不變的，也不會變壞的，所以這個涅槃是本有的，不是你去修來的。

等你把這個「本來自性清淨涅槃」證得了以後，就知道什麼叫作眞如無爲了。眞如無爲是依附於阿賴耶識來說有一個眞如無爲，不能離開阿賴耶識而說有眞如無爲。虛空無爲也是一樣，這個心的體性猶如虛空，非形非色，這就是虛空無爲。不能像有些人誤會了虛空無爲的眞實義，就對別人講：「虛空無法，不起任何作用，所以是無爲。」不行！不許這樣講，不要誤會了虛空無爲的眞正義理。虛空只是一個名詞，人們是依附於色法上而施設那些沒有物質色法的地方叫作虛空，那個虛空不叫虛空無爲，那叫作無法。所以虛空是人的意識施設出來的一個名相，依物質的邊際而施設虛空這個名詞，表示那個所在是沒有色法物質的地方；猶如兔子頭上的無角，是依牛頭上所長的角而施設出來的。

虛空無爲如是，那麼不動無爲呢？不動無爲是講第四禪的境界相；第四禪的境界是依著你的自心藏識所住的那個境界，因爲意根不動，覺知心也完全的不動，所以叫作不動無爲，也還是依自心藏識而施設的。證得第四禪的時候，它叫不動無爲，其實這個不動無爲還是依附於本來自性清淨涅槃的無爲境界相而方便說的，不能外於七八識而有不動無爲。

我們要知道：七轉識斷盡了我見、斷盡了我執，這樣叫作「梵行已立，所作已辦，不受後有，知如眞」，就叫作有餘依涅槃。可是有餘依涅槃還是依自心藏識而說的，祂有這個本來就有的涅槃性存在。把自己的我見、我執斷了而說這個叫作有餘依涅槃，因爲阿羅漢在還沒有捨壽以前，都還有餘苦——也就是色身的冷熱痛癢等——作爲此世的所餘的依報，所以就稱爲有餘依涅槃。捨壽的時候如果是定性聲聞，他就會把意識與意根的自己滅了，永遠不再出現任何的我；不再出現以後，剩下他的這個異熟識獨自存在，這個涅槃境界就叫作無餘依涅槃。但是無餘依涅槃也不是修來的，他只是把自己殺掉了，等於自殺一樣；自殺只是殺一輩子，無餘依涅槃是永遠把自己殺了，永遠斷了生機，以後不再有意識覺知心和意根作主心的「我」出現了。

無爲統統是依什麼而建立的？擇滅無爲也好，非擇滅無爲也好，統統一樣，統統是依附於自心藏識的涅槃性而建立的。七轉識在第八識的門面上混來混去，結果變成輪轉生死；然後你在修行的過程中，把七轉識的這些我見我執及我所的貪著等，全部都消滅了，第八識的涅槃就會在你心中顯現出來了。沒有把這些輪轉生死的有爲法煩惱去掉以前，祂裡面的無爲法還是繼續存在的，並沒有消失。在你還沒有破參的時候，這個道理聽起來好像很玄，但是已經破參的人聽起來就很親切，一點兒都不玄。

因此說，這六種無爲法，是前面這個「一切最勝故，與此相應故，二所現影故，三位差別故」，這四位九十四法所顯示出來的，所以六無爲就叫作「四所顯示故」。「如是次第」這一句話，表示說五位百法是有它的次第性的：要依八識心王最先，然後這樣次第顯示出百法來，所以無爲法是到最後才顯示出來的，是由四位九十四法所顯示出來的。要依附於這些法相，八識心王才能夠輾轉的出生了種種法以及顯示六種無爲法，這樣五位百法就已經概略的含攝了一切世間法與出世間法了，統統含攝了。那麼統統含攝的時候，就表示佛法的二主要道——佛菩提道跟解脫道——也已經統統含攝在這裡頭了。

四種涅槃中，就已經包括了二乘的解脫道所證得的有餘依涅槃、無餘依涅槃，已經包括在裡頭了。出世間法那兩個眞如無爲、虛空無爲，加上其他四個無爲法，總共就是六種無爲法，所以出世間法也具足了，佛菩提道也就含攝在裡頭。那到了「三位差別故」的時候，就已經把世間的法全部顯現了，而這些法，追根究柢，都是從如來藏阿賴耶識心體中出生的，所以說這個第八識心含攝了一切的世間以及出世間法。依這一心而說一切心——一切眾生心——所含攝的世間法以及出世間法，就把大乘的眞正義理顯示出來了。所以 馬鳴菩薩說這個「有法」的第八識心體，就是一切眾生心；又說這個眾生心攝盡一切世間、出世間法；又說依此第八識心就能夠顯示出摩訶衍——大乘——的眞實義理。

因爲依著「心眞如」這一種法相，就可以顯示出大乘法的本體所在。換句話說，大乘法的本體就是依於「心眞如——一切眾生心」所顯示出來的。所以，如果你想要修學大乘佛菩提的法，就不可以離開三界去修。離開三界之時，自身都不存在了，還能修什麼佛法呢？同樣的，菩薩的道種智，佛地的一切種智，也都是要在三界中你的五蘊身中的所有法中去修證，三界之外沒有任何佛法可修。

不要學那些不懂佛法的人亂說什麼「界外有法」，沒這回事！那是不懂佛法的人嚇唬外道用的，三界外沒有任何一法可說；如果勉強要說的話，就只能說三界外的法只有一樣：那就是阿賴耶——異熟識。所以只有異熟識阿賴耶，能夠顯示出大乘法的本體，既然是這樣，馬鳴菩薩說第八識：「**能夠顯示出心眞如相，就顯示出大乘的本體。**」又說：這個心眞如不生不滅當中、不間斷、不壞當中卻又有祂的生滅相。爲什麼說「因爲這個心有生滅因緣，就能夠顯示大乘的體相用」呢？因爲沒有生滅就沒有作用，如果沒有作用，各個有情都將會變成死人、死貓、死狗，那還有佛法可修可證嗎？結果一定是這樣的，因爲沒有生滅法就不會有作用的！植物人至少還有一點兒作用，還會呼吸、會心跳，結果你連這個生滅法都沒有了，那不是死人又是什麼？所以一定是要有作用，你才能夠自修以及學習佛法，但是有作用的也一定是生滅法，有作用的法當然就是心生滅門所講的：眞如心含藏七轉識以及一切有作用的變異法種子。因爲這些有作用的變異法，也都是心眞如第八識心體所含藏的種子；這是從**唯通八識的一心說**，來說心眞如有生滅相，也就是不但含藏著祂自己的自性，也含藏著七識心王的所有自性，這些自性在心體不生滅的當下，不斷的顯現七轉識……等有作用的生滅現象，所以我們才能修學佛法，所以我們能在萬法證得法無我性，顯示出大乘法體來，所以 馬鳴菩薩說：

「此心生滅因緣相，能顯示大乘體、相、用故」。

一切世出世間萬法，都是由八識心王這個眾生心而現、而有，七轉識則是依我們第八識如來藏而有。這一個「心的眞如相」就顯示了大乘的理體，表示祂不是一種空無性，不是一種「虛空無」的體性，祂是「如實有」的法。所以在大乘法門當中，有許多人可以親自來證實這個法：心眞如。因地的眞如就叫作阿賴耶識，解脫果中的無學位叫作異熟識，佛地就叫作無垢識。

有些假善知識的大師們，常常會說佛法所說的空性就是虛空。但是佛法的空性絕對不是虛空，我們已經說過，在《平實書箋》書裡面也有寫過：虛空是「色邊色」，依附於物質色法的邊際無物處，而施設虛空一法。所以虛空不是實有法，它沒有一個眞實的體性，是人所施設出來的，是依於色法的外面、色法的邊際而施設的。這個色法的邊際之外的不被色法所遮蔽的空間叫作虛空，所以虛空是色法之一，所以名爲「色邊色」。因爲它是依附於物質的有法所說的空無，這個空無不能離開物質而說有空無，所以《楞伽經》中 佛說：虛空隨入色法。

有些人說虛空就是空性，那就大錯特錯了；如果虛空就是空性的話，諸位就不必來正覺講堂修學佛法，只要聽過善知識跟你講「虛空就是空性」。換句話說，十方虛空統統是無，意識思惟體會一下就知道了，那麼釋迦牟尼佛也證得虛空，你也證得虛空，大家統統證得虛空，所證得虛空都完全一樣，所以大家都成佛了！可是請問你：「虛空有什麼用？」這是很實際的問題哦！自心如來藏有體、有相、有用，可是虛空的「用」在哪裡？「相」在哪裡？「體」又在哪裡呢？都沒有！虛空是依附於物質色法的邊際，說沒有東西的地方叫作虛空，所以虛空是依他而有的法相，沒有實體法；所以，如果虛空的空無性就是空性的話，這樣不必諸位修證、也不必諸位去尋找如來藏空性，只要去吃喝玩樂就好；死掉以後歸於一切空，你就是成佛了。但是這樣的成佛，正是虛空見的外道法，所以虛空並不是佛法所講的空性。

佛所說的空性並不是只有空無性，佛說空性還有祂的自體性，也有如實的本體可以被證悟的人所驗證、所證得。對於那些執著一切法空、執著離開藏識而可以有緣起性空的學佛人，最好的對治方法就是跟他說這個空性的「有」性——如來藏的有性。告訴他「心眞如」的法相，就是眞如相；讓他知道眞如相有一個如實的體性，可以被你所親證、所領納，不是空無，不是緣起性空，而是依如來藏的空性與有性而說萬法緣起性空，這樣才叫作大乘的體性。大乘法的體性不可以離開了眞如佛性，也就是說不可以離開了我們的阿賴耶識，或佛地的無垢識來說佛法、來弘揚大乘法，不然就會同於斷見外道法。因此說，大乘的理體，就是由這個「心眞如」而顯示出來。

阿含諸經所說的五蘊是無常空，十八界、十二處、六入是無常空，是依於「名色緣識」的那個名與色所緣的第八識，而說這個蘊處界的緣起性空；不可以外於阿賴耶識，外於第八識而說緣起性空，這才是眞正的二乘菩提解脫道。同樣的，大乘法則是以親證這個第八識的心體自身的眞如法性，以及證知這個第八識心體所含藏的一切無漏有爲法上的種種無盡的大功德法爲中心，實證萬法都是自心現量、萬法都是沒有眞實常住性的，如此實證法無我性，都是圍繞著這個第八識的心眞如性而修證的，所以大乘的法體不可以離開「心眞如」而說有大乘法，大乘的法也正因此顯示它的如實，顯示它的深奧廣大微妙，把大乘的眞實理顯示出來。

「此心生滅因緣相，能顯示大乘體、相、用故。」這個心眞如，祂有一個生滅的因緣相。由眞如生滅的因緣相，能夠顯示大乘法的體、相和用。沒有如實證悟的人，看到這一句話就說：「啊！這部論一定是外道假冒馬鳴菩薩的名義而說是他寫的，其實是外道寫的。」有一些佛學的考證研究者，就曾經下過這樣的「定論」的論斷。

但是其實不然，是他們錯會了論意，那是因爲他們還沒有證悟眞如，所以誤會了本論的眞正意旨。這就像是《大般涅槃經》講「如來是常、是樂、是我、是淨」，這是超越了等覺位而說的，所以才叫作大般涅槃。如果是在因地來講的話，就不能稱作大般涅槃，因爲因地最多只有菩薩的有餘依涅槃、本來自性清淨涅槃，沒有無餘涅槃、無住處涅槃可說。六地以上的俱解脫菩薩境界，在三地就可以取證，而菩薩們都是不取證的；在初地滿心時捨壽就可以取證無餘涅槃，但是也都沒有一位初地滿心菩薩願意取證；到了六地滿心位，不得不取證滅盡定，已經可以取證俱解脫果的有餘涅槃與無餘涅槃，但是他也不取無餘涅槃。爲什麼不取證無餘涅槃？因爲他不想學決定性的聲聞人，不想效法不迴心大乘的二乘人，他所要追求的是度更多的眾生入佛道，所要追求的是讓自己可以成佛。這度眾生和成佛兩大目標，也正是我們正覺陀羅尼的根本手印。

不瞭解的人，總是認爲「一切法空就是佛法」。聽到人家說：「《大乘起信論》講心的生滅因緣相，可以顯示大乘的體、相和用。」就開始誹謗和破斥。並不是只有日本的學者誹謗，印順法師也是不認同這個法的，所有三轉法輪的經典，他統統不認同（編案：阿含諸經中所說的第七識意根和第八識涅槃本際，他並不認同；只認同蘊處界的緣起性空，說這個蘊處界滅後的滅相就是真如，所以他在實際上並沒有接受四阿含所有的經義，而是選擇性的接受）。在大乘法中，他只認同般若系統的經，可是般若諸經是二轉法輪的經典，他卻又把它解釋成沒有第八識的一切法緣起性空，沒有如來藏，成爲以二乘法來解釋大乘法，因此問題就變得很嚴重。

所以在還沒有證悟的人出來弘法以前，他的著作是可以吃得開的，會很多人崇拜的，因爲大家都讀不懂他的書，不知道他在講什麼，就以爲他的「證量」高不可測。但是一旦有人如實證悟之後，讀過他的著作，把它寫出來之後，他是沒有辦法作任何回應和驗證的。因爲那不是如實的法，因爲他那樣的講法，違背了阿含——四部阿含——及每一部大乘經所說的涅槃和三法印。

「心眞如」有生滅相，也有不生滅相，生滅與不生滅必定要和合爲一，才能有我們這些有情衆生的出現與存在，才能有我們的蘊處界能夠學佛法，才能證得佛地的一切種智。可是不懂得這個道理的人，一看到　馬鳴菩薩在論中講「眞心生滅」的因緣相，又是生滅、又是因緣的，就認爲　馬鳴菩薩所說的這個實相心一定是妄心，一定不是眞心。一句話就把祂否定掉。這些人是眞的讀不懂《起信論》呢？還是不能理解其中的妙義呢？或者是因爲無法證得這個心，就乾脆故意把祂否定掉？我們不知道他們心裡是怎麼想的。

爲什麼 馬鳴菩薩講這個心有生滅相、有因緣相？因爲這個心的本體自身，固然是從無量世以來一直延續到這一世，從來不曾間斷過，從來不曾壞滅過。可是如果祂是沒有生滅的法，那祂就一定是沒有作用的法，又怎能出生我們各人的蘊處界呢？又怎麼能夠出生萬事萬物呢？

譬如說一輛汽車，一定得要在不生滅性中也有生滅性，才能算是有用的汽車；如果是完全沒有生滅性的車，那一定是廢車或模型車，根本不能開著到處去；譬如汽車買來的時候，它沒有生滅性，所以加油口打不開、不能加油，車門打不開、不能出入，方向盤轉不動、不能控制方向，因爲它是常恆不動而沒有生滅相的緣故。沒有生滅相的車，連汽油都不能加，更不用說發動和開車了，這樣的汽車能有汽車的用嗎？能有汽車的性嗎？沒有！只有汽車的體，可是沒有它的作用性、沒有它的用，那這個「車」就不是汽車了。汽車門能開能關，方向盤能轉能停，引擎可以發動也可以把它熄滅，可以行動也能停止，煞車踏了以後還能夠把它鬆開，這樣才能成就汽車的性以及它的用；但是這些都是在汽車的體不生滅當中，有它的生滅性，這樣才能成就汽車的功德。

「心眞如」體恆不斷，無量劫以來一向如是。可是在體恆不斷當中，它含藏了無量無數的種子，可以生滅變異的不斷運作。就好像汽車方向盤可以轉可以停、喇叭可以響也可以停、引擎可以運轉、輪子可以轉動可以轉彎、煞車踏了說停就停，這樣就是在它的生滅性當中顯示出了它的作用出來。有這個生滅的性，才能有它的汽車的用。但是如果這個汽車，引擎發動了就融解掉了，方向盤一轉就斷了，沒有它的恆常性，那這個汽車也不能用。所以它必須維持一個常而不壞的體存在；但是這個常而不壞的體當中，有它的生滅相，才能在這個不生滅相當中所有的生滅相上，顯示出它的作用來。

我們的「心眞如」也是一樣的，這個本體從無量劫以來不曾一刹那間斷過，祂一直存在，可以說祂是不動的。爲什麼不動？因爲祂是對六塵完全不動心的。可是祂也不是完全不動，在體恆不滅當中，祂也是不斷在現行運作，配合七轉識而不斷的在運作，並且祂還有無量無數的種子流注出來。種子，也叫作功能差別，這些種子不斷的在運作，不斷運作當中就有種子和七轉識的作用出現。祂自體能夠不斷的運作，就表示祂是不變異性；但是所流注出來的無量數的種子產生了種種作用，這就表示祂的變異性的一面；所以，這個種子流注的現象就是一個生滅性；沒有這個生滅性，就沒有作用啊！就不可能有眾生存在與修行。因爲在祂的體常住而不斷、不壞、不變異當中，而有祂的功能差別、變異性、不斷的現行運作，也有祂的種子流注而成就萬法，所以祂是有作用的，不是沒有作用的。

所以你說祂如如不動嗎？錯了！祂如果如如不動，你今天就來不了講堂了。那麼你聽到我這麼說，就回頭說祂是有動，這也不對，因爲祂明明不動心啊！你路上看見花好漂亮、珠寶好珍貴、這個人開車怎麼這麼兇，可是祂統統跟你來個不知不見。祂有沒有動？祂沒有啊！你心在動，祂根本沒有跟你在動。可是說祂不動，祂又不是不動。所以說這個「心眞如」，永遠都是在中道上，永遠都是不落兩邊的。

這就是說：祂確實是有眞實的「有性」在裡頭，不是只有「空性」，空性是說祂不對六入起任何的攀緣執著。祂不是像「三界有」一般的被眾生所認知的那一種有性，所以祂叫作空性。可是這個空性不是斷滅空，祂有如實的本體，恆常不斷，從無量劫以來不曾一剎那間斷，一直不斷運作延續到今天，還會延續到未來無量世。你成佛以後，祂還是不斷，還是繼續。如果成佛以後你的「心眞如」就斷滅了，那還是別成佛的好，輪迴生死反而比成佛好；因爲輪迴生死時至少還能在世間法上利樂有情，成佛後成爲斷滅法，有什麼意義呢？

成佛以後的「常、樂、我、淨」，爲什麼不是印順法師所講的那個外道神我、外道梵我？

印順法師的最大的問題就在於把第八識的如來藏，當作是外道的第六識神我、梵我，把祂們都錯誤的歸類到一起；如果後世的佛子們都相信他的話，那麼可以使人成就佛道的一切種智以及道種智的法，就沒有人能夠再修證了。

他爲什麼會產生這樣的一個大誤會呢？因爲他誤會《大般涅槃經》的意思了。在等覺位以下的第八識，都只能與五遍行心所法相應，都與別境心所法不相應，善十一心所法也不相應。但是當你在最後身菩薩位，菩提樹下吉祥草上安坐，你說我這一坐下來，如果不悟的話就不離座。苦參下去，最後金剛喻定現前，這個時候的第八識就開始不同了。佛地的第八識完全不同於等覺位菩薩，不但有五遍行心所法，也跟五別境心所法、善十一心所法相應。祂的自心種子流注的生滅性斷了，不再有變異。不再有變異的時候，種子流注變異斷了，就沒有變易生死。

第八識眞如所有的種子不再變異了，那不是「常」又是什麼呢？可是這個常不是常見外道所講的常喔！外道講的常——不壞的常——是指意識心的常。可是意識心的常不是眞正的常，因爲現見眠熟……等五位中都會斷滅。常見外道神我、外道梵我，都是以意識覺知心認作常不斷壞，那就是 佛所破斥的外道常我、外道神我。《大般涅槃經》所講的佛地「常樂我淨」的常，是講第八識眞如，不是講第六意識。而且佛地的無垢識心體中，種子的變異生死已經斷盡，種子不再變異，才是眞正的常。印順法師怎麼會把第八識斷盡變易生死以後的常，和第六意識外道神我的「無常」的「常」湊在一起呢？

如果分段生死斷盡，變易生死也斷盡了，你的第八識成爲佛地眞如，不再有變易生死了，這樣的常，是不是應該覺得是眞正的寂滅、究竟的快樂呢？永離二種死——分段生死與變易生死——到達究竟地，難道不是眞正的樂嗎？可是這個樂，不是外道神我所講的那個意識覺知接觸六塵時的快樂啊！

像這樣的常、這樣的樂，能夠與五別境心所法相應。佛的意識、意根不但能夠各自單獨運作觀察眾生根器，祂的第八識也可以直接運作去觀察。因爲祂的第八識與別境心所法相應，也與善十一心所法相應，這不正是眞正的我嗎？不正是恆常不變的我嗎？這樣的我、這樣的樂，才是究竟清淨的法。外道所謂恆不滅的我，那個是意識心啊！是不清淨的法，是與跟五塵相應的法，怎麼可以拿來跟《大般涅槃經》所講的佛地的第八識眞如來相提並論呢？他這個錯誤，也實在是錯得太離譜了。

所以我們的書出版以後，每一本都會寄給他，一直要寄到他有一天公開修正了。這樣，對他才是好的，對佛教界也是好的，對大家都好，對未來世的佛弟子們也都是好的。如果不修正的話，對佛教界不會有好處，因爲我們的書已經一本一本的印出來了，大家都可以明辨：什麼是正，什麼是錯。但是，如果不修正的話，對他個人是不好的；因爲他把三乘佛法的根都挖掉了，這個三乘佛法的根就是第八識啊，把這個根挖掉以後，三乘佛法統統變成斷滅空，或者統統變成戲論了。這樣一來，就成爲嚴重破壞正法的行爲，捨報以後要怎麼去承擔這個因果？

可是，有誰知道這個嚴重性呢？大部分的學佛人都不知道。印順法師當年一定是認爲寫這些書出來是在弘揚佛法，弘揚正法；護持他的人也會想：「**我們是護持正法，是紹繼如來的家業。**」還會覺得法喜充滿。可是這樣法喜充滿的結果，卻是將來的地獄果報啊！所以護持正法時，大家也得要很小心。所以法上不知道的，寧可說我不知道，不講它。千萬不要自作聰明，自己去作什麼考證、研究，去故意把它寫出來；佛法不是用研究與考證所能證得的，研究與考證是無法獲得正確解答的。

「心眞如」的生滅相，要到達佛地證得大般涅槃的時候才斷盡。還沒有到達佛地的時候，這個心眞如的生滅相，一定是恆常存在的；等覺位當中照樣會現行，一直到最後身菩薩，在金剛座上成佛，這種生滅性才算消失掉，才算斷盡變易生死。如果種子的變換流注性沒有斷掉之前，就是種子還會在流注的時候繼續有所變換，這就會有生滅相。因爲有這個生滅相所以才會有「我」在這裡說法，才會有你在聽法，因爲看得見、聽得見，才可能作筆記；如果沒有這個生滅相，你們什麼都作不了，你連看我都看不見，更不要說還能作筆記了。

那麼爲什麼說它叫作因緣相？在《護法集》裡面，我所說的那個鄉長、縣長、省長的比喻，那就是因緣相，這牽涉到佛菩提道以及解脫道。鄉長在十年後升任縣長的時候，比喻說他把分段生死斷掉，剩下變易生死了。分段生死斷盡了，就是一念無明的四種住地煩惱斷盡了。在聲聞法中來說呢，叫作三縛結、五下分結、五上分結斷盡了。這時候的第八識，改名爲異熟識、有人稱之爲菴摩羅識，有時候就跟你說這個叫作第九識。可是這個第九識，其實還是原來的第八識心體啊！只是換個名詞而已。

因爲阿賴耶識心體自性即是常性，在分段生死的當下也即是常性，捨掉了這個分段生死和變易生死的過程，就是心眞如的因緣相。由凡夫地的阿賴耶識到達解脫位的異熟識，這個修行過程就是個因緣相啊！如果不是有這個因緣相，那所有的人統統都不能證得解脫道了，就不會有阿羅漢證得解脫道了。沒有這個因緣相的話，在凡夫位的人永遠都是在凡夫位，永遠沒有進入聖位的可能；那就像一神教講的：上帝永遠是上帝，你今天信仰他而成爲他的奴僕，那就永遠是他的奴僕，永遠當他的羔羊。這就是沒有因緣相而產生的必然結果。

但是佛法絕對不是這樣的，這個自心眞如，經由七轉識的斷盡我見、斷盡我執煩惱之後，根本煩惱斷盡了，隨煩惱倒是沒有什麼大要緊，這樣就可以取證無餘涅槃了。這就是說，第八識中所含藏的七識心的根本煩惱種子斷盡了，到達這個階段，就把第八阿賴耶識改名叫作異熟識，也有人稱呼爲菴摩羅識（也有人說菴摩羅識就是無垢識、白淨識，不是異熟識），這時就成爲阿羅漢了，捨壽時就可以取證無餘涅槃了。但是菩薩不會因此而取證無餘涅槃，一定會在證得滅盡定或滅盡思惑時，再故意引生最後的一分思惑，然後從這個異熟識的階段繼續往上修，把無始無明所攝的所有的塵沙惑――上煩惱――一一斷除；斷盡了以後，自心眞如所含藏的一切種子都不會再變異。不再變異了，就是種子變異所攝的變易生死斷盡了，也就成佛了。

分段生死的斷除，以及變易生死的斷盡，這也是要經過一段因緣轉變的過程啊！如果沒有這一段因緣轉變的過程，那是不可能斷盡一念無明與無始無明的，也不可能將第八阿賴耶識轉變成較爲清淨性的異熟識，也不可能再轉變爲究竟清淨的佛地眞如――無垢識。如果第八識是像一些外道所說的，永遠不變的；或者是像一些佛門外道所說的永遠都不變異，都不能改變的話，那就有兩個過失：第一、如果是因地就已經究竟清淨而不須變異祂的內涵，那就應該現在每個有情都已經成佛，但這是有過失的說法；第二、如果是說因地的第八識不是絕對清淨的，而是自性清淨，但是含有往世七識心所熏習的不淨種子，而這個體性是永遠不會轉變的，那就永遠都不能成佛了，這也是有過失的說法。所以，如果有人說眞如永遠不變，沒有眞如緣起，那就是佛門外道所說歪理；正因爲第八識自體清淨的不變性當中，有個可轉變的所含藏的七識心王種子，所以斷盡了種子變異現象而斷盡變易生死以後，祂才能轉變成爲第十識無垢識——佛地眞如。但其實佛地眞如的無垢識，還是因地的那一個第八識心體：心體和心體的清淨眞如自性沒有絲毫轉變，而祂所含藏的七識心王以及相應的所有種子都轉變清淨了，這就是眞如緣起的因緣相。如果沒有這種眞如因緣相的過程，就不可能成佛；如果不須這種眞如緣起的因緣相，那就應該所有古今的禪宗證悟祖師都已經成佛了，就會有種種的過失。

無垢識就是佛地的眞如，正因爲在因地名爲阿賴耶識時，祂有這種種子的生滅性、因緣性，所以才能使得你有這一種修行轉變清淨的因緣相，才可以地地漸修到達最高的佛地。因此說「心的生滅相」即是「心的因緣相」，含攝了佛菩提道，含攝了解脫道，是可以圓成大乘了義正法的理體，也圓成了大乘的全部佛法，也圓成了二乘人所證得涅槃，使二乘聖者所證得的無餘涅槃不會成爲斷滅境界。所以一切大乘佛法就在「心眞如」的生滅相、因緣相當中，顯示出摩訶衍——大乘——的體、相和用。

論文：【所言法者，略有三種：一、體大，謂「一切法眞如」在染在淨性恆平等，無增無減、無別異故。二者相大，謂如來藏本來具足無量無邊性功德

故。三者用大，能生一切世、出世間善因果故，一切諸佛本所乘故，一切菩薩皆乘於此入佛地故。】

講解：「有法」是講自心眞如眞實有，不是空泛的想像法，也不是由於人的虛妄想而建立的。這個「有法」顯示出三種法：第一個有法就是「體大」，第二個有法是「相大」，第三個有法是「用大」。

第一個體大：體就是講空性本體，講自心眞如本體自身。這個「體」爲什麼說祂叫作「大」？這個「大」是講祂的廣、祂的多、祂的深、祂的妙。體大就是講一切法眞如，爲什麼眞如上面要冠上一切法三個字呢？因爲一切法的現行運作統統不能自外於這個眞如心，離開了眞如（註），就沒有一切法可說了。離開眞如的時候，你連命都沒了，哪還有一切法？命都沒了，還有覺知之心現前嗎？覺知心不在了，還能體驗到一切法嗎？還能生一切法嗎？統統沒了！（編註：此論文中所說的真如，不是一切種智中所講的第八識心體所顯示出來的真如性相，而是以真如一名來稱呼第八阿賴耶、異熟、無垢識心體。）

所謂一切法，是依於眞如心體而說有一切法，如果沒有眞如——阿賴耶識——作基礎，就沒有一切法了，所以這個第八阿賴耶識眞如，就叫作一切法眞如。

一切法眞如是依於現象界當中的絕對法界來說，因爲這個一切法眞如，表示祂恆有一切法現行，表示這個眞如不是住在無餘涅槃位中的眞如。無餘涅槃位當中的眞如，你們大家能夠接觸到祂、能夠證驗到祂、能夠悟到祂嗎？統統不行！所以想要證悟眞如心，還得要在三界中求悟，才有可能證得。

所以 佛說過：阿羅漢入了無餘涅槃以後，不要說我 釋迦牟尼佛了，十方諸佛也找不到這個阿羅漢。爲什麼 佛這樣說呢？因爲阿羅漢入了無餘涅槃時，十八界統統都滅盡了！都消失了，只剩下第八識眞如心無形無色，好像虛空一樣，根本就沒有任何人或佛可以再找到他了。如果有人開示說，要進入無餘涅槃當中去找眞如，那個人一定是佛法中的愚癡者。因爲入了無餘涅槃的時候，十八界統統滅了，根本就沒有你，你要入什麼無餘涅槃？你還能找什麼眞如？

在小乘法中說有阿羅漢捨壽進入無餘涅槃中，這是爲二乘人、爲眾生方便說法的。但是在大乘般若中，在大乘一切種智中，卻說：所有的阿羅漢其實都是不能進入無餘涅槃的。阿羅漢哪有可能入涅槃？阿羅漢根本就不能證得涅槃。可是捨報了以後他們卻入了無餘涅槃。這樣的進入涅槃，卻說他們沒有入，卻說是方便說的進入。還沒有證悟實相的人，聽到我講這些話，心裡會想：「這個蕭平實在講什麼謎語啊？」猜不透！

我們就講一個簡單的，佛說無餘涅槃就是十八界俱滅。請問：十八界都滅盡了以後，還會有你存在嗎？沒有了啊！這時候既然沒有了你，又有哪個境界可以叫作無餘涅槃？所以無餘涅槃中才是無我——眞正的無我；還沒有入無餘涅槃之前，是依解脫智慧而方便說已經證得無我。十八界滅盡而沒有你的時候，你說你入了涅槃，你是入了哪個涅槃？你已經完全消失掉了，怎麼叫作你入了涅槃？可是你消失掉了，卻正是眞實的入涅槃。當你完全消失掉了，所以沒有你可以進入無餘涅槃的時候；你並沒有入涅槃，那個境界才是你眞正的入涅槃。這才是眞正的佛法。而無餘涅槃境界當中，只有第八異熟識獨自存在，祂卻又是離見聞覺知的，也是完全不能返觀祂自己存在或不存在的，祂是完全無我性的，這才是眞正的入無餘涅槃。

因此你要找無餘涅槃位當中的眞如，鐵定是找不到的。一定要在現象界當中，以意識覺知心的你，去找那個絕對法界的自心眞如心體，祂被你連累而駐在身中，如果有正知見的話，如果肯修正原來的錯誤知見的話，你遲早會找到祂的。自心眞如是個絕對法界，祂不與六塵相應，絕不會說：「唉呀！今天好熱喔！熱死了！

我去正覺講堂吹吹冷氣罷。」祂根本不在六塵上起任何分別，祂是絕不領受六塵境界的，所以祂是如如不動的。你如果不懂這個道理，就對人說：「想要證得眞如啊！你就是要把自己滅掉，所以要去打坐，坐到什麼都不見了，坐到無覺無知了，這樣就是證得涅槃、證得眞如。」請問：等一下你又出定了，你的眞如又在哪裡？這時候，你已經不住在自己所說眞如境界中了，眞如哪裡會有這種「有時出現、有時不出現」的情況呢？所以說，你還是不知道第八識眞如的眞正境界！所以眞如要在現象界當中去證。在現象界當中才會有能夠覺觀思惟分別的意識覺知心存在，然後用這個意識心去覺觀、去分別、去尋找：到底我的眞如在哪裡？這樣才有可能證悟啊！

所以自心眞如——第八識心體——可不能讓祂入了無餘涅槃，祂如果入了無餘涅槃，你就找不到祂了。因爲這時的你已經消失了，哪裡還有個你能夠找到祂呢？而且這時的祂也是無形無色的，當然更找不到了，所以一定要留在現象界當中去找。可是自心眞如在現象界當中，祂卻是一個絕對的法界，祂能生諸法而不離諸法，不起任何的瞋怨或喜歡；你生死，祂不生死；你在塵中喜怒哀樂，祂卻完全不在喜怒哀樂中，祂是一個絕對性。但是這個眞如法界，卻要在現象界當中去求證祂。我們出版的《平實書箋》書裡面我有藏了兩句話，只要從那兩句話裡面讀通了，你就找到自己的如來藏了，也就找到一切有情的如來藏了。

所以，所謂體大，就是講眞如自體，眞如自體不論在染在淨，「性恆平等」；在染污的凡夫位，祂對六塵不貪著、也不排斥，祂永遠是那個離於染淨兩邊的中道性。修行證悟了，證得解脫道中的初果、二果、三果、四果，或者入了佛菩提道中的十行位、十迴向位，乃至到了初地、二地、三地，甚至等覺位，統統都一樣。眞如在淨位中，體性還是那樣的平等，從來都不貪六塵、也不討厭六塵。還是那個中道性，祂一直都是這樣的安住著。

看見了花，比如說這一朵比那一朵更漂亮，你問祂，祂跟你裝聾作啞，祂不起六塵中的覺觀，也不分別，所以說「性恆平等」。當你看見了人和狗，你說這條狗是人的寵物，所以這個人是牠的主人，所以主人位尊，狗位卑，有尊卑分別；但是自心眞如祂照樣平等平等不作分別。不管是在染、在淨，祂始終都是一樣的清淨性、不染污性。你雖然因為還沒有證悟，所以還在染污的凡夫位中，阿羅漢住在清淨的聖位中，可是祂的第八識跟你的第八識，都是同樣的眞如性、同樣的清淨性，都是沒有差別的。

有一天你證悟了，見到一隻蟑螂爬來爬去，你看到了牠的眞如心體的時候，會發覺原來跟你的是一樣的，沒有絲毫差別。牠的體性跟你的體性都沒有差別，只有各自的七轉識心性有差別，以及色身有差別，可是一切法當中的「心眞如」卻沒有差別。所以叫作平等性，無增、無減、無別異故，也就是說，一切有情眾生不論凡聖，第八識心眞如的自體性，永遠都是眞實而且如如的體性，這種第八識心的眞如法性是永遠不會有所增加的，也是永遠不會有所減少的，都是同一體性而無別異，所以 馬鳴菩薩說「無增、無減、無別異故」。你修行大乘法而證悟了，在通教和聲聞教中所斷的我見和三縛結來說，你已經成爲聖人了，牠則還是一隻蟑螂異生凡夫；可是你的第八識的眞如法性也沒有比那隻蟑螂增加，牠的眞如法性也沒有比你減少。

以前宣化上人曾經講過：一萬隻螞蟻的眞如，合起來成爲一個人的眞如；一千個人的眞如合起來成爲一條鯨魚的眞如。那麼一來，鯨魚豈不是成爲比我們更高等的生物了？宣化上人戒行嚴謹，樣樣都好，就是這個第一義說錯了，才會落到鬼神道去。如果不是這麼講，就絕對不會落到鬼神道，並且今生的福德將會大到不得了。所以說法得要很小心，因爲每一句話都是有因果的；名氣愈大，影響的人就愈多，所負的因果也就愈大：要負越大的善因果，或是要負越大惡因果。所以不管是善的因果或是惡的因果，名氣愈大，因果愈大。說的法若是正確的，度的人愈多，功德愈大；如果說的法是錯誤的，度的人愈多，不但沒有功德，你的惡業還會愈大。它是成爲兩極化發展的，所以弘法說法要很小心喔！

如果我們是由一萬隻螞蟻的眞如合起來而成爲我們的眞如，那麼這個自心眞如就好像一顆水果可以分割一般，就好像一堆蠟燭是可以合併的，對不對？因爲可以有增有減啊！有增有減的法就不是平等性，就不是恆常性，那麼這個心眞如就成爲有增減性的了，那就是有變異——體有變異——就不是平等性。

我們所說的無變異，是說祂自體永遠無變異，但是心體內所含藏的種子卻是可以有變異的。如果眞如可以有變異，可以分割，那這樣好了：「拜託佛啊！你把眞如分一部分給我，我把我的眞如丟掉，我也就可以成佛了，因爲我的眞如是佛的眞如、是成佛以後的眞如嘛！」多妙！可是這叫作異想天開，心眞如怎麼可以分割合併的呢？這就變成有增有減囉！但是一切有情的眞如心體，都是不可增減的，你自己無法加以增減，你的長上、國王、尊長、乃至號稱全知全能的上帝耶和華，都無法來增減你的眞如，也無法來增減他自己的心眞如，因爲他連自己的心眞如在何處都不知道，如何有能力來增減你的心眞如呢？耶和華只能加害你的性命，卻完全不能增減你的眞如，不能損壞你的眞如一分一毫。乃至 佛開示說，一切諸佛都認知到心眞如是永無增減的。合十方諸佛的威神之力爲一極大威神力，也是無法增減你的眞如心體。

因爲心眞如的體性永遠「無別異故」，是說祂的體性是永遠不變的。即使悟後成爲聖人了，自己的第八識心眞如的體性還是無分別性，還是平等性的；你在未悟之前的凡夫地中，祂還是那一種無分別性、平等性，悟前與悟後並沒有差別。有一天，如果你還沒有悟，卻有幸遇見了一位等覺菩薩或八地菩薩，他會跟你講：「**沒有不同，你的眞如體性是那個無分別性、平等性；我的眞如也是一樣的平等性、無分別性。你的眞如不在六塵中起分別、起貪著、起討厭、起怨瞋，我也是一樣。雖然你是凡夫，我是等覺，還是一樣沒有差別，所以我們兩個平等平等。**」但是他可以說平等，你卻不可以說平等，畢竟他是八地、是等覺！從祂的心眞如自體本身來說是平等的，但是講到祂的相大與用大，那可就不平等喔。

「**二者相大**」，什麼叫作相大？相大就是說如來藏本來就具足了無量無邊的自體性上的功德，在種種事相上顯示出祂有這個大功德的法相，所以叫作相大。這個「相」得要你證得眞如心以後，才能夠去領受祂的體性，才能夠去觀察祂能生萬有的體性、能使人成就究竟佛道的體性。如實的去瞭解了以後，你就知道：「啊！原來祂的體性顯示出來的法相，果然確實是這樣！」這就是相大。

想要見到「心眞如」的相大，必須要在現象界當中去見。同樣的，你不可以想要打坐到無覺無觀的境界時而說就是「能所雙亡」，那是不對的，那個並不是能所雙亡，能所雙亡是在現象界當中，不離你的覺知心當下，本就已是「能所雙亡」的了，不是靜坐到什麼都不知道，入了未到地定過暗的境界中，才叫作能所雙亡，這種境界相也不是眞的能所雙亡。如果坐到什麼都不知道的時候就可以叫作證到能所雙亡的話，那還不簡單？隨便找個大醫院，找個痲醉醫師幫你注射痲醉針，不就什麼都不知道了？那還比靜坐中的未到地過暗的境界還要更能所雙亡呢！如果說你沒有錢請醫師打針，我也有辦法，叫人找一根木棍來，冷不防後腦勺猛地給你一下，暈過去之後什麼都不知道了，那也是這種人所說的能所雙亡啊！如果怕痛，那就去睡覺，睡著眠熟無夢的時候也可以說是能所雙亡啊！請問：這樣也可以叫作能所雙亡嗎？未免太荒唐了！

能所雙亡，是你覺知心能分別的功能存在的當下，而且所分別的六塵也都在的時候，證得另一個本來能所雙亡的實相心，能所雙亡的實相眞心，與能所具足的七識妄心同時並存。也就是能所具足的當下就同時有能所雙亡，這樣才是眞實的大乘佛法。不是覺知心斷滅了以後才叫作能所雙亡，可是，這個境界是阿羅漢所不知道的，只有證得心眞如第八識之後，你才能體會到這是什麼意思、什麼境界。

我們講這個深妙法，諸位來聽的時候，其實也是如人飲水。當你找到如來藏的時候說：「對啊！眞的是這樣。」還沒有找到的時候，你就只能想像、只能猜那個水有多暖，大概是什麼溫度。所以印順法師講的有一句話：「修行佛法一定要尋求見道。」他認爲見道是修學佛法最重要的第一關，這個說法是完全正確的！這句話我倒是很認同他的；其他的不能認同他，因爲他說錯太多了。

如來藏本來就已經具足了很多很多體性的功德，這些功德，是要透過證得自心藏識以後，一步一步去領納祂的體性，然後才能夠如實的了知祂有哪一些功德性。祂的那些功德性，我們不是說不出來，而是不可以明說。證悟了以後，你們漸漸的每一天都會不斷在體驗祂，一點一滴的你就體驗到了祂有如是的相大。祂的那個功德性顯現出來的法相是如實的，可以領納、可以觸證、可以領受。不是一種虛妄想的建立。

見分也屬於心眞如──如來藏──的相大。見分的法相，就是講七識心和祂們的所擁有心所法；因爲七識心完全是由心眞如所生出來的，所以也是祂的一部分。譬如說你身上的手，你不能說它不是你的一部分。可是如來藏是整體的，整個身體就是你所說的色身的我，手是你這個我的一部分，腳也是你這個我的一部分；同理，心眞如出生七識心王，七識心王也屬於心眞如的種種功德性中的一部分，在總相智中就說七識心是見分，也攝歸心眞如自體，因此說祂有一個見分的相大顯現出來。

螞蟻最多只能看見一呎遠，所看見的範圍很短。你可以看到對面的山，如果天氣好，還可以看到汐止市那邊的遠山，你覺得看得好遠。這就是你的見分如來藏的那種相大的自性功德。可是從佛、從大菩薩的立場來看，我們所見的還是太短淺了。就好像我們人，觀察螞蟻所見不過二、三吋；如果有一隻螞蟻可以看到半呎、一呎的時候就生起驕傲心，自己說牠看得很遙遠，其實還是看得很近。但因爲和別的螞蟻相比較，因而說牠自以爲看得好遠，是一樣的道理啊！

有一個傳說：有一個人，觀音菩薩帶他去見 阿彌陀佛，當他見到 阿彌陀佛時其實並沒有看見，觀世音菩薩卻告訴他：「眼前就是阿彌陀佛，你快頂禮。」他回答說：「在哪裡？我看來看去，前面只有一堵大石牆而已，哪裡有佛？」菩薩叫他往上看，結果還是看不見，因爲他的眼光很短！菩薩就把他變得很大身，終於看見了，原來剛才所看到的那堵大石牆只是 阿彌陀佛的大姆指前面，因爲他的色身太小了，所以眼光也很短小，看不見佛的大身。這是一個傳說，不一定有這個事實，大家姑妄聽之罷！我只是拿來作個譬喻。

這個見分的功能差別，從螞蟻來講，最多只有一呎，就算是非常遠了。如果從細菌來講，大概只能看見兩、三厘米，也許細菌根本就沒有眼睛可見。所以說見分的功德性，在因地、果地是截然是不同的。但是你將來修行成佛以後，所能顯現出來見分的功德性，不是你去修行累積的，而是本來就有，只是被你的無明、煩惱所覆障侷限，使它無法顯現出來。

見分能夠造作有漏法，也能造作無漏法；祂能夠修善，也能夠造惡。乃至到達佛地的時候，直接去運作，但憑作意而不用加行的那種功能性，都不是我們現在這個階段所能瞭解的。不要說這個階段，就算修行到五地、六地、七地，也都還不一定能瞭解。可是那個功能性，你在因地的時候其實就已經具足的，只是被遮障而不能顯發出來。這就是如來藏本來具足無量無邊自性功德的一部分。

另外一個部分是講相分：山河大地是這個地球上共業有情眾生的種子業力共同變現而有。本來是大家所共有的，螞蟻、蟑螂也有一分的變現在裡頭，是大家的第八識的種子共同變現的，所以牠也有一部分啊！可是人類把這個地方佔據了起來，說就是我家，所以看見了蟑螂時，拿起掃帚就打：「你怎麼跑進我家裡？該死！」這是你家？其實牠也有分啊！不完全是你的，所以說人是最具有佔有性的動物。動物沒有國界，人就有國界啊！有了人就要分家，一家、一家，一州、一州，一縣、一縣，這都是人所分的。

《楞伽經》中說，一切眾生的如來藏，本來都具足了三十二大人相的功德。但是佛地的三十二大人相、八十種隨形好，一一好又有無量好。這個功德相，其實每一個人都本來具足，但是被煩惱和無明所遮障，不能顯發。將來成佛之後，你的那個功德相，其實不是修來的，但也不是不修而得。因爲你如果在等覺位，你若不是經過百劫修「相」好的話，這相好也顯發不出來。可是如果本來就沒有那個三十二相的功能性，你怎麼修也是修不出來的。所以是「非修非不修」。

譬如說你家裡要裝璜，如果隨便去臺北橋下招一個粗工來，要求要像正覺講堂一樣，做得很細，相信即使付三倍價錢，他也做不出來，因爲他沒有那個能力。必須他有那個能力，然後你願意付出那個代價，他才能做！又譬如說這張講桌，它是黑檀的，你拜託那位師傅說：「我現在有塊大杉木，你幫我做一個黑檀的講桌。」他能不能做得成？不行！他做不出來！一定要黑檀的木料才能做得出黑檀木的講桌來，用杉木是永遠造不出黑檀講桌來的。

如來藏本身祂已經含藏了這一種相分的種子在裡頭，祂有這種功能性，所以你去修行把煩惱染污斷除了以後，就沒有煩惱染污來遮障祂，祂就可以顯發出大人相來。佛地的三十二大人相，不是你去修行，然後把祂累積上去，而是把遮覆祂的煩惱染污去除掉以後顯發出來的。如果祂本身沒有具足那一個功能性，祂不是那一塊料的話，不論你怎麼作都作不出來。

一切有情見分的無量無邊的功德性，相分的無量無邊的功德性，統統是在你的自心的藏識裡，本來就含藏具足，只是被無明煩惱所遮障而不能顯發。

「**三者用大**」，用大就是講如來藏有作用。既然有那個相大，可以讓證悟的人去檢驗祂、領受祂、證驗祂，那祂一定是有一個作用存在。必然是這樣呀，如果祂沒有那個作用存在，你就無法顯示祂的相大，就無法證實祂的體大。要證實體大，得要經由相大，然後從用大裡面去證得。

相大以及用大都是在現象界當中，統統是在三界有爲法當中。不能離開三界有爲法而要找到那個出三界的如來藏。出了三界就沒有你，因爲你永遠出不了三界。如果有人說他能出三界，你就罵他是大妄語。他問你：「爲什麼？」你就告訴他：「連阿羅漢都不敢說他能出三界，你怎麼可以說你出三界？」他說：「你怎麼這麼講？你有什麼根據？」你就把《阿含經》請出來給他看：「佛說無餘涅槃是十八界俱滅。」十八界都滅了，還有你能出三界？所以離念靈知的你是不可能住在三界外的，因爲蘊處界的你，只是三界中法，都只是心眞如的相大與用大而已，是無法在三界外存在的。

十八界滅了才叫作無餘涅槃，可是這個涅槃的眞正的道理，眾生是不瞭解的，必須要如實的證悟了之後才會瞭解。因爲有餘涅槃、無餘涅槃都要依據如來藏的本來自性清淨涅槃才能顯發出來。離開了如來藏的本來自性清淨涅槃，就沒有有餘涅槃，就沒有無餘涅槃。這個道理阿羅漢不曉得，辟支佛也不曉得，只有菩薩從佛修學而證得如來藏以後才能夠了知。因此這個勝妙法就叫作大乘別教，不通二乘，也不通大乘通教。

「用大」也是一樣，你要從用大裡面，才能夠證得如來藏啊！用大是說如來藏有祂的眞實作用存在。祂的作用就是能夠出生一切世間法和出世間法。世間法不要說得太遠，說近一點好了：譬如過去世死了去入胎，入胎了以後出生，一般人大概都會說：「**我是我媽媽生的。**」實際上不對，你把媽媽的功德高估了。媽媽是在表相上生你而已，她只提供一個環境讓你有一個安住的地方，再提供你地水火風的營養，經由血液提供給你。實際上是你自己變生自己。你的如來藏執取了只有顯微鏡才能看得到的受精卵後，如來藏就開始變、變、變：一個細胞變兩個，兩個變四個，四個變八個……，就是這樣把你變出來的。是你自己把你自己生出來。

但是你自己哪有「能生」？那時候還沒有你呢？還沒有覺知心出現，你怎麼能生身體？你的如來藏，你們現在身中的祂，祂當時就幫你開始變生了。時間滿了，該出胎了，也是你的如來藏通知媽媽的如來藏，就把你生出來了。媽媽只是作你的助緣，實際上是你的如來藏變生你。

可是一神教的外道都推給上帝，把自己如來藏的功勞都推給上帝，說是「上帝生我的。」這其實都是「長上帝威風、滅自己志氣」，因爲上帝實在沒有這個能力呀！他也是只能變生他自己的五陰，他沒有辦法變生你的五陰，而他自己所變生的他的五陰，也不是他自己變生的，也是他的如來藏變生給他的，所以：外道們說他是萬能的，眞是胡扯！因爲他連自己的如來藏阿賴耶識在哪裡，他都還不知道，根本只是一個凡夫，連自己的如來藏怎麼變生他的五陰的道理都不懂，何況能變生你的五陰色身？所以上帝根本就沒有能力變生你。由於你本來有意根末那識存在，加上經由媽媽的物質四大元素的供應，又提供一個舒適的環境讓你生長，所以你有了五根，這樣六根具足。六根具足了以後你才能夠有覺知心意識出生，才能有色陰以及七轉識的分別性與思量作主性，才會有受想行三蘊，這樣才五陰具足啊！你這個五陰都是世間法，統統是你的如來藏所變生的。

有了五陰以後，並不是單單有你的五陰就能生世間一切法。你不能夠說：「如來藏已經把我五陰出生具足了，現在我五陰要獨立了，我要獨立如來藏之外而自立運作了。」不行！你如果獨立於祂之外，就會馬上死掉了；就算是不死掉，其實你也還是無法運作你的五陰。五陰要現起一切法，還得要如來藏在背後支持、配合。祂供給你很多東西：很多的種子。如果不是祂在背後供給你很多的支持，你五陰無法運作，因此說祂能生世間一切法；但是這裡面有許多密意，現在不能公開告訴你，等你悟了以後自己去觀行，就會曉得了。

從欲界最低層次的地獄，到最高的無色界的非想非非想處，都要由祂來幫你出生。因爲你連自己要現行都得要靠祂哩！如果沒有祂，你早晨也將醒不過來，連醒都醒不過來，哪還能有一切法呢？所以說祂變生世間一切法。

祂還能生「出世間的一切善因果」，也包含變生世間的一切善因果。因爲世間的因果不是純惡的，也有善因善果。有人持五戒來保住人身，出生善因果；有人持五戒之外再加行十善，保住欲界天的善因善果，可以生到欲界六天中；有人持五戒十善，加修禪定證得初禪、乃至四禪，可以生到色界十八天中。但是這些上生的色身或境界相，以及上生後的所有境界，都是由祂變生給未來世的你，這個就是說一切世間的善果也是從祂而生。

爲什麼如來藏能變生「出世間」的善因果呢？前面說「心因緣相」，出世間善因果是要靠你的五陰去修行、去努力。如果沒有五陰來修行來努力，出世間的善因果就不能完成。你說我想要證得無漏的自心藏識，想要證得解脫道的有餘涅槃，如果沒有這個自心眞如，你的五陰都不能運作。所以歸結到最後，還是要由這個自心眞如所生的五陰配合自心眞如的運作來修行，才能夠生出這個出世間的善因果。可是五陰又是從祂所生而且不停的依祂而起用，那五陰所能夠證得的出世間的善因果，其實還是依附於如來藏才會有，所以，五陰畢竟是屬於如來藏——自心眞如——的一部分體性而已。

由於自心眞如有這樣的作用存在，這個作用存在的時候，祂的運作功德非常的偉大、非常的廣大，所以說祂這個部分叫作「用大」。

出世間的、以及世間的善因果，不能離於第八識自心眞如。同樣的，世間的惡因果也不能離於自心眞如啊！世間有些善人，但是也有許多惡人，這些惡人在造惡業的時候，他的自心眞如依舊是無分別性，依舊是平等性，卻跟著祂的五陰共同在造惡業。祂跟著共同造作惡業的時候，還是顯現祂自己的清淨性、無分別性。所以說這個「用大」，不只侷限在善因果上面，也同時函蓋了惡因果的部分。

這個「用大」，是「一切諸佛本所乘故」。一切諸佛就是靠著這個用大才能夠一步一步的修行，漸漸的成就了究竟的佛果，所以說一切諸佛都是「乘」著這個自心眞如的用大功德，才能成佛。如果自心眞如眞像印順法師講的「性空唯名」那樣，說「只是一個名的法相」，所以他說是「唯名、非實」，那一切人修行佛道都要唐捐其功，也都不能成佛了，因爲修行以後所落謝的淨因淨業種子都將無所留存，那樣還會有善因果嗎？還會有出世間的淨因果嗎？

自心眞如祂有種種的用大，藉由這個「用大」你才能夠修行，才能成就究竟佛地的眞如。所以說一切諸佛從本以來都乘坐著這個用大，也就是藉著自心眞如這個用大的功能性，所以才能夠修行而能次第成就佛地的無邊功德。一切菩薩也同樣都藉著這個用大，才能夠斷除有漏、顯發無漏，才能成就究竟的佛道。

體大、相大與用大，從體大來講，它沒有善惡性，善人行善時祂還是那個平等性、無分別性，惡人造惡時祂也是那個平等性、無分別性，這個是說祂的「體」的本身是一直都遠離善惡性的。

從相大來說，依於自心眞如的相大，能夠如實顯示出自心眞如——如來藏阿賴耶識——在善中、在惡中的業行。如果沒有自心藏識，善行惡行就無法顯示出來，清淨行也無法成就。可是這個道理，你得要證得藏識以後才會聽得懂。不是我吝嗇、不肯講，而是說，我如果明講了，你就沒有辦法體驗參究的過程了，將來就沒有別人明心破參時所應有的智慧功德，甚至於會因爲不相信而誹謗正法，所以不能明講；但是我能夠告訴你這樣的知見，你記住這幾句話，等你破參了：「原來當初蕭老師講的是這個意思。」你就懂了。

體大是離善惡性的，相大則是能夠顯示善惡行上的諸法；用大，是說它能夠修善斷惡，能使你成就解脫果，也能使你成就佛果。修學佛道就是這樣來的，藉著用大，你才能修善法、斷惡法。

體大的部分不可思、不可議，只有等你證得祂之後，才能夠思索祂，也才能夠與他人相議。遇到一個同樣證得自心眞如的人，你就可以跟他討論；因爲兩個人都是家裡人，談起來就很親切；可是你遇到一個沒有悟的人，就不能跟他相議論，只能自思而不能與人議論；沒有證悟時，就連自己想思都不能思，只能想像揣摩這個到底是個什麼東西？所以叫作不可思議。

第八識的自體性是不可思議的，如果離開了如來藏的相大與用大，就無法證知這個自心眞如，就無法體驗及了知這個體大。你如果懂得的話，在相大與用大當中去體會到的時候，你就能了知這一個自心眞如了。因爲離開了相大與用大就沒有十八界，就沒有你；沒有你存在的話，你就無法證得祂的！

從體大自身來說——也就是說從如來藏自身來說——沒有所謂的「明」與「無明」；《心經》諸位都會背吧！「無『無明』乃至無『無明盡』」，什麼也沒有！苦集滅道……等，統統沒有！爲什麼呢？因爲這是從一眞法界自身來說的，當七轉識都不現行、不存在的時候——也就是用大與相大統統不現行的時候——那時候沒有色受想行識，也沒有六根，也沒有六塵，也沒有六識界，當然也沒有四聖諦，沒有八正道，沒有十二因緣，所以也就沒有「明」，沒有「無明」，連「無『無明』」也都盡了，都沒有了，一切都空了，那就是無餘涅槃中的境界相。

《心經》講的就是如來藏在無餘涅槃中的狀況，就是在告訴你：無餘涅槃中的境界其實就是第八識自心眞如獨住時的境界相。也就是說，無餘涅槃境界其實就是依第八識自心眞如而施設的名稱罷了！《心經》的前幾句就先告訴你：在有餘涅槃的狀況下：「是諸法空相。」爲什麼是空相？它告訴你：「色即是空，空即是色，受想行識亦復如是；色不異空，空不異色，受想行識亦復如是。」也就是說：「受不異空，空不異受；受即是空，空即是受」，然後五陰也都是這樣的不一不異。

這就是告訴你：這個道理要在相大與用大當中才能證知祂。因爲你這個色身本是祂所生的。這個色身既然是空性所生的，本就是空性自心眞如所有的局部法相，所以說「色即是空」！這個空性自心眞如能夠變生色蘊啊！所以空性自心眞如當然就是色蘊：「空即是色」啊！色蘊既然是空性所生，也屬於空性中的一部分，與空性自身當然非異，當然是「色不異空」。自心眞如這個空性既然出生了色蘊，同樣是非一亦非異，當然「空不異色」。《心經》的道理就是這樣啊！等你找到了祂，你會說：「原來《心經》就是在講這個！」你會一整天在《心經》裡面去證驗，證驗完了，明天早上在 佛前就不必再誦了。爲什麼呢？因爲那裡面講的統統都懂了，還背誦它作什麼？佛說《心經》的目的，也就是希望大家都能懂得、都能親證那個無餘涅槃中的境界，並不是爲了讓大家用來背誦的。

那就是說，這裡講的體大、相大以及用大，本來就無二無別啊！現在，《起信論》中的「立義分」的內容，就是在說體大，經由相大能夠顯現「明」與「無明」。怎麼顯現無明啊？譬如那個附密宗的外道喜饒根登說，能夠求得甘露的人就是有佛法證量的人。但這個甘露是欲界天中最低層次的法啊！把這個與佛法八竿子都打不著的東西，拿進佛法裡來，叫作證得佛法的證量？我說他這個就是「無明」，被無明所籠罩了。

佛在四阿含諸經裡面明明講：眼色爲緣生眼識，乃至意法爲緣生意識。意識是所生的法，要靠因緣聚合才能出生的。結果，喜饒根登這個外道，卻花大錢登報，在各大報紙的第一版，以半個版面來公開跟你爭執說「意識覺知心是常住不滅的」，這就是標準的「無明」的示現。

自心眞如所顯示的「相大」，要經由色身與七轉識的共同運作過程中才能顯示出來，祂如果沒有相大、沒有七轉識，「無明」還能顯示出來嗎？不行啊！得要經由自心眞如所出生的色身相大、七轉識的相大、以及自心眞如本身的相大，才能顯示出祂這個「無明」的用大出來；也才能顯示出悟後所住的「明」的相大出來，也才能顯示出悟後棄捨「明與無明」的執著，顯示出「無『明』」與「無『無明』」的相大出來。

你們來到這裡，想要尋求證悟如來藏；經過兩年半的課程建立正知見以後，去禪三時證得了，你說：「啊！阿羅漢打不破的無明，我終於打破了。我知道《心經》在講什麼了！那密意是什麼？我知道了！般若、唯識、阿含，我開始懂得了。」你開始懂了，你好歡喜！你會歡喜，是因爲「明」出現了。請問你這個「明」出來的時候，是不是要經由見分的自心藏識的相大，才能從因法上顯示出來？是啊！如果我悟了坐在那邊不講話，你們知道我悟個什麼嗎？不知道！因爲我悟了，經由七轉識以及自心眞如的體大、相大、用大，所以能夠顯示出來——能夠講出來。你們也經由自心眞如的體大、相大、用大而領納我所說的了。所以，心有靈犀一點通，就是這樣來的。

體大固然是不可思議的，但是不可思議的意思，是說凡夫和二乘愚人，對有爲法現象界當中的自心眞如還沒有能力加以了知，才會變成不可思議。你如果親證了現象界當中的絕對法界──第八識自心眞如──祂就已經不是不可思議的。當你眞正的證得之後，你去到外面時可就孤獨了，因爲對會外的那些還沒有證悟的人而言，這是不可思議的，你講了老半天，他們又聽不懂，無法正面回應你；可是你又必須謹記佛的告誡而不可以明講，所以和他們就無法溝通了。但是你回到這裡來，與好多證悟了的人之間，就變成可思、可議了，所以你和這些同樣證悟了的人可以叫作同參，無法說會外那些人是同參；因爲他們還沒有悟，或者是悟錯了，當然就不是同參了；必須是同樣的悟了，所悟的自心眞如也同樣是第八阿賴耶識，那才是眞正的同參。

第三分：解釋分。

論文：【云何解釋分？此有三種：所謂顯示實義故、對治邪執故、分別修行正道相故。此中顯示實義者，依於一心有二種門：所謂心眞如門、心生滅門。

此二種門各攝一切法，以此展轉不相離故。】

講解：前面第一分中說「作因分」，第二分講「立義分」，那麼現在第三分中就來講解釋：解釋《大乘起信論》立義的部分是什麼意思。也就是解釋：爲什麼要建立這樣的正義的道理。第三分裡面的內容很多，所以篇幅也很大。

「解釋分」中主要分爲三種，第一種是講「顯示眞實的正義」，這叫作「顯示實義」。前面建立「有法」以及「法」的目的，就在顯示如實義，表示說《大乘起信論》所建立的道理是如實可以顯示出來的，不是虛妄想像的；也表示說，這個道理是眞實的道理，它不是虛妄法，所以叫作實義。

第二種解釋分，是來解釋「建立道理正義的目的是要對治執著」：對治錯誤的、偏邪的執著；這種執著，在修學大乘佛法或二乘佛法的人來說，都是不許可的；但如果是正確的法，卻必須要擇善固執，不能稍微加以改易。因爲如果是正確的法，而你把它改變掉，修學佛道的路就會開始偏差；走錯了路以後，在法上就不能如實修正、不能正確的往前進。所以正確的法絕對不能隨隨便便受影響，一定要把握正確的法，絲毫都不動搖。

第三種解釋分的目的，是要爲大家正確的分別——也就是說明正確的道路，這叫作「分別修行正道相」。為大家正確分別出來：修行佛道的正確法相是怎樣的。在這上面作一個說明，讓大家以後可以自我檢驗：修行的法道是否正確？

這三個法，第一個部分「顯示實義」，對於還沒有證道的人來說，就叫作「聞」與「說」，藉由聽聞、藉由善知識的宣說，來聽聞、來攝取正確的知見，這是屬於聞與說的部分。第二個「對治邪執」則是要靠自己，在聞說之後怎樣加以思惟整理，讓它通透，這個是屬於自己所應作的如理思惟的部分。最後一個是「分別修行正道相」，就是在聽聞、思惟之後，怎樣自己用功修行。這三個目的達成之後就是證道「見道」了，這就是聞、思與修、證四個法的分別與說明。

在「解釋分」裡面，主要是講：「顯示實義」的部分總共分為哪些部分？「對治邪執」又分為哪些部分？「分別修行正道相」的部分又分為哪幾個部分？以這樣的次第與內容來為大家宣說。

第一個部分裡：「顯示實義」者，「依於一心，分為二門」，也就是說「心真如門」和「心生滅門」。心真如門和心生滅門，就函蓋了三乘法義在裡頭。為什麼這麼說？因為「心真如門」是依生滅門而顯示祂的真如門，如果離開了心生滅門，就無法顯示出心的真如門。譬如說想要證得不生不滅的自心真如，不可以離開生滅的七轉識，如果不是靠生滅的七轉識，就不可能找到不生不滅的眞如；如果不在七轉識的運作當下來尋找，就不可能找得到自心眞如的所在。所以說心眞如門和心生滅門是一體二門，不可以把它分別開、來看它，我們修學大乘佛法時，必須是整體性的，不可支離破碎的亂學、亂說一通。

曾經有人跟我建議說：「我們的法這麼好，爲什麼不建立一個什麼宗派呢？」我說：「不要。」因爲二千多年來，在佛教裡頭分宗分派，已經夠亂了，如果我們再把它分下去，眞的就是佛法進一步的分崩離析了。佛法的修證，應該是次第性的，但也是必須要全面性的。唯一佛乘的佛法，本來就是全面性的，只有分爲三乘的方便，仍然要會歸於唯一佛乘，而不應當於大乘裡面再分成幾宗幾派，不應當這樣。

同樣的，心眞如門和心生滅門，也必須等量齊觀，必須相提並論，必須同時相通，這樣才是眞正的佛法。不可以把佛法分爲般若宗、唯識宗；三論宗所講的般若也是般若，是總相智與別相智層次上的般若；唯識宗所講的般若也是般若，是一切種智層次上的般若；只有層次高低的差別，沒有法義有異的道理。所以，那些應成派中觀的邪見者，把三論宗的中觀與唯識宗的中觀，作了顚倒的分派與定位，這個現象顯示了一項事實：他們根本沒有斷我見，根本沒有親證法界實相的第八識「心眞如」。所以他們無法了知般若的涵義，無法了知一切種智的涵義，所以就「以此非彼」，有時又「以彼非此」，都成就了誹謗正法的最重罪。

心的眞如門爲什麼不能離開心的生滅門？因爲心的生滅門是由心眞如門才可以起用，離開心眞如門就沒有心生滅門的起用。因爲不生不滅就是涅槃，無餘涅槃中連十八界中的任何一界都滅了，還能有什麼作用？沒有！究竟寂滅！沒有任何一法存在，只能體大的心眞如離見聞覺知獨存。沒有作用就沒有一切三界的有情，在涅槃中既然沒有心生滅門的七轉識，你如何了知眞如在哪裡？所以是不可能的。一定要在心生滅門現行的時候，才能找到心生滅門的根源——眞如門究竟怎麼回事。因此正確的佛法，合講心眞如門和心生滅門，是講心的生滅因緣以及祂的本來常住不壞相，一定是和合在一起，不可以分開。

心眞如門顯示出「佛法非斷」的眞實義，顯示法界的實相不是斷滅法，是恆常不斷的，不是否定了如來藏以後的緣起性空，而是在如來藏常住不滅的基礎上來講萬法緣起性空；心生滅門的實義中就表示佛法所說「非常」的眞實義，如果是「常」就不可能起用，所以要由心眞如門的常性中起用，才能有生滅門的蘊處界萬法的生起。心眞如門是在體大的部分上來說，講的是心眞如本體自身；心生滅門是從心眞如本體所顯示、所產生出來的七轉識與色陰——這些相大以及用大——因此顯示心眞如絕非完全常而不變的無作用法，所以能出生了生滅性的色身與七轉識，這就是心眞如所具有的心生滅門，當然就顯示：在第八識心體常住當中，有其變異非常的功能部分；但是在變異非常當中，心眞如本體卻是從來不曾間斷、從來不變易其性，永遠都不會間斷，所以成就了「非常與非斷」的眞實義。

由這二門就可以各攝一切的眞實法，因爲這二門從「心眞如門體大」的部分，心體的隨眠當中含藏著諸法種子，因此可以攝盡一切法；而在心生滅門當中，同樣的可以顯示種種的相用，顯示一切有爲法、無爲法，也顯示了心眞如不生滅法、無爲法的所在，所以二門各能顯示、含攝一切法。

爲什麼能夠這樣呢？這是因爲心眞如與心生滅二門是展轉不相離的緣故。心眞如門和心生滅門的展轉不相離，不是一般人所想的單純的不相離，因爲並不是心眞如可以直接產生見分七轉識全部。七轉識裡面一個小部分——意根——可以直接由心眞如而生。但是其餘六識卻要間接或展轉而從心眞如中出生，要由眞如所生五色根以及意根，然後才能夠生意識；然後再以意識作爲俱有依，才能出生五轉識。所以心生滅門的法相，是直接的，也是間接的，也是輾轉而來的，不全是直接的，所以說「展轉」而生一切法；而且也是出生了以後「展轉不相離」。

一般人聽說意識心，是由心眞如而生，好像很單純這麼就生了；其實不然！是要有其他的正因與助緣的條件配合，才能出生前六識，因此說祂們是「展轉」。但是前六識，卻沒有人發覺、瞭解祂們是由心眞如而生，總以爲今天睡著沒有覺知心了，明天早上又會醒來自然而有，就以爲覺知心的意識心體是睡著了，不是不見了，那就錯了。所謂睡著的意思，其實是說意識斷滅了，這時候不現前了，只剩下意根、色身與如來藏存在，這才叫作睡眠；如果意識覺知心還在，還沒有暫時斷滅，那就不是睡著了。那些佛門外道們，總以爲睡著時是覺知心不知道六塵，總以爲這時的覺知心是繼續存在而不理會六塵，眞是錯得離譜了。所以，心生滅門的意思，是說前六識以及意根，都是會滅的，都是可以滅的；而且都是因爲心眞如本體中的六、七識種子的念念流注才能存在的，所以意識是生滅法，不是密宗應成派中觀所說的常住不滅法。

論文：【心眞如者，即是一法界大總相法門體。以心本性不生不滅相，一切諸法皆由妄念而有差別；若離妄念，則無境界差別之相。是故諸法從本以來

性離語言，一切文字不能顯說。】

講解：心眞如祂本身就是一個法界。眾生——特別是在欲界裡的眾生——一般而言都是具足十八個法界，有的人只有十五個法界。譬如說他耳根壞了，不管是耳根的扶塵根或勝義根壞，他聽不見聲音，就無法學說話，就會變成啞巴，他就會變成只有十五個法界，因爲聲塵不在了，耳根不在了，耳識就無法現起，所以少了三個法界。

十八個法界中的一一界，都可以叫作是法界，那麼能生這十八法界的心眞如，當然也是法界，所以 馬鳴菩薩說心眞如也是一個法界。但是不要誤會了這幾個文字的意思，而說心眞如是法界，就說大家共有一個法界，也不是說心眞如的功能差別有界限。有人說眞如像一個大公司——托辣斯——如果眞如就像一個托辣斯組織，而整個法界十方虛空無量無邊的眾生都屬於同一個眞如所變生，大家都隸屬於同一個心眞如而分生出來。那這樣 佛降生時所說的「天上天下唯我獨尊」就變成妄語了，所以不是這樣的。

祂是同一類、同一種的體性；十方法界一切有情，同樣是這一類的眞如法界，所以在《成唯識論》中方便說爲同皆共有。但不是大家合爲一個，也不是眞如分成很多個由大家去平分，不是大家共有一個心眞如。而是說各人都有各人獨立的眞如，但卻是同一類的體性，大家都是一樣的法性；心眞如就是講這個第八識眞實心法界，其他的法界都不算眞實法界，只有這個法界才算是眞實的法界。而且，心眞如的功德性，也不是有所限制的，所以這個法界不同於其他的法有其界限，所以其餘法界的界字，不可用來釋解說心眞如的功德性也是有界限、有侷限的。心眞如的法界的界字，只是用來說明：心眞如和其餘所有的法界的體性大有不同，能變生萬法，不是其他的法界所能擁有的體性，以此大大不同的體性，而說爲界，而說爲心眞如法界。所以不可將這個界字用來侷限心眞如心體的無量功德性。

心眞如講的是唯一的法界——祂的一大總相的法門體，這個一大總相法門體，爲何稱之爲「大」？前面說過體大、相大以及用大，所以稱之爲大；祂含攝一切世間與出世間的法，所以稱之爲大。這個心眞如只是一個總相，由這個心眞如，才能產生出無量無邊的法，一切法都從這個心眞如分出來，然後才會有種種別相的法，因此說心眞如本身是一個總相體——祂是一切別相法所從來的本體。這個總相體顯示一切法門的根源就是祂，也可以說，還沒有說到這個眞如體所衍生出來無量無邊的法以前，先要說這個本體，叫作總相法門體。又因爲祂是一切別相法的根源，總攝一切法，所以說祂是「一法界『大』總相法門」的根本「體」，所以 馬鳴菩薩說祂是「一法界大總相法門體」。

當佛菩薩在講心眞如的時候，就是在講一切佛法的總相體，而不是講祂的別相諸法。從祂的別相上來說法的話，就會有很多說之不盡的法了，那已經是屬於心生滅門的範圍了。總相部分的心眞如門，在唯識種智上面來說，它叫作「眞實唯識門」。如果是從總相基礎上的別相來講，那就可以分爲「眞實唯識」和「虛妄唯識」兩門了。

心眞如這個法界是唯一眞實的法界，眞實法界就只有這一個法界，沒有第二個眞實的法界了；你的心眞如和我的心眞如、和他的心眞如，都沒有差別，同一性質，所以叫作「一法界」大總相的法門的本體。一法界大總相的所有宣說實相的法門，就是以祂爲本體。一切的法門都有法體，如果沒有法體，那個法就是戲論；譬如兔無角是以牛有角爲體，譬如緣起性空是以蘊處界爲體，譬如蘊處界是以心眞如爲體，所以緣起性空其實是輾轉以心眞如爲體；如果沒有牛有角而說有一個法叫作兔無角，那麼兔無角就成了戲論，因爲兔無角沒有法體存在，只是語言文字的戲論罷了；所以緣起性空是虛相法，不是實相法，而是依心眞如爲體，才可能會有蘊處界的緣起性空；因此緣故，說緣起性空不是眞實佛法，必須是依萬法根源的心眞如而說諸法緣起性空，這才是眞實佛法。

而且，講阿賴耶識的時候，就已經包括全部八識心王在內了，所以阿賴耶識是包括八識心王全體的，心眞如也是函蓋在阿賴耶識內的；所以常常會在某些菩薩所造的論中，看見「一心唯通八識」的說法。也就是說，如果講眾生唯有一心的時候，那麼這個一心只被允許解釋爲八識心王總體：合八識心王爲一心。不許單指八識中的一心爲「眾生唯有一心」的一心。因爲這個第八識眞如心，是一切心的源頭，七識心王也是從這個第八阿賴耶識心體中出生的，說來說去，眼耳……乃至意識與意根等七識，都是由這個第八阿賴耶、異熟、無垢識心體所出生的，本來就附屬於第八識眞如心體的，是攝在第八識心體中，所以，如果說眾生唯有一心的話，那當然只能說是第八識眞如心了；因爲前七識都是可以滅除的，又都是被第八阿賴耶識這個眞如心所生的，也都必須依附第八識眞如心才能運作的，沒有獨自常住不壞的自體性，所以，如果要說眾生只有一個心體的話，當然就是指第八識眞如心了。

那麼，第八識眞如心——阿賴耶、異熟、無垢識心體——既然是其餘七識心體的所依與出生的根源，而且　佛也說所有的眾生總共只有八個識，並沒有九、十識，沒有更多識，當然第八識眞如心一定就是萬法的根源了；由於這個緣故，所以第八識心體當然就是唯一法界了，也就是說，所有的法界都匯歸於第八識，所以　馬鳴菩薩說是「一法界」。

此外，法的種種別相，都有一個源頭；如前所說，一切法都是從八識心王開始有的，而八識心王中的前七識卻是被第八識眞如心所出生的，當然這第八識心體就是所有法的總根源；第八識眞如心體既然是所有法所歸屬的唯一法界，當然祂是萬法的根源，所以，當我們說這個第八識「心眞如」的時候，這個第八識眞如心體一定是總攝一切法的，當然這個第八識眞如心，也就是一法界；所以，當我們在探究一法界是誰？在探究大總相法門的本體是誰的時候，當然就會一直探究到這個第八識心體才可能停止繼續探究，因為探究到祂的時候，就不可能再往上探究了，因為再往上就沒有任何心可說了，再往上而說有心的話，將會成為虛妄想的心，如同兔角一樣，宇宙當中是不可能有第九識心體的；所以　佛在阿含部的經典中說：「齊識而還。」也就是說，探究十二因緣法的無明時，再往上探究，最多就是探究到這個第八阿賴耶識，再上去就沒有任何一法可探究的了，就只能到這個第八阿賴耶識爲止，就必須退回來探討無明如何斷除了，再上去就沒有任何法可探究的了。這意思也就是說，心眞如這個第八識心體，就是總攝一切法的心體，所以馬鳴菩薩說祂是「大總相法門」的「體」；因爲離開這個心體，就沒有任何一法可說的了，所以，十方三世一切法界所有的法，都是從這個心體中出生的，因爲這個心體的常住與眞實不滅，才會出生十方三世法界中所有的法，所以這個第八識心眞如，就是「一法界、大總相法門體」。

學法就是要把握這個原則：萬法必定有一個根本因。這個根本因就是萬法的本體，如果否定了這個根本因，而說有種種法的緣起性空，那這個人所說的緣起性空，就會成爲外道「無因論」的邪見。譬如有人跟你說：「一切法都是無常，都是緣起性空。」同時又否定了緣起性空的體——否定了蘊處界在現象界中存在的所依；也就是以緣起性空一法來否定了蘊處界在現象界中的存在現象以後，又否定蘊處界的體——心眞如——就使得緣起性空獨立於蘊處界之外而成爲自己實有自性的法，那就是兔角的妄想，因爲緣起性空並沒有實性，是依蘊處界的現象有，才會有緣起性空的。同樣的，蘊處界等法相，也必須有一個所從來的理體，那就是第八識眞如心體；如果否定第八識眞如心體，蘊處界法就會成爲「無因唯緣」

而起，就會落入否定本體以後的外道無因論中。

那麼我們就要請問：「一切法，都是緣起性空，統統無常，那麼人死後是不是一了百了呢？那麼阿羅漢死後入了無餘涅槃，是不是斷滅了呢？」如果是一了百了，沒有未來世，那根本就不用修行了，五欲諸法的世俗之樂就成了「不樂白不樂」，大家唱歌跳舞去，每日放逸的生活，不是很好嗎？因爲阿羅漢辛苦的觀行而斷了五欲我所的貪著，辛苦的觀行而斷了我見與我執，結果是沒有實體的法性，入了涅槃只是一切法斷滅的緣起性空，那這個緣起性空就成了斷滅境界的戲論了！但是，不對！如果說一切法都是緣起性空——一切法空——沒有一個本體去到未來界，沒有一個本體獨住於無餘涅槃法界中，那這個法的本質正是斷滅空，沒有實體法嘛！沒有實體而說法，那就是虛相法，不是實相法，那就是戲論，這是佛所絕對不允許的，佛說這樣妄說法的人下場都不好，會像善星比丘一樣墮入地獄，善星比丘就是因爲用這種邪見而爲別人說一切法空，沒有未來世、沒有實體存在無餘涅槃法界中，所以謗說「如來滅後是無」；甚至佛當面爲他破斥這種邪見，要他改正，他也不願改正，堅持他的說法正確，所以就「生身入地獄」，這是經中記載的事實；也正因爲這個緣故，所以佛說：「寧取我見如須彌山大，不應取空見如芥子許。」正是責備那些否定了心眞如——如來藏——而說一切法緣起性空的密宗應成派中觀的無因論者。

一切的法一定有一個法體作爲它的根源，不可能無因無緣、或者「無因唯緣」而有一切法的生起與變異壞滅。譬如說五陰、十二處、十八界都是緣起法，眾緣所起的緣故，所以其性是空，這就是緣起性空。但是，蘊處界等萬法緣起而說其性是空，這個法卻有個眞實「體」一直都在；也就是《阿含經》中所說的「識緣名色、名色緣識」的那個第八識，那就是心眞如，是一切佛法的法門體。依於這個法門體而說一切法是緣起性空，這樣才是眞實的法。如果離開這個法門體、否定了這個法門體，而說一切法緣起性空，那就不是原始佛教的眞實佛法，那就是戲論，已經落在外道無因論中了。

爲什麼說心眞如是「一法界大總相」的「法門體」呢？因爲第八識——心眞如——的本性一直都是不生不滅相。第八識心體爲什麼是不生不滅相？因爲這個眞如心如果是曾經有出生，是無量劫以前「本無」而在「後來才有」的話，問題就來了：過去曾經有生的法，未來就一定會有滅，這是三界內的定律、法則。不管你是多久以前出生的——即使你的眞如是無量劫以前生的——未來無量劫後還是會滅的。有生有滅的法，你修證祂作什麼呢？菩薩乃至喪生捨命都要修學佛法，結果修到後來變成斷滅空，這樣不是很愚癡嗎？所以一定是在過去的無量世以來本來就在而不曾出生過，祂是本來就在的，是「自在」性的，因爲祂從來沒有生，所以未來就永遠不會有滅，這就是祂的不生不滅相。

在《六祖壇經》中，六祖不是罵那些佛門裡的外道是「將滅止生」嗎？用滅的法把一切法滅了以後，而不再出生了，就說是沒有生。滅了以後而沒有生，就是沒有一個無我性、常住性的實體法存在，那就是斷滅空，不是不生不滅的空性；所以說，不可以將滅止生，不可以把某一個法滅了以後不再出生而說是無生。無生、不生，是本來就不曾生，所以永遠不可能壞滅，在永遠不可能壞滅的實相境界上來說無生，而不是滅了以後不再出生的無實體境界的虛妄法可以說是佛法中的無生；這樣開示、這樣修證、這樣證實，才是眞實的佛法，心眞如正是這樣子。

祂既然是不生不滅之相，爲何又有一切法出生與現行呢？這其實都是因爲有了「妄念」而有差別。這個「妄念」的意思，不是講「覺知心中想東想西」的妄念，這妄念兩字應該翻作「妄想」或是「虛妄想」，也就是虛妄之想。所以菩薩證道以後不妨心中照樣有語言文字，嘴巴照樣跟人家說話，這都無妨，但是已經離開虛妄之想，就是《楞伽經》講的「遠離妄想」：遠離虛妄之想，也就是遠離戲論的意思。

《楞伽經》裡面不斷的在講「妄想」，妄想不是指一般禪師（以定為禪的禪師）所說的：打坐時心裡面念念不斷的語言文字上的妄想，而是指對於法界實相的虛妄之想。虛妄之想就是不如理作意的思惟與觀察。凡是對法界實相的觀察落入不如理作意中，是有偏邪的，那就是妄想。這裡譯作「妄念」，是指虛妄之念頭或想法，也不能說它譯錯，因爲妄念是在妄想前頭，語言文字的妄想也是從妄念而來的；通常都是先起一個不如理的偏邪作意，是先有不如理的作意出來，然後才有語言文字宣說出來，或是隨後在自己心裡面作不如理的語言文字的妄想。

本來一切有情都可在三界當中依於如實處而住，自由自在的過著自己的生活，卻由於有妄念——虛妄之念——產生了種種不如理作意的分別，所以有情眾生的種種差異就出現了。譬如說你禪定功夫好，打坐進入定中二禪、三禪以上的等至位，這時候你根本不接觸五塵，只住在定境當中的法塵境。在定境所攝的法塵境中，還會有一切諸法嗎？沒有了！只剩下一個法：「定境所攝的法塵」。特別是四禪以上，因爲在四禪當中，甚至只要微細念一動，連那個念是什麼都不知道，就已經離開四禪，呼吸心跳就都恢復了。

又譬如說，有一部經講：「大通智勝佛，十劫坐道場，佛法不現前，不得成佛道。」爲什麼會這麼說呢？就是這一句「一切諸法皆由妄念而有差別」的意思。大通智勝佛明心之後，坐在祂的道場——道場是指祂的金剛座菩提場——菩提場以前只是鋪了吉祥草而已，那就是道場。可是那是表相的道場，眞正的道場是什麼？心眞如才是眞正的道場。大通智勝佛明心以後，整整十劫坐於道場上，也就是說住在心眞如本體的境界上面安住，心中任何法都不現起；爲什麼呢？因爲沒有任何妄想之念——連念頭動一下都沒有——如是安住，住了十劫。一坐住了十劫，佛法都不現前，爲什麼呢？因爲七轉識都不動念，也不作任何思惟、觀察、整理，佛性不現前，當然佛法是不現前的。在這樣的境界安住，算不算成就佛道？當然不算！因爲佛法還沒有現前啊！

其實 大通智勝佛那時已經成佛了，但是對眾生而言，還不算成佛，因爲祂還沒有在覺知心中使佛法現前，還住在法界實相離言境界中；也還沒有出來說法，未顯示出成佛的身分，看起來還是和有情同樣的一個色身，並沒有差異。後來禪宗有的開悟祖師就把這個公案拿來問：「爲何祂十劫坐道場，佛法不現前，不能成佛道？這是什麼緣故？」諸位現在曉得了，就是這一句。一切佛法的現前，都是由於心動，心動所以一切法出現了。如果不是七轉識有動心，就不會有一切法現前，何況能有佛法現前？七轉識不動心，就沒有一切法現前，就沒有一切諸法的種種差別。所以《六祖壇經》中有個僧人說那是幡動，另一個僧人說那是風動，六祖聽了說是「仁者心動」。沒有心動，哪有幡動與風動？因爲你心動，所以領納了風動與幡動，所以說是心動而不是風動與幡動。

「一切諸法皆由妄念而有差別」，用上面這些例子來說明，就容易瞭解了。如果離開了種種虛妄之念，就沒有境界差別之相。譬如說如果你們參禪，看話頭看到像我以前一樣，坐在那邊以三分眼看到最後，耳朵沒閉卻沒有聽到聲音，眼睛沒遮卻沒有看到任何影像，自己都不知道外境，心裡只剩下一個話頭。爲什麼會這樣視而不見、聽而不聞呢？因爲離了世間五塵上的妄念，所以沒有境界差別之相，這就叫作破參前的見山不是山，只是事一心罷了！但是跟這個論中所說的離妄念相還是有差別的，這部論是從理講的，可是那個參禪的境界相是在事相上講的。參禪參到最後，只剩下個話頭，五塵都不接觸到，這個只是事相上的離妄念。

這論裡講的是離七轉識，無妨七識心繼續接觸六塵，可是心眞如第八識心體，卻不在六塵上起虛妄的念；而且七轉識也如實的了知六塵相和我相的虛妄，這樣就沒有境界差別相出現了。七轉識照樣現行運作，照樣接觸六塵，六塵具足；但是你見了某甲、某乙，沒有起心動念去了知男眾、女眾，那就是你修行好。因為前六識一見就知道男眾、女眾，所以這還真不容易。

一般人總是認為「只要我不去分別，心裡不打妄想，不分別男眾女眾」即可；但我們並不這樣看，我們認為：在了知六塵的時候，當你知道了，那就算是分別了。所以我們要求的是：遇到事情時，單純的接觸處理，根本不會有男眾女眾的念，只是有一個事情的念而已，這是不同的。換句話說，當你見到一老一少，心中沒有語言文字說這是老爺爺，這是他孫子，你了知的時候，已經分別完成了。這一老一少的了知，也就是妄念；有了妄念，所以境界差別相就出現了。悟後得要這樣安住，只保持在五遍行中的觸的階段，不去分別其餘的法相，悟後起修得要這樣的修行，來消除我所的貪著習氣，以及消除我執習氣；這樣修行進步才會快。但是用這樣的標準來修行，你得要先破參明心，然後一步一步的達成，確實不容易；但是不要氣餒，要以這個作為目標。

論中說：「諸法從本以來，性離語言，一切文字不能顯說。」前面跟諸位說明這個妄念；妄念也是法，我說了老半天，結果諸位所瞭解的是你們心中所體會的妄念，不是我所說的妄念；我講妄念兩字出來，畢竟我沒有把妄念顯示出來；我嘴巴講出來以後，你們經過思惟觀察，以及人生的歷練，然後你知道原來妄念是心中語言文字還沒有起來之前，那就是妄念。當你了知的當下就已經分別完成了，那個分別也就是妄念。這個妄念，我能不能顯說出來呢？不能！我能夠說明而讓你瞭解，但是你所瞭解的並不是我所說出來的，是你心中的東西──你心裡所了知的那個妄念。

語言是如此，一切諸法的體性亦復如是，本來都是離語言的。譬如說看見一朵花，你說「這花是粉紅色」，可是「粉紅色」是語言，粉紅色三個字有三個聲音，能顯示「粉紅色」嗎？不行！得要花的本身才能顯示出這個「粉紅色」，這是要有現量的有體性的境界。我說了，如果你沒看見，你心中就只能想像我所講「粉紅色」的花大概是怎麼回事，結果你畫下來的，和我拿出來的實物一比，會發現兩者往往相差很多！不只是在形色上面差很多，也在顏色上面差很多；這就表示說：「粉紅色的花」這個法，不能用語言文字顯說，不能單以語言文字把它顯示說明出來。

我如果告訴你有一朵「粉紅色的玫瑰」，你要了知粉紅色的玫瑰這個法之前，一定本身先有體驗：看見過粉紅色的玫瑰。如果你沒看過，我再如何說明，這個法還是不能在你心中顯示出來。這表示說「粉紅色」這個法是無法透過語言而顯示的。粉紅色實體是離語言的，就算我是一個作家，描述得如何生動，如果沒有見過粉紅色的玫瑰，你心中還是不知道我所說的粉紅色的正確顏色；即使是曾經眼見過，也仍然會有多多少少的差別的。

這就像大陸文革的後期，有位作家寫過一篇《芒果的滋味》的文章；因爲他是北方人，芒果卻是南方的水果，毛主席賜給他一個芒果，他覺得主席賞賜的東西，具有很珍貴的意義，所以不捨得吃，就用玻璃箱把它供起來，後來芒果當然會壞掉，所以他一直到芒果壞掉了都不知道芒果的滋味。「芒果的滋味」這個法是離語言的，你必須得親自剝開嚐它一口，才會知道芒果的滋味。如果你沒吃過芒果，再怎麼跟你說明，你始終都會產生疑慮與猜測，無法如實了知它的滋味。世間的法猶是如此，何況出世間的法？其實都是離語言相的；所以 馬鳴菩薩說：「**一切諸法從本以來，性離語言。**」一切文字無法眞正的顯示說明它，得要曾經親歷過的人，聽了以後才能在心中顯示出來，而心中所顯示出來的也不是語言所顯示的，也是心眞如中的種子所顯示的，那也還是離語言相的。

譬如說諸位也許有一天找我，要跟我講某件事，在你對我講這件事以前，你心中其實是沒有語言文字的，只是個念頭一閃而過，然後你跟我說了一大堆，我可能要聽了幾分鐘才知道你說的是什麼。

寫作的人，靈感來時也並沒有語言文字，靈感在突然間一閃而過，作家就能把握這個靈感，當場抓起筆來寫，一寫可能就是好幾頁。我在寫書時，往往爲了寫佛法上的一個知見，這個知見在腦中一閃而過，我就要寫好幾張稿紙（編案：當時蕭老師還沒有學習電腦打字）。這就表示那個法本身是離語言的，一切法的法性本來都是離語言的，文字寫出來之後，再如何詳述，都不能顯示它的眞實體。必須已經有一些現量境界的體驗，說了之後，透過語言文字去領受它的意義，才能有法在你心裡顯現出來。

同樣的道理，我說眞如，說阿賴耶識，說如來藏；說了那麼久，可是沒有破參的人有沒有辦法在你心中顯示出「心眞如」的眞實法相來呢？結論是：顯示不出來！當你破參了，在心眞如的現量境界上體驗過了，我一說，你心中當場就會有一個「心眞如」的法相出現了，你也可以當場把心眞如的法相在現量上作一個比對，沒有親自體驗的人就無法比對，無法了知，無法在心中生起心眞如的現量境界相。可見心眞如的本身一定是離語言文字相的，如果祂不是離語言文字相的，你縱使還沒有證悟，也應該我一說完的時候，你心中馬上就會有了；但是，事實上卻不可能有心眞如境界的法相在你心中出現。所以說「諸法離語言」，這是祂的法性，一切文字沒有辦法顯示祂，不能把祂明明白白的顯示出來。

論文：【離心攀緣無有諸相，究竟平等永無變異，不可破壞，唯是一心，說名眞如。】

講解：眞如心，祂本體自身是離心的攀緣性的。妄心一定會攀緣自己，會執著自己。大家可能以爲根本沒有執著過自己，然而其實你是分分秒秒、剎那剎那都在執著自己。怎麼說呢？當你認爲並沒在執著自己的時候，如果有人拿一把刀忽然往你的方向虛晃一下，你當場就會趕快閃開，不必經過思惟和分析；爲什麼會自動閃開？因爲怕死嘛！如果告訴你說：「讓你長命千千萬萬歲，但是有一個條件，就是你不能有覺知。」然後問你：「這樣子，要不要？」你會說：「我寧可當乞丐痛苦一百年，也不要無覺無知一萬年。」對不對？對啊！這就是執著覺知心的自己，這也就是心的攀緣相。一切眾生莫非如是，個個都是這樣。

但是，心眞如卻是一直都離開這種攀緣相，祂從來不執著祂自己，也從來不執著七轉識。離開攀緣相，這正是祂的體性。如果有一天，你說：「我好像悟了喔！我找到的這個心應該就是眞如。」你就想想我這一句話，自己先檢查看看：你找到的這個心，祂有沒有執著自己？會不會執著自己？有沒有這種心的攀緣相？先檢查一下。如果你找到的那個心，有心的攀緣相，那就不對了，不必找親教師爲你印證，自己就知道不對了。

心眞如「無有諸相」，有人會說：「我悟的這個覺知心也沒有諸相，你看！祂無形無色。」聽起來好像也對，因爲我們臺灣曾經有大禪師這麼講過：「師父這邊說法，你們那邊聽法，這個能聽能說的心，就是眞如了。因爲祂沒有物質、沒有形色。」這樣一來，大家都不用參禪了，只要靜坐到一念不生時，或者是專心聽法而一念不生，那就是開悟了，那大家還要打禪七幹嘛？也許你提出問題說：「這個心好像不對欸？」他可能會回答說：「怎麼會不對呢？這個心沒有相。既然沒有相，那就是空性。」聽起來又好像對，但其實一念不生的離念覺知心，還是有相的。爲什麼有相呢？因爲祂在六塵相當中不斷的運作，不斷的接觸，不斷的執取，不斷的作種種了知，了知就是分別，那就有分別相了，怎麼會是沒有相呢？當然有相！祂有種種的相，除了依他起性的法相以外，還常常會在六塵中打妄想，作不如理作意的思惟，這就是祂的「心的相」。

可是「心眞如」，從來不在六塵當中起大的分別、小的分別、微細的分別，統統都沒有，連對六塵的了知都不會有，這才是眞的無分別相，這才是無有諸相，因爲祂離見聞覺知。這個眞如心，爲什麼叫作究竟呢？爲什麼叫作平等呢？因爲乃至你修行到佛地以後，同樣還是這個心，同樣是這個第八識。不會說你修行成佛後祂變成第九識、第十識、第十一識、第十二識，沒有！同樣是這個第八識。所謂第九識、第十識也只是將第八識心體改換一個名稱而已，同樣還是這個第八識。所以說，祂是「究竟」的，到最後就是祂，沒有別的心體，所以 馬鳴菩薩說祂『究竟』平等」。

心眞如的「平等」性，是說一切眾生都具足，不會因爲你是天主，所以你的心眞如第八識就比較大；不會因爲我是螞蟻，所以我的心眞如就比較小，沒這回事兒。金翅鳥是旁生中最大的，沒有任何旁生身體比牠大；牠的身量那麼大，那牠的眞如是不是比螞蟻大？還是沒有差別！如果螞蟻的心眞如比牠小的話，那可能未來世想要轉生到金翅鳥的時間，還得要等到幾千萬劫以後，要等待和牠的業一樣的螞蟻的第八識都聚集起來，才可以轉變成一隻金翅鳥，那怎麼可以叫作「平等」呢？

心眞如並不是有形有色的法，所以祂對於小螞蟻，可以遍身執受；對於大鵬金翅鳥，也可以是遍身執受。但是，如果離開了這個五陰，都同樣是平等平等無有差別；也就是因爲業報的關係，使祂執取不同的色根、不同的身根，因而有此差異，但是能執受一切大小身的體性是同樣無差別的。此外，從心眞如本體來說，絕對平等，同樣離見聞覺知。大鵬金翅鳥的離見聞覺知眞如，也並沒有勝過小螞蟻的眞如。祂所生的七轉識，是由於五色根的差別，因此有所差別，那是業報的關係，但是所含藏在心眞如中的功能性卻是完全一樣的，都無差別。小螞蟻業報受完了，有一天成爲大鵬金翅鳥的時候，也不會輸給現在大牠許多的金翅鳥。乃至直到未來究竟佛地的時候，跟十方諸佛完全平等，都是具有同樣的體性的，所以祂眞的是平等相。

「永無變異」，是說心眞如的體性永遠都是那樣的，一直到究竟佛地時才會與五別境、善十一心所法相應。一切的有情都是這樣，在因地的時候，都是離見聞知覺性，都一樣是不作主性、沒有思量性，統統如是。所以說祂永無變異——除非成佛——心眞如自體始終如是。

「不可破壞」是說沒有人能破壞你的眞如，如果有人恐嚇你說：「你不來信我們的神，我們全知全能的神就會把你生命的本體毀壞，讓你永遠斷滅、灰飛煙滅。」你就告訴他：「你們的神，好愚癡！他並不瞭解眞實相是什麼，他最多只能破壞你的七轉識，只能破壞你的六轉識、破壞你的色身，但是心眞如不可破壞，他自己的心眞如在哪裡？他自己都不知道，只是一個凡夫罷了，根本沒有能力來破壞你的心眞如本體；甚至連更粗淺的意根他都破壞不了，所以你如果得罪他，就算他害死你，死掉轉生到未來世去，他又找不到你，如何破壞你的眞如本體？你的萬能的神根本沒有那個能力，所以沒有什麼好怕的。」而且他們的萬能的神，根本就不是萬能的，他連佛教正法中的某些護法神的威神力都沒有，有什麼好怕的？

「離心攀緣、無有諸相」的體性，具備了究竟性、平等性、永無變異性、不可破壞性，其實只是在說一個心，就是心眞如。因爲具備了這樣的體性，所以祂不但是「眞實」，而且是「如」；「如」就是自由自在。破參的人都知道，如果你決定自殺，由很危險的地方往下跳，祂就跟著你跳，祂根本不跟你作任何的分別。

面臨死亡時，你說：「我得繼續活下去，因爲我家財萬貫，事業這麼大。」你捨不得走，但是祂不分別，色身壞了祂就走，祂不幫你。祂就是這樣的體性，眞實不壞，所以是「眞」；祂的心性就是如，不管你快樂也好，悲傷也好，祂始終是如如不動其心，所以合起來就叫作「眞如」，《起信論》中馬鳴菩薩說祂是「心眞如」。

而這個心眞如，誰都沒有能力來破壞祂；號稱萬能的神——耶和華——他也沒有能力來破壞任何一個有情眾生的這個眞如心；耶和華只是一個凡夫天，他連自己初禪都沒有證得，他連自己的眞如心在哪裡都不知道，如何有能力來破壞別人的眞如心？縱使是諸佛廣大威神之力合爲一力，也一樣不能破壞任何一個有情眾生的眞如心體；祂就是這種體性，所以說祂才是眞實常住不壞的究竟法，所以說祂是眞非妄。十方法界中，找來找去，除了這個心體以外，沒有別的心體或任何一法可以是常住不壞的眞實性；既然只有此心常住不壞、性是金剛，所以說「究竟平等、永無變異、不可破壞，『唯是一心』，說名眞如。」除了這一個心體以外，就再也沒有任何心體可以是眞實而且在萬法始終如如的心了，所以唯是一心。

論文：【以眞如故，從本以來不可言說、不可分別，一切言說唯假非實，但隨妄念，無所有故。】

講解：因爲祂就是這樣眞實的常住、存在，而且在萬法中永遠都如，這種體性境界，只有證悟了以後才能了知，凡夫眾生與二乘聖人都無法了知的；縱使眞悟的菩薩們把祂說出來的時候，他們所說出來的語言文字也已經不是這個心眞如了，所以從無始劫以來，祂一直是不可言說的；而且，佛也告誡眾弟子不可明說祂的所在密意；除非你悟了，不然再多的言語爲你說明，還是不知道祂究竟怎麼回事，因爲你無法體驗祂、領受祂的體性。如果沒有證悟這個自心眞如的所在，再怎麼爲你解說祂的體性，你還是分別不出來，不曉得到底自己的心眞如在哪裡，所以說不可分別（但是對於已經證悟的人來說，卻是可以為人分別的），因爲還沒有悟的人是絕對無法如實的爲人分別宣說的，所以從無始劫以來都無法分別這個心眞如；至於證悟者出來說法時，關於心眞如體性以及眞如心體的一切的言說，統統都是假的，都不是眞的——只不過是言語施設，用來幫助別人證悟祂而已。

有的人不瞭解這話的意思，就說：「你看！蕭平實自己都說一切言說是假非實，說出來的言說並不能顯示心眞如，而心眞如不可言說，所以這個心眞如也是假的。」其實眞如心體不假，但是關於心眞如的言說則是假的，因爲這個言說並不是眞如自體。因此說，所謂的眞如講出來時，這個「眞如」的概念已經隨妄念而生。當你告訴人家什麼是眞如，聽到的人是由妄念而生「眞如似有」的假相，說的人也是從妄念中說出有關眞如的言說，所以言說唯假非實。凡是說眞如的語言文字——包括經典在裡頭——都是唯假非實，都是隨妄念而生的。所以眞如這個名字根本無所有，只有你自己去證驗祂、去領受祂的體性，住在那個境界中來親自體驗心眞如的運作和體性，那才是眞的實證，言說全部都是假的；所以我們應該藉著言說的指示，來親證心眞如的所在，來親自體驗祂的體性。

論文：【言眞如者，此亦無相，但是一切言說中極；以言遣言，非其體性有少可遣，有少可立。】（註：「少」字謂「稍微、一點點」之意。讀作稍。）

講解：我跟大家解說眞如這個法，所說的這個「眞如」也只是一個名詞、聲音而已；當我跟大家說眞如的時候，諸位能不能聽聞聲音而從聲音本身裡面證到眞如？從你所聽聞的聲音中是找不到眞如的。眞如是空性，怎麼可能在物質法的聲音裡面聽「得」到？你是聽到「眞如」這個聲音，你並沒有聽「得」眞如。我跟你說眞如，你也沒有瞭解到眞如這個聲音是什麼，所以眞如這個聲音也只是聲音，這個眞如兩字的聲音並不就是眞如心。

這意思是說，我跟你說眞如的時候，眞如本身還是無相的，還是沒有聲相的。但是我跟你說出「眞如」兩字的聲音，這卻是言說裡最究竟的語言。爲什麼是言說中最究竟的語言？因爲三界中所有眾生所說的一切世間法、出世間法的層次中，最高的語言層次就是講眞如，所以當我們宣講眞如的法性時，這個宣講眞如的聲音就是三界語言之極致，所以 馬鳴菩薩叫它爲「極」。言說裡面最究竟的話也叫作「極」，所以我以言說來說明眞如的時候，這個言說就是三界最究極的言說。可是，「眞如」兩字這個言語，雖然是言說的終極，但終究只是言說而已，這個眞如的聲音或文字並不就是心眞如自體。當我現在告訴你眞如「此亦無相」，最多也只是言說的極致，但我是以這句「此眞如亦無相——沒有聲相」的話，來遣除眞如在你心中的名詞聲音，希望讓你離開言語聲音相，而直接證得心眞如自體；可是我這句話能不能把眞如本體遣除掉呢？不行！不管你的言說還在不在，心眞如都始終繼續存在而不能被遣除的，因爲祂是金剛常住性的緣故。

「非其體性有少可遣」，「少」字古時候讀作「稍」，也就是我們所說的「稍微」的意思；這句話的意思是說：「**言眞如者，此亦無相，但是一切言說中極。**」「但是」就是「只是」。只是一切言說裡面最究竟的言說而已，所以說「但是一切言說中極」的意思，就是「以言遣言」而已，也就是用「眞如無相」的話，來遣除你對有相眞如的執取，以免證錯眞如心體；但是，心眞如本身，祂的眞實存在、永遠如如的體性，卻沒有一點點可以讓你遣除掉的。不管你如何遣除，心眞如的體性恆常都是不動的。但是你說要遣除掉，那不是都沒有了嗎？所以我還是要建立一個眞如，不立不行！不然就變成落入斷滅空了，那就不信有心眞如了，又如何會起心動念去求證祂呢？就會永遠無法親證祂了！

可是當我建立說「心眞如是時時存在的」，我如此建立的時候，其實也是立不了祂的，因爲祂本來就在，不需要我來建立祂；我作這個建立的目的，只是讓你們知道祂是確實存在的，因此可以起心想要求證祂，證得的時候就會生起般若實相智慧，這就是我建立「心眞如確實存在」的目的。祂的體性其實並沒有任何一個可以讓我們遣除掉的地方，也不是因爲我們的建立就能使祂存在，而是祂本來就存在的，沒有一點點是由我們來施設建立而有的，所以說「非其體性有少（稍）可遣，有少（稍）可立」，心眞如的體性就是這樣，我們根本不能遮遣祂，也不能建立祂。

對於已經證道的人來講，他會看到一個事實：所謂全知全能的上帝，縱使有一天基督教的上帝眞的歸依佛陀而證悟了，而知道某人的心眞如的所在，當他不喜歡某一個人，而想把那個人的眞如心遮住，讓他找不到眞如；其實還是不行的，因爲上帝永遠都是遮不了的；即使有一天他歸依三寶而學禪、而證悟心眞如的所在了，他還是作不到的，永遠都遮不了的，那個被他所厭惡的人的心眞如，還是永遠分明的顯現出來，上帝只會因爲想遮而遮不住，而氣壞自己，沒有任何辦法實現他「想要遮住那人眞如心」的惡心。所以，不需要你去遮住祂或遣除祂，祂本來就是那樣，法爾自性如此顯現，沒有任何一個外法可以遮、遣祂；而我們所說的言語，都只是爲了幫助大家去找到祂，那些言語雖然都是世間語言之極，卻也都不是心眞如自身。

論文：【問曰：「若如是者，眾生云何隨順『悟、入』？」答曰：「若知『雖說一切法、而無能說所說，雖念一切法、而無能念所念』，爾時隨順，妄念都盡，名爲悟、入。」】

講解：這個部分所說「眾生云何隨順悟入？」請大家把論本中這一句的悟入兩個字加個引號，括起來；然後再於「悟」與「入」兩字中間加個頓號（、），因爲「悟」與「入」是兩回事，不是一件事。譬如有一個關於《法華經》的故事：有個人，人家都稱他爲「念法華」，他去問六祖，六祖說：「我沒聽過法華經，那你先唸經文給我聽聽吧！」他唸唸唸的，唸到一半，六祖就說：「不必再唸了，我知道意思了。」爲什麼不必再唸給他聽了？因爲《法華經》裡所說的無非就是「開、示」與「悟、入」，也就是「開佛知見，示佛知見，悟佛知見，入佛知見」四件事。六祖知道經中所說的意思就是在這四個字上，所以叫他不必再唸經給他聽了，就開始爲他講解。所以，「悟」與「入」是兩回事，不是同一件事：是兩個層次、兩個階段。悟了而不能入，就是我見還沒有斷盡，不能確實轉依心眞如體性的人。

有人問：「照你這麼說，心眞如的體性法相如果是這樣，那眾生有什麼辦法可以悟、可以入？」沒有辦法了！要怎樣才能悟、才能入？你講得那麼玄那麼妙，眾生如何隨順你所說而悟入？眞的有困難。我們的論主 馬鳴菩薩的答覆是：雖說一切法、而無能說所說，那就是悟了，悟了就會入實相般若境界了。如果能知道雖然念一切法，但是沒有能念與所念，這時候只要隨順一種狀況，把妄念——虛妄的想——全部除掉，這樣就是證悟而進入般若實相。這樣說過了，大家懂不懂？還是不懂！這比我們在《禪—悟前與悟後》書中所說的還要難懂。

但是因爲眾生喜歡這樣：你說得越難懂，他就越崇拜你。他心裡會想：「這個人說的法，我完全聽不懂，可見是很深妙的法，一定是位大師。」其實他所說的法，他自己也不懂，只是照本宣科，根本沒有能力加以發揮；如果強要加以發揮的話，有一天就會被後來證悟而知道他的落處的善知識戳破。但是眞正的善知識說法的時候，眾生也是聽不懂的；這是因爲只有眞悟的人聽了才會眞的懂得，也因爲 佛曾告誡菩薩們不可明說密意，所以只好隱覆密意而說正法，那就只有證悟的人聽得懂了；可是證悟的人不會去戳破眞善知識所說的法，因爲沒有錯誤可戳的緣故，也沒有能力去戳的緣故。雖然眞善知識宣說眞如絕妙深法時，未悟的人還是聽不懂，但是卻可以漸漸釐清佛法的理路，了知佛法的主要內容與見道修道次第。可是善知識說法時，卻一定要隱覆密意而演說正法，因爲五濁惡世的眾生大多是小根器的人，得要辛辛苦苦地自己參出來，才會有智慧安忍得住，也才會懂得珍惜他的所悟，如果容易悟，他就不會珍惜，我見也將斷不了。所以有的祖師就得要講得很玄，讓你弄不清楚；等你證悟了，弄清楚了，就會知道祖師爲什麼要講得那麼玄來遮障你，因爲眾生善根與福德普遍不夠，多數的人悟了也不會相信，悟了他也不信受，所以就得要說得這樣玄妙，甚至於常常會用偏中正的方式來開示，讓眾生常常落到偏裡去，悟不到其中的正理——心眞如。

我的《公案拈提》裡面，講得很玄妙嗎？其實不玄妙！我覺得都是明講明說的，也有許多已悟的同修們說我講得太白了。可是外面的人還是讀不懂，讀不懂的人在評論時會有兩個現象，心存好意的人說：「他講得很玄妙。」心存惡意的人說：「他講的都是無頭公案，根本沒有頭緒，讀了也是白讀。」馬鳴菩薩說：「雖說一切法、而無能說所說」，確實是很玄很妙，可是對已悟的人來說，這一句話卻一點兒都不玄不妙，心眞如一天到晚在爲眾生說一切法，可是你如果要問說：「祂有所說、有能說嗎？」沒有！祂根本從來就沒有能說與所說。眞如心體又沒有嘴巴，又沒有眼睛，又沒有耳朵、沒有鼻子，也沒有舌頭可以講，祂哪有所說？哪有能說？祂一天到晚在說一切法，剎那剎那都沒有停過，可是你得要聽懂，聽懂了才知道祂「雖說一切法、而無能說所說」。如果知道了眞如「說一切法卻無能說與所說」，那你就是悟入了，你的虛妄念就會開始漸漸的斷除了。

佛曾經講過：「我某夜在菩提樹下成最正覺，我說法四十九年，到某夜我才入涅槃。但是，於成道和入涅槃中間的四十九年間，我不曾說過一個字，不曾說過佛法，我也不說『一切法是佛所說』。」人家說：「奇怪！明明您成道四十九年，說法說了四十九年，怎麼會沒說過？怎麼沒說過一個字？那三乘經典又從哪裡來？」可是，佛說「我沒有說過一個字」，那是從心眞如自身的體性、心眞如自身的立場來說的，眞如自身哪裡有說過法？沒有嘴巴哪能說法？可是證悟以後的人卻說：「世尊！您雖然沒有開口，可是您常而不斷的爲眾生說法，四十九年中沒有一剎那停過。」這就是「雖說一切法、而無能說所說」。

還沒有證悟的時候，你就弄不清楚「沒有嘴巴卻能說法、沒有耳朵卻能聽法」，眞奇怪！眞是妙！眞夠玄的。可是等你破參之後，你會覺得：「這有什麼稀奇？本來就是這樣！」這就叫作「金屎法」，不會的時候，認爲禪宗這個悟比黃金寶貴多了；可是悟了之後，覺得它比狗屎都不如；因爲把你的心眞如想要送給別人，也沒有人會要祂，大家都只會想要他自己的。但是，眞的比狗屎不如嗎？倒也不然！這意思是說，法雖然妙，對悟的人來說並沒有什麼，雖然沒有什麼，卻能使你的智慧源源不斷的漸次出現。從找到這個自心眞如開始，一天、一天都是不一樣的，你自己不會有感覺，可是你破參之後，過了十天半個月，當人家遇到你，會覺得你現在講話跟以前大不一樣了，可是你並沒有感覺你有什麼進步，你不知道。別人感受則完全不同，這就是說這個「玄而妙」的法你已經知道了，你已經證入「雖說一切法，而無能說、所說」的道理中了。

「念一切法、而無能念所念」，「念」是別境心所法，五心所法之一。欲、勝解、念、定、慧，這裡面的「念」心所，就是「於所經事、憶持不忘」：所曾經歷過的事情能把它記住。憶是憶念，憶念之後執持住它，不會在以後忘掉了，這就是「念」心所法。眞如心體能「念一切法」：有時候你覺得這件事不很重要，所以漫不經心的把它給忘了，後來哪一天你突然須要了知這件事情的來龍去脈，就覺得很重要，可是卻怎麼都想不起來了，每天一直想、想、想，老是想不起來；但是往往後來有一天，你不經意的時候，也沒有在回想它，它卻突然的迸了出來。可見那不是你所記住的，而是你的心眞如幫你記住的。所以，一切法祂都記住了，甚至包括你過去世的事，等你心比較清淨的時候，突然一念之間它就出現了。有一天，當你心清淨了以後，你會突然瞭解過去世作了什麼；這並非一定要入定才會知道，這就是眞如心體幫你念住，「念」就是記住。

所以「念」佛就是要把佛記住。如果嘴巴唸著 阿彌陀佛聖號，可是心裡都不是在想祂，不把祂記住，胡思亂想一遭，那就不叫念佛，那叫作嘴巴在「唱」佛，心裡沒有在「念」憶著佛，那就不叫「念佛」，要在心裡想著、叨念著，那才叫作念。所以眞如心能夠念一切法，把它們記住；但是，你說祂有記住嗎？你根本找不到祂在什麼地方記住一切法。意識可以記住種種法，眞如也能記，各記各的；但是明天遇見你，你還記得我；到下一輩子就不記得我了，最多只會覺得對我很親切、很熟悉，這就是意識配合眞如心而完成的念心所。但是眞如心的念，卻不是五別境中的念心所，只是提供意識心突然憶念起某事、某法的因緣罷了，不是像覺知心想念起某些人、事、物的念心所，這個念是在一切種智中的第八識自體的層面上來講的，不是在蘊處界的七識心的層面上來講的。

下一輩子也許你入在定中、或在夢中，突然又記得某一個人過去世是誰，作了什麼與你有關的事情；可是那不是你記憶的，那是心眞如記的，祂能念一切法。因爲祂能念一切法，所以你能在今生造業與受報。我們大家這麼順利的去造業與受報，都是祂念持、記住的，可是你說祂有能念所念嗎？又沒有！你根本找不到祂在哪裡？祂又無形相，什麼都沒有，還能念什麼？我們的六識心，至少還能依勝義根而有所記憶，科學家醫學家也證實說：我們的腦可以記憶多少影像，超過的部分就會忘記了，但是這些忘了的部分，在未來世中還是有時會現起的，這些忘記了的影像又是誰幫你記住的？當然都是眞如心體所記憶住的，就是祂的五別境以外的三界「外」的「念」心所。

因此，你如果知道祂能念一切法，而又無能念與所念，然後你去隨順祂，包括前面的「說一切法、而無能說與所說」，這兩個都具足了，你就可以轉依於祂的具足萬法的功德，也轉依於祂的清淨自體性，你就隨順這個境界，隨順這樣的智慧，從此以後，多刹那或多天、多月的虛妄想「妄念」也漸漸的轉滅盡了，「妄念」盡了就叫作悟入；這就是永伏性障如阿羅漢的通達位初地菩薩的心境，已經具足眞見道與相見道的功德了。這樣悟入了以後，漸漸修正自我的心行、口行、身行，自我中心的執著也就會漸漸的消除了。

論文：【復次，眞如者，依言說建立有二種別：一、眞實空，究竟遠離不實之相，顯實體故；二、眞實不空，本性具足無邊功德，有自體故。】

講解：眞如這個心體（以真如一名來指稱第八阿賴耶識心體，不是種智上所說阿賴耶識心體所顯現的真如法性），從言說上來講祂，而不是從祂的自體上來講，馬鳴菩薩說祂有二法差別。現在這裡說眞如有這二法差別，是不是在境界上有差別之相呢？是不是智慧的境界差別之相？也可以說是。這兩個差別還是從妄念來，唯有眞如心體本身才是眞實的，從心眞如配合七轉識而生的一切法相——譬如眞如這個名相——都是妄念，這個妄念是由於七轉識的分別性而產生的，但是這個言語妄念本身雖然是虛妄的，所述說的理卻是正確的，因爲可以使人因此親證自心眞如。

兩種差別相的第一個部分叫作眞實空，「眞實空」是說祂處在虛妄法中卻又究竟遠離不眞實的法相，而顯示了眞實體。心眞如爲什麼是眞實空？那得要從非眞實空來說起，非眞實空是說衆生有六識在諸法諸境界上作種種虛妄分別，心眞如本身卻不作虛妄分別。衆生色陰、受想行陰以及識陰的七轉識，都是虛妄法，它不是眞實法。可是第八識心眞如則是眞實存在的法，也能出生萬法，但是因爲祂無形無色所以叫作眞實的空。

色身不是眞實空，它有形色，也是虛妄無常的法，所以終歸於空，所以說是空；色身，以人來說，這個時節的人大多活不過一百歲，就算活一百四十歲好了，還是得死，所以那個色身的「空」不是眞實的空，它是虛妄相的空。因爲色陰的空是由於虛妄法的無常性、不住性，所以說它是空；然而心眞如是眞實的空，本來沒有任何形色，從來不壞，但是卻眞實的存在著，所以是眞實的空。

涅槃是從心眞如的不生不滅而建立的，涅槃之名固然只是名相，可是涅槃有其本體，本體就是心眞如。我們說涅槃以心眞如爲體，印順法師說眞如以涅槃爲本體，又說眞如就是滅相不滅，說蘊處界滅失以後而永遠不再出生蘊處界，這個滅相不再消失——不再有蘊處界出生——這個滅相就是眞如。他並未證得心眞如，但是卻著書廣說眞如，這就得探究他所說的眞如是什麼？他所說的眞如是如如不動的，他所說的眞如是不生不滅的，但是他的不生不滅、如如不動，卻不是有一個空性心如如不動，而是一切法都滅盡後的「一切法空」叫作涅槃，以滅盡一切法後的空無境界而稱爲涅槃，把這個涅槃叫作眞如。如果眞是如此，那麼斷滅見的外道所說的境界豈不統統都是眞如了？這種斷見的知見，在末法時代很常見，我們必須把這種錯誤的知見扭轉過來；好在如今能接受正見的人越來越多了，佛教的了義正法還是有弘傳的前途與遠景。

經中 佛說涅槃以心眞如爲體，說涅槃是以阿賴耶識心爲體，所以說阿賴耶識同於涅槃，也就是說，心眞如在斷盡煩惱種子現行的時候，一念煩惱的種子現行已經斷盡的時候，不再輪迴生死了，這叫作涅槃。這個涅槃是以心眞如不輪迴生死的狀況下而建立爲無餘涅槃；所以涅槃其實並沒有一個東西可以叫作眞如，也沒有一個法可以叫作涅槃，涅槃就是心眞如自身所住的境界相。

在以前還沒有破參的時候讀《大般涅槃經》，對於「涅槃就是眞如」這個意思，實在搞不清楚，想不通涅槃與心眞如會有什麼相關。可是找到眞如心之後，就可以了知四種涅槃了，就不得不確認涅槃其實就是眞如心體的另一個代名詞。因爲知道眞如心的自性就是涅槃，輪迴生死當中祂照樣沒有生死，你輪迴生死時祂還是無生也無死的涅槃，乃至阿羅漢證得無餘涅槃的時候，那個境界其實還是他的本來自性清淨涅槃，所以兩者其實還是沒有差別，只是祂不再繼續受生而已。

涅槃是依心眞如不在三界中出現的現象而叫作涅槃，所以涅槃是依眞如心體而立名，不能像印順法師一樣顚倒過來說眞如是依涅槃而立名。涅槃其實是以心眞如爲體，眞如既然能夠顯現涅槃性，當然祂就是眞實的空性，而不是五陰、十二處、十八界無常的空，那是虛妄法的空相。

第二個部分說眞實的不空：眞實不空是說我們的自心眞如，這個第八識，祂的本性具足了無量無邊的功德，祂有眞實的、不屬於三界六塵法中的自性。

一般人聽到功德兩個字，往往都會認爲功德是個虛無飄渺的、只能意會而不能言傳的，摸不著、體會不到的。其實，功德應該是可以證驗的，才能稱之爲功德。功，是說能夠自利及利他；德，是說它有眞實的作用。

我們學佛的過程當中，常常聽人說：「這一個眞如心是一個空性，只可以意會，不可以言傳，摸不著、觸不到，不能說、也不能證驗。」這樣錯誤的說法，很多年以來，一直是根深柢固的存在臺灣，乃至流傳在全球一切大乘佛法弘傳的地區；但其實不然，自心眞如，祂有眞實的自體性，這個自體性又稱爲自性，這個自性並不是常見外道所講的意識的自性，不是覺知心的自性。

往往有人聽說某某人證悟了，悟後他說：「眞如確實是有自性的，不是虛無飄渺的。」那麼那一些惡取空的凡夫聽了，他不懂佛法，似懂非懂的半吊子，他就責備說：「你認爲有個實體法，有自性的眞如，這就是自性見。」他也不想瞭解你所說的心眞如的自性和常見外道意識的自性有什麼差別，根本就不想瞭解。聽到你說心眞如不是想像法，確實有自性可以體驗，馬上就給你扣上一頂帽子，說你是自性見外道。

三年多以前（編案：這是指一九九七年的事情），有位在佛教界蠻有名的比丘尼寫信來，我們也就覆信給她。談到如來藏，我勸她說：「妳這麼好的人才，應該成爲佛門龍象的，爲什麼不求三乘俱通呢？爲什麼只在二乘法上修學、弘傳呢？如來藏是眞實可以驗證的。」這位法師後來回信，大意是說：「你主張有如來藏，堅持有如來藏，就是落入自性見中。」我本來是想幫助她證悟的，就像是初出道時去見淨空法師，想幫助他證悟的心情一樣，可是讀過她的來函以後，我看她證悟的因緣還沒有到，所以就把那個信按下不回。過了一段時間，《眞實如來藏》出版了，我在扉頁上提了幾個字，大意是說：「沒有證悟如來藏的人，才會落到自性見裡面去；證得如來藏的人，是眞實無我的，絕不可能會有自性見的。」簽了名，用掛號寄去給她；包括印順法師，我也用掛號寄去一冊。過了十幾天，她回我一張卡片，說希望要跟我見個面，要「切磋」佛法。可是我看她回卡上講的是「切磋」佛法，那表示她並不是要「求法」，我認爲她的證悟因緣還沒有到，所以就把那張回卡擺著不回，現在還擺著，還在等：等因緣。好得不得了的一個人才，被印順法師誤導了，救不回頭，眞可惜！

這就是當代中國佛教界非常普遍的現象，臺灣如此，大陸也是如此；凡是你說到「如來藏眞實有，祂確實是有自性可以證驗的，不是虛無飄渺的」，他就跟你扣上一頂自性見外道的帽子，罵你是自性見外道。如果說如來藏只是一個語言名詞而沒有眞實的自性，那就應該像是虛空一樣，或是像兔角一樣，是虛無飄渺的想像法。怪不得印順法師講般若是叫作「性空唯名」，說般若就是「一切法空」的虛相法，不是實相法，那就是說一切法的體性都是空，沒有什麼東西是眞實常住不壞的金剛性，所以一切都空，所以如來藏也只是一個名相而已。如果說般若只是在說一切法緣起性空，如果如來藏這個法只是一個名相而不是實有的心體，佛又何必來人間四十九年辛辛苦苦的說法？還要受生、再去出家、六年苦行？然後才證悟而辛苦的到處遊行說法？僧團又不許養牲畜，連馬都沒得騎！也是因爲慈悲而不忍騎，所以 佛都是用走路的。祂從菩提迦耶走路到鹿野苑大約二百公里，這樣辛苦的弘法度眾，結果所說卻是印順法師的同於斷見外道所主張的一切法空的斷滅見，這樣祂老人家來人間辛苦八十幾年，有什麼意義呢？只要說一句「**我的法和斷見外道所說的緣起性空一樣**」，就可以離開了。但是，大家想想：這樣會是眞正的佛法嗎？

所以說，心眞如就是般若的體。諸佛菩薩所證悟的般若，都同樣是以心眞如爲體，般若的證得是要以如來藏的親證爲實質，才能夠發起的。如果沒有這個心眞如可證，如果眞如就像印順法師所講的「**一切諸法皆空，滅了以後，然後那個滅相不滅，那個滅相不滅而一直存在就叫作眞如、叫作涅槃。**」但是這個見解，斷滅見外道早就講過了，不需要你印順法師來講啊！不需要你印順法師以佛教的教相和佛法的法相來講這種斷見論、無因論啊！所以，心眞如是如實法、是眞實法、是具體的，可以證得的，不只是諸經中的假名言說而已。因此呢，我說眞如心，祂眞實不空。

眞實不空，是說眞如具足了無比的功德性，具足種種的無漏有爲法，不是只有名詞而已；怎麼樣的具足呢？前面講過，祂能執持各類種子：貪愛的種子、善業的種子、惡業的種子，以及一念無明的煩惱障種子。因爲能夠執持，所以才有死後的入胎而有眾生的三世輪迴；有眾生的三世輪迴，所以就有了色陰；有了色陰，所以心眞如就藉著意根與色陰而生起了其餘的十七界法；有了十八界法，所以有了世間的無量無數法。

歸根究柢，歸納到最後，還是從心眞如而來，所以說眞如心體——第八阿賴耶識——具足了無量無邊的功德；世間的一切法以及出世間的一切法，統統都是由心眞如而生。如果沒了眞如心，不要說你能來這裡聽我說法，你根本就不可能出生，晚上回家一睡覺，明天就再也醒不過來了，甚至於根本就回不了家。可是他們不能證得心眞如，所以就對心眞如產生了種種的幻想。

心眞如的眞實不空，最主要的有兩點：第一點是祂能出生一切法；第二點是祂能在自己所出生的一切法中顯示出了無爲法。無爲法依眞如心體第八識而顯，如果沒有眞如心的話，也就沒有無爲法可以修證了，因爲涅槃無爲這個出世間法，就是依心眞如自體而立名的。六種無爲：虛空無爲、不動無爲、擇滅無爲、非擇滅無爲、想受滅無爲、眞如無爲等等，不管是哪一種無爲，都是依眞如自住的不同狀態而建立的，所以說祂確實是有眞實的自體性，不同於意識境界的外道神我的自性。

心眞如的自性是一切證道者所共同皆知的事情，你知、我知、佛知、菩薩知，但就是天不知、地不知，天人也不曉得這個心眞如的實相境界，除非那個天人是菩薩示現的。證得眞如的人，雖然都用隱語來說、都是隱覆密意而說，但是大家都可以互相心照不宣。因此說祂不是「無自體性」的。如果祂是無自體性的話，只是一個名稱的話，那麼禪宗一千七百則的公案，那一些證悟的人互相之間用公案在溝通的時候，就無法達到互相心照不宣的效果。就是因爲祂有眞實的自體性，確實有祂的本體存在。證悟的祖師正因證得心眞如的緣故，所以互相之間可以弄出無量無數的公案，可以讓同樣證悟的人作爲互相溝通的般若見地的來源。

論文：【復次，眞實空者，從本以來一切染法不相應故，離一切法差別相故，無有虛妄分別心故。應知眞如非有相、非無相、非有無相、非非有無相、非一相、非異相、非一異相、非非一異相。】

講解：眞實空，是說從本以來——從無始劫以來——祂本來就是這個體性。祂的體性就是與一切染法不相應，所以不同於「三界有」的種種法。眾生的七轉識總是貪愛好的，討厭不好的，貪愛漂亮的，討厭醜的，貪愛順自己的境，討厭逆自己的境。可是所有的眾生自己身中的心眞如，都與這些染法不相應。

厭惡惡法的人就是善人，善人行善就生欲界六天；厭惡善法的人就是惡人，惡人就落三惡道法中。因此說造作惡業是染法、貪求是染法、造作惡業而討厭作善業也是染法，造作善業而討厭惡業也是染法，因爲這種人貪求後世的善業果報。貪求後世的善報是求什麼呢？就是求後世的五欲樂！這也是染，因爲會讓眾生輪迴於三界當中，永遠都無法出離，所以行善而生貪，那也是染。

但是，自心眞如和你在一起，你貪求世間法的時候，或者你厭惡世間法的時候，祂一向都不起心動念，也不作任何的分別。這個意思就是說，祂和一切染汙的法、輪迴生死的法都不相應，祂不會造作任何會讓你生死輪迴的法，所以說祂「一切染法不相應」。

眾生造作輪迴生死的法，都是由於貪愛、瞋恨，起無明——不如理作意。但是眞心如來藏——心眞如——連妄念都不會動一下，哪裡會有所謂的不如理作意啊！永遠沒有！所以說祂「一切染法不相應」。換句話說，不管你的覺知心在什麼狀況下貪求、討厭，祂始終是清淨性的安住著，都不動其心。這個就是說祂不像眾生同有的覺知心與意根末那識，常常在作主、在思量、在考慮，祂不會。

既然沒有這個體性，就表示眞如心和遍計所執性的意根體性是不相應的，是遠離的。遍計所執的體性就是意根末那識在貪求、執著，所以處處作主、時時作主。你如果無所求，哪裡還需要作什麼主呢？眞如心沒有那種作主的念，從來不起那種作主的念，你打妄想打得一塌糊塗時，祂還是不曾打過一念的妄想；你在定中一念不生時，祂也不跟你住在一念不生的境界相中，祂都是不與一念不生的定境相應，也不與遍計執性的「妄想相」相應的，始終那樣清淨的、離兩邊的安住著。

「離一切法差別相故」，是說眞如心在一切法的差別相當中，始終是一類相同的體性，永不改變。「一切法差別相」是說眾生由於往世的種種業、種種三界邪見染污的熏習，而使得他自己受生在三界二十五有中，產生無量無數的差別。不要說二十五有的差別，光是人道好了，且不說白種人、黃種人、黑種人的差別，光說臺灣的這些中國人就好了，人人不同各如其面。每一個臉都一樣有五官，但是都各不相同，這一些差別相的產生，都和各人自己的心地、業種有關。

雖然所顯現出來有無量無數的差別相，可是每一個人的自心眞如卻都是同一個體性，都沒有差異。自心眞如在每一個人的身上統統一樣，乃至在天人，像色究竟天的天人，身長一萬六千由旬（一由旬大約二十華里，一萬六千由旬有多高大啊！）可是天人的眞如心跟你的眞如心沒有差別，他的眞如並不比較偉大，你的眞如也不比他渺小。拿他跟小螞蟻的眞如來比較，也沒有差別，證得心眞如而能現觀的時候，這個境界就叫作「離一切法差別相。」雖然由於各個有情往世的熏習，以及所造的業，導致他受生的結果顯現出來是有種種法上的差別相：但是螞蟻的心眞如、色究竟天人的心眞如，體性還是沒有差別的，這就叫作「離一切法差別相。」

「無有虛妄分別心故」，這是說大家在世間法上作種種無量無數的分別，可是眞如心並不起分別。你在佛法上的熏習，遇到一個了義的正法，愈聽愈歡喜；可是你歡喜時，祂既不喜歡也不討厭，始終是涅槃性，如如的「住而無所住，無所住而住」，所以說祂沒有虛妄的分別心。原有的七識心王的虛妄分別心，從證悟心眞如以後，漸漸的會轉變成如理作意的分別心；沒有證悟之前，都叫作虛妄的分別心，因爲祂的分別都是不如理作意的。證悟後可以現前觀察到：不管你怎麼樣打妄想，怎麼樣作善分別、惡分別，祂統統如如不動，不作任何的分別，不起分別心。

由這三個道理：「一切染法不相應」、「離一切法差別相」、「無有虛妄分別心」，而說自心眞如是眞實的空。眞實的空也叫作空性。「空性」與「空相」諸位一定要分清楚，如果分不清楚，佛法就會學壞了，就會愈學愈迷糊。

「空性」是講自心眞如，祂有眞實體性，但其體是空，沒有形色，沒有顯色、表色、無表色；「空相」是講現象界中萬法，也就是由這個空性所生出來的五蘊、十二處、十八界以及相關的一切法，全都是無常變異，全都是緣起性空，這叫作「諸法空相」。但是「諸法空相」中有這個「空性」顯現出來，與「諸法空相」不一不異，這就是《心經》講的「是諸法空相，……不垢不淨……」等，就是講這一個道理。

心眞如「非有相」，因爲祂不是物質的法，所以祂非有相。凡是有相，一定是有物質，或是有影像的，不是物質或影像的法，怎麼可能有相呢？那你說：「那這樣講的話，空氣也無相啊！那空氣也該是空性囉！」空氣怎麼沒有相？誰說空氣沒有相？你只要把手揮一揮，你就感覺到了啊！它還是色法！它有色法之相！那麼光有沒有相？有啊！如果光沒有相，怎麼會有明暗差別呢？心眞如卻離這些相的。那麼也許有人說：「眞如既然無相，叫我哪裡去找？」就是要在相中去找，祂離相，但是祂卻即相；因爲心眞如不是色法，所以不可能是有相的。既不是有相，那就是「無相」啊！如果是「無相」，你要去哪裡找祂，當然不可能找得到啊！

可是心眞如雖然「無相」——非有相，祂卻出生了一切相，與一切相不即不離。所以說，心眞如「非無相」，你雖然不能說祂無相，但如果心眞如是完全的無相，那祂就不可能出生你這一個色身，就不可能出生你每天所接觸到的五塵相。所以眞如心其實也非完全無相，你不能說祂完全無相，只是這個相不是六塵相，不是色法物質之相。禪宗的祖師就很會講，他們說「眞如離相即相」，如果證得了祂，就知道果然祂是離相即相，祂就在你們各自的身相當中，在你們各自的六根、六塵、六識相當中。但是祂離相，祂無相；祂和你們的十八界在一起，但是不在十八界內，不是十八界法所攝，但是有一種祂所單獨的法相，所以說是「非無相」。祂既不是意根、意識、法塵，也不是離念靈知，不是清清楚楚明明白白的覺知心，不是處處作主的心，都不是！可是你要找祂，卻得在十八界內去找。不可以捨掉清清楚楚明明白白處處作主的心，而想要找到心眞如。

大乘佛法很難體會的原因就在這裡：「非有無相」。有人聽到說祂不是有相，也不是無相，那應該叫作「有無相」了。可是有相與無相不能是同一個啊！有相與無相一定是兩個，怎麼可以是「有無相」呢？既有又無，不行呀！法界中，可以是「非有非無」，不可以是「亦有亦無」，有就不能是無故，邏輯必定如是。你跟他說：「不是『有無相』啦！」他就想：「那應該就是非非有無相。」那非非有無相，就變成名相了！那是你意識想來的！沒有這個非非有無相！已經成爲戲論了。馬鳴菩薩所說的這四個相：「非有相、非無相、非有無相、非非有無相」，都在顯示心眞如的非有非無體性。證得眞如心以後，只要加以現量上的觀察，就會發覺眞如心果然如是。

眞如心，有的人說祂的體性既然是離染，恆常如是，那應該只有一個相，叫作清淨相。祂是不是眞的只有一相呢？祂不是！如果祂只有這一相，就不會有諸位在輪迴生死了，所有的眾生也都不必修行就已經是阿羅漢了。如果是只有一個清淨相，如果祂不是與你的五陰十八界有連帶的關係，那你如何在你的五陰十八界當中去找到祂呢？如果說祂是只有一相，我的自心眞如和我的五陰十八界就應該是一，應該不能把祂與它分開的，那這樣子，心眞如就變成斷滅法。因爲你五陰十八界會壞啊！死的時候壞掉了一部分，心眞如也應該會跟著壞掉一部分，那眞如豈不就跟著壞掉了？因爲是同一個啊！

有的人聽到說「**我的色身是我的眞如心變生出來的**」，所以認爲「**我的色身就是眞如**」，這樣不行！爲什麼不行呢？因爲這樣一來，心眞如就會變成斷滅法了。有的人又說：「**既然不是一，那就是眞如心跟五陰、跟十八界是兩個，是分開的。**」如果是分開的兩個法，那你就應該往外面去找，不應該往你身中去找，可是向外面，你要哪裡去找？眞如與五陰互相配合的密切度，無與倫比，百萬位元的電腦都比不上祂，所以不能說祂與五陰是兩個。

你告訴他說「眞如與五陰十八界不是兩個」，他想：「**不是一，也不是二，那應該是又一又二。**」那又落入「一異相」中了，既是一、也是二。如果眞如心與五陰是二的話，那應該眞如心和你不相干！那又爲什麼你過去世所造的善業種或惡業種，往往突然間現行就讓你來受報？正因爲你跟祂不是二，是在一起的，所以能夠在你身上受報。可是如果祂能夠在你身上讓你的業種現行受報，不管受善報惡報，你就說：「喔！那這樣就是一。」若是一的話，你的五陰死了，你的眞如也就跟著死了。所以不是「一」，也不是「異」，這就是非一相、非異相。

論文：【略說：以一切眾生妄分別心所不能觸，故立爲空。據實道理：妄念非有，空性亦空；以所遮是無，能遮亦無故。言眞實不空者，由妄念空無故，即顯眞心常恆不變、淨法圓滿，故名不空；亦無不空相，以非妄念心所行故，唯離念智之所證故。】

講解：聽到說不是一也不是異，他就想：「應該是『非一異相』。」但是你得要告訴他，讓他知道這只是他自己想的一個名詞，與心眞如完全無關。因爲菩薩說妄想、妄念是從心眞如來的，有人就從那個妄想、妄念一直追上去，循著那條線索抽絲剝繭，一直找進去，希望證得心眞如。我告訴你，你這樣絕對找不到的！你如果不信我的話，繼續這樣去找，將來你一定會大失所望的，因爲祂是一個空性，沒有形、沒有色，你這樣，哪裡找得到祂？但是，祂就是這樣的一個空性，無形無色也沒有處所的，就突然間冒出來一個語言妄想、一個靈感，你如果不能細心的察覺，就跟著祂所給你的妄想而輪迴去了。

眞心如來藏因爲常不斷滅，恆不間斷，祂的體性永遠不變，所以你才能夠有一個又一個的妄念。因爲有虛妄念的種子存在，所以只要意根不安靜，祂就源源不斷的供給你無量無數的妄想種子，妄想就出現了。

祂卻是淨法圓滿，本來就具足了無漏的功德性。一切有情在生死輪迴當中，祂就是不生死；一切有情在生死當中，有種種的染污習性，祂的體性卻從來不跟你染污；一切有情在無量的生死當中，一直不斷的在運用祂的智性——本覺性——可是祂呢，卻一直都不加以了知，所以說是「一切眾生妄分別心所不能觸」。

所以韋監軍去找玄沙師備禪師說：「禪門裡面有這麼一句話，講『日用而不知』，請問禪師這是什麼意思啊？」禪師拿了粒棗子遞給他說：「吃果子。」他一面吃、一面想：「禪師怎麼不肯告訴我呢？」好不容易吃完，又問：「我吃完了，請問禪師：『如何是日用而不知』？」禪師說：「你這樣就是『日用而不知』。」祂就是有這種清淨性、涅槃性，而且具有種種無漏性的世間有爲法上的自體性，眾生每日裡都在受用祂，可是眾生就是「日用而不知」。非得要悟了以後，才曉得祂恆常不變，卻又淨法圓滿，而被自己每日受用著；也正因爲實有清淨無漏的種種有爲法，所以叫作「不空」。

我們依如來藏——心眞如——把如來藏所生的蘊處界一切染污，修行清淨而去除掉了，祂就空了。如來藏這個「我」、方便我、假名我，雖然無形無色，卻是永遠存在、永遠不空的。祂是本來就涅槃的，我們只是把染污的自己修除掉，讓本來就有的涅槃顯示出來；這個涅槃是本來就有的，不是修來的；涅槃既不是修來的，那就沒有生——無生；沒有生就沒有滅，這樣的涅槃才是常恆不變的法性，才是清淨的涅槃，並不是印順法師所講的滅了蘊處界的滅相叫作涅槃眞如。

空相，是要空掉十八界的我見、我執、煩惱，而不是把眞心如來藏這個「心眞如」給空掉。就算你想要把祂空掉，你也永遠空不掉祂！你只能把自己空掉，你不能空掉祂；佛也空不掉祂，誰都空不掉祂，要把這個眞實的假名我——心眞如——空掉，是永遠都不可能的。因爲祂的體性是恆常不滅的，心眞如的法性，本來就是這樣。然而有的人眞悟了以後卻又說：其實也沒有不空相，因爲所謂的不空，是由一個能了知萬相的意識妄心，依所證得心眞如自體，去建立有一個不空的眞如；但是證得心眞如以後，轉依心眞如的境界而安住時，依心眞如自身的立場來說，其實是沒有所謂的空與不空可說，何況是建立一個不空的眞如心？

所以說，不但妄念——虛妄想的所有念頭——都不是眞實法，都非有；但是經中所說的空性，其實也沒有眞實性，因爲空性只是一個名相，必須依照經中所說的空性的義理，去親證空性心的眞如心，那是眞正的空性；所以說，佛所遮止的在名相上執著的空性，體性非有；而能起心動念來遮止這個名相執著的覺知心，也是非有，都是無常終壞的體性。所以，在另一方面來說，空性心，因爲是凡夫與二乘聖人所不能證得的實相心體；卻由於這些凡、愚都不能證得的緣故，所以也因此故而建立爲空，但不是說祂沒有眞實的自性。

「言眞實不空者，由妄念空無故，即顯眞心常恒不變、淨法圓滿，故名不空；亦無不空相，以非妄念心所行故，唯離念智之所證故。」《大乘起信論》有兩個譯本，我們採用的譯本是實叉難陀比丘所翻譯的，他是以直譯的方式來翻譯，譯得比較如實。另一個譯本是眞諦三藏的譯本，有些地方譯得有所偏差，沒有如實的翻譯出來，但是這一段論文他譯作：「**亦無有相可取，以離念境界惟（唯）證相應故**」，翻譯得還可以，但是很容易被人誤會爲離念靈知。

心眞如被建立爲不空，還有另一個原因：由於這個第八識心眞如，祂從來空無妄念，從來不起任何一妄想法，因此而顯示出祂是眞實心，是常住心，是不變自體性的心，是本來就具足了清淨法性的心，也是本來就圓滿具足一切法的心體，所以也因此故而被稱作不空的心體。雖然心眞如是不空的，但這個不空，也還是沒有一個形色、影像可取，也沒有能見聞覺知的「見聞覺知相」可取。心眞如本身有祂自己的行相，因爲祂本來就是一個心體，而且是出生七識心王、出生萬法的心體，當然一定會有祂自己的心行；如果心眞如沒有祂自己的心行，那這個心眞如就跟石頭與木塊一樣了，就不能成辦一切世、出世間法了。

心眞如也沒有「不空」的法相，因爲心眞如的自身境界，並不是見聞覺知的妄心等七轉識所行的境界；當我們心中有一個「心眞如確實存在而不是空無」的智慧心行的時候，那已經是意識覺知心所行的智慧境界相了；心眞如自身所行的境界中，並沒有「能認知有一個不空境界的法相」，因爲祂是不返觀自己的，所以絕不會返觀自己眞實存在的不空相；這種「不返觀自己不空」的境界相，不是妄念心的見聞覺知心所行境界，是只有親證離念智的人才能知道的。這段論文的意思就是這樣，但是這個意思，只有眞正悟到心眞如的人，才能懂得我所解釋出來的這一段話的眞正意思。

心眞如也有祂自己的性用，有祂的性用、心行，所以必定會有類似五陰的行相，但不屬於五陰的行相。所以心眞如才會被證悟的祖師們所看重，才會被諸佛及菩薩們所看重。不但大家都要看重祂，而且還要借重祂的種種無漏有爲法上的功德性，才能不斷修行，直到成佛。成佛以後還不捨去祂，永遠不捨，就是因爲祂有祂的行相，能用來利益眾生，能使諸菩薩成佛，能使諸佛藉祂而成就一切種智、成就清淨法界。可是眞如行相的現行，只有證悟者才能了知，因爲 佛曾告誡不能明說的緣故。

心眞如自身沒有世間的見聞覺知相，可是祂有眞實的自性，而且還有屬於祂自己的「本覺智」。也由於心眞如自體的行相的運行，故顯示出祂確有自體性，但是祂本身一直都是離念的境界。眞如心從來都不像我們的意識心，會打妄想、起妄念，故說祂離文字相、離言說相。因爲這種離念境界「惟證相應故」，只有證得眞如的人，才能與祂相應；而且也是眞悟的人，才能因爲親證而相應到這種本來離念、永遠離念的境界相。其實每一個人都是與心眞如相應的，沒有人不與心眞如相應的。但是在沒有眞正開悟以前，是不知道這個道理的；爲何這麼說呢？等你參出來時，你就會相信，果然有此一說，不是妄語。現在為你說明了，你也聽不懂的，除非為你明說心眞如的所在，讓你自己去觀察，才會證實我所說的道理確實是正確的；但是這樣一來，反而會害你不信而謗正法，反而不利大家。

正因為祂是這樣的一個「空」的體性的法相，而說祂是空的體性；祖師也常常會教人悟後不要老是在空上面觀行和執著，以免一心觀空而想取證無餘涅槃，落入聲聞種性中，所以有時就說心眞如不空。但是你也不可以因此說祂就是有一個不空的法相，因為祂「不是妄念心之所行故」。妄念心——虛妄想的心——所運行的那些境界當中，眞心跟妄心在這個境界中同時同處存在，可是永遠都不起妄念的那一個心的心行，也就是永遠都不起妄心的各種心行的心眞如，不是凡夫與二乘愚人所能證得的，這個純粹是大乘菩薩的離念智之所證故，所以是「惟證相應故」，不是 佛所說的聲聞緣覺臆想所見，他們那些二乘聖人是只能臆想心眞如的體性與所在的，不能親證，除非迴心而入大乘別教中，參禪而悟得心眞如的所在。

「離念智」是說：你的覺知心證得了那個眞實心——心眞如，而眞實心從來無念，不是你努力修行以後才轉變成無念的；這樣證悟的時候，現觀心眞如的本來離念的清淨性，才是眞正的「離念智」。眞正的離念智，是證明自己心眞如與眾生的心眞如，都是從無始劫以來就是這樣，是恆常離念而不改變的。您悟前祂是這樣的，悟了以後祂還是一樣離念。當你悟了，會覺得好高興：「我終於找到了。」當你好歡喜的時候，祂照樣離念而不起念；你悟了，開始思惟、開始整理的時候，有種種般若智慧的念，祂卻還是照樣離念，這才是眞正的離念智。如果是證悟時無念，證悟前有念；或者有時無念，有時有念；不是悟前悟後都一樣是無念的心體，那麼這個悟就是假的，就是悟錯了。

論文：【心生滅門者，謂依如來藏有生滅心轉，不生滅與生滅和合，非一非異，名阿賴耶識】

講解：這一段話是說，有很多悟錯了的人，因為他們證不到阿賴耶識的所在，所以就用誤會了的中觀見——一切法空——來主張佛法的修證內容，認為現觀一切法空而又不落入一切法空的執著中，那就是開悟，就是證得全部的佛法了；他以這樣的邪見，來和法相唯識宗所講的「以第八阿賴耶、異熟、無垢識為中心的一切種智為修證內容」來互相諍議；由於這個「諍」議的所在，所以他們常常這樣說：「你們法相唯識宗既然在講阿賴耶識，但是這個阿賴耶是生滅識，是可以滅除的，所以你們這一派的法義就叫作虛妄唯識法，所以法相唯識宗所弘揚都是虛妄唯識的法義，應該叫作虛妄唯識宗。」他們是故意在有意無意之間把唯識增上慧學貶低在中觀之下；西藏密宗也一向都認爲唯識是方便法，不是了義法，般若中觀才是了義法；他們（主要是月稱、寂天、阿底峽、宗喀巴、克主杰、歷代達賴喇嘛）一向都說：唯識學是方便法，不是究竟法，中觀才是最究竟的法要，所以應該在學過唯識學以後，再修習中觀，修習中觀的人就能證得佛果。

然而，「般若中觀是了義法」，這句話並沒錯！但是般若中觀證得之後，也只是般若的總相智而已，總相智中還有許多的別相智，他們哪裡知道呢？縱使已經親證般若中觀的別相智，還是得要繼續修學唯識，因爲唯識是般若中觀證得之後，才能修學的，才有能力修學的；因爲唯識就是佛法中所講的增上慧學，也就是一切種智的慧學；還沒有證得如來藏的時候，修學唯識種智，都只是**聞熏習**而已，並不是眞正的修學一切種智。

眾所公認：增上慧學的一切種智是最究竟的法要，只有成就一切種智的人才能成佛；諸地菩薩親證一切種智的少分或多分，不具足的緣故，所以名爲道種智，不能成佛；等覺菩薩也是因爲一切種智還沒有具足，所以不能成佛，這都是大乘經中具載的教證事實，也是四阿含諸經中常常隱約顯示出來的正義，所以佛入滅後，所有的阿羅漢們都無法選出一人爲佛，也沒有人敢自稱是佛。而中觀的親證，也只能安住於賢位的七住以上到十迴向位爲止，永遠進不了初地心的，除非後來進修一切種智而有成績。由此可知：唯識學中所講的一切種子的妙義，才是最究竟的佛法，中觀的親證，只是進入唯識增上慧學進修的前方便而已。

此外，在還沒有證得如來藏之前，是永遠不可能會有中觀智慧的；如果有人認爲一切法緣起性空的觀行，就是親證中觀的境界，那叫作妄想中觀。還沒親證如來藏阿賴耶識以前，絕不可能發起般若中觀的智慧來；還沒有出生般若中觀智慧之前，根本就沒有能力如實的熏習唯識的法門。因爲唯識講的是「萬法唯識」，萬法統統歸結到八識心王，而八識心王又歸結到如來藏阿賴耶識心體和祂所含藏的一切種子，所以如來藏阿賴耶識才是諸法的根本，也是中觀的根本所在。既然是諸法的根本，怎麼可以輕易的否定祂呢？問題就是出在他們沒有把法貫通，然後又顛倒的高推般若中觀，而把中觀建立爲最高的法要，再將最究竟的唯識增上慧學一切種智的修證，貶抑爲親證中觀以前的方便法。但其實是：他們連方便入門的中觀境界，都還沒有證得，何況能修習般若智慧中最究竟的唯識增上慧學？因爲他們都還沒有證得第八識如來藏；沒有證得第八識心體的人，根本就不可能懂得中觀的境界，因爲中觀的境界是依如來藏所住的境界來說的，不是他們所說的一切法空的斷見。他們連心眞如的所在都還不知道，根本就沒有證得中觀的智慧；連中觀的實相境界都無法親證，而說他們懂得唯識學，而以斷滅見、否定第八識心體的邪見，來說唯識學，結果當然就變成**虛妄唯識**的斷滅法了，當然就變成否定第八識心眞如的謗法者了。

他們還有一個邪見，由這個邪見，也可以證明他們根本就沒有證得第八識如來藏，因爲他們認爲說：如來藏是一個心，阿賴耶是另一個心，這是不同的兩個心。他們不曉得阿賴耶識就是如來藏，不知道一心有兩個名稱。就像是你們在家裡被叫作媽媽，出去外面辦事時，又被稱爲某某太太。不曉得的人，就以爲某某太太和媽媽是兩人，其實根本就是同一個人。

所以，他們認爲：「阿賴耶識是屬於生滅門，所以阿賴耶識是妄識，只有如來藏才是不生不滅的。」所以有好多的法師、居士就告訴人家說：「阿賴耶識是妄識，要把它丟掉，我們證得的是佛地眞如。」可是等到你去探究他們所證得的「佛地眞如」是什麼東西時，發覺他們所證得的佛地眞如，原來還是意識，根本不曉得阿賴耶識就是如來藏。阿賴耶識經由緣起法的修行，轉變祂的種子以後，這個心體一直到佛地，甚至成佛以後還是永遠不滅，種子清淨，就是眞如。他們不懂經中所說的這個妙義，讀不懂經典，所以產生了那種錯誤的知見。

《起信論》中所講的「心生滅門」爲甚麼會惹出爭議？那是因爲他們那些否定《起信論》的人以爲：「**阿賴耶識既然是有生滅，那就不是眞實法啦！因爲佛法都說不生不滅，不生不滅才是眞實法，但是你們證得的阿賴耶識是生滅法，也是有爲法，所以你們的開悟是錯誤的。**」他們不曉得這個第八識心體有生滅門與不生滅門兩個要義，這個生滅與不生滅和合；換句話說，阿賴耶識的體是恆、是常，本性永遠不變，不生不滅；阿賴耶識所含藏的種子，是生滅門，常常在變異，所以能出生種種無漏性的有爲法；所以體是不生不滅，種子永遠在生滅。這就是《起信論》所說的一心有二門：生滅門與不生滅門和合爲一心。

我們的《正法眼藏—護法集》已經出版了，有智慧的人，讀一讀就能瞭解到：「**佛法原來是這樣的！那我還是不能批判阿賴耶識。**」我們的書，他們如果能夠理解到五分、四分，我相信他們就不敢再誹謗！所以有句話說：「**秀才遇到兵，有理說不清。**」跟那些知見淺薄而又被誤導很久的應成派中觀見的初機學人，有理也說不清，因爲他們根本就不想瞭解你所說的究竟有沒有道理，他們只是一味的否定你，只是一味信受密宗應成派的邪見，根本不想探究眞理。但是，我們其實是說得清的，我們只是不爭一時，要藉此機會慢慢的、有條有理的、廣泛從各方面把正理寫出來，讓眞正想要學佛的人，都可以學到一點東西，把那些人的謗法惡緣轉變成佛法的布施。

「心生滅門」是說七轉識依於如來藏，不能離開如來藏而有生滅門；由這個生滅門中，其實也可以往上探究到不生滅的「心眞如門」；所以在第三分中，馬鳴菩薩曾說：「**此二種門各攝一切法，以此展轉不相離故。**」就是這個緣故。如果沒有一個不生不滅的體，就不可能有生滅的法出現。如果沒有一個不生不滅的眞心，那你每天生滅的妄心，就不可能早上醒來一定會出現。因爲有這一個不生不滅的眞心本體常住不壞，來執持你這個生滅心的種子，所以每天早上你的妄心可重新再出現，你就醒過來。如果沒有祂，那你前一天晚上睡著了，你就消失了，變成空無啦，空無就是沒有法！沒有法，怎麼明天早上可以再次的無因而出現。難道第二天早上，妄知妄覺的見聞覺知心可以憑空而有嗎？不應該憑空而有！所以一定是依於不生不滅的如來藏，才可能有生滅心出現和運轉。

生滅心就是指前六識，意根則是遍計所執性的心，祂只是一個執著性，不能離開意識而獨自運作的，祂如果離開意識而獨自運作時，是幹不了任何大事的。譬如你睡著無夢的時候，就是如此，那時的意根還在啊！但是你能作什麼呢？你根本就沒辦法作什麼！得要有意識出現，有見聞覺知，意識的分別性才能發揮，才能有世間法上的利與用。這三個心：遍計所執性的意根，分別識的意識，前五識的了知五塵的心，都是生滅心，這些生滅心，統統要依不壞的、不變的如來藏，才能出現和運作，所以如來藏是不生不滅門，只有祂才能夠使得生滅心的七轉識現行運作；出現而開始與如來藏共同運作的時候，看起來是和合在一起的，似乎是只有一個心，所以說這個不生滅的如來藏與生滅的七轉識和合，非一非異。

七轉識與如來藏和合，才能運作，才能有生滅法的現行與運作，才能有作用。可是這個七轉識，不能說祂與如來藏是兩個，因爲七轉識是由如來藏所生，附屬在如來藏心體上來運作的。比如說，你的身體坐在這裡，沒在作什麼。但是手可以拿東拿西，動來動去。你不能說：這個手不是身體，雖然手不等於身體，可是手是身體的一部分。同樣的，七轉識也是如來藏的一部分，是如來藏所內含的功能差別之一，是如來藏所顯現出來的，而且顯現出來以後，也是由如來藏來配合運作的，也是在如來藏整體的表相上來運作的；所以你不能夠說，七轉識與如來藏是同一個，但是也不能夠說祂不是同一個，所以一定是非一非異的。

譬如說晚上睡覺，你的意識滅了以後。如果七轉識和如來藏是同一個的話，那麼當你晚上前六識滅了，如來藏也應該跟著滅了，因爲前六識與如來藏是同一個啊！可是如來藏完全沒有滅，而且意根也還是沒有滅，所以第二天早上意識又現行了，又有見聞覺知了；但是如果說如來藏與意識不是同一個，那就表示說：這個意識是從外面來的，不是由如來藏所出生的；那麼，如來藏在身體裡面，意識卻是從虛空或從什麼人那邊來，則意識無法與如來藏配合運作，而如來藏亦無法與意識配合運作。諸位想一想，當你早上醒來的時候，會變成什麼樣的狀況呢？

故言：不生滅的如來藏與生滅的七轉識和合在一起，不是同一個，也不能說不是同一個，這樣把不生滅的如來藏，和生滅性的七轉識與種子，合起來成爲一心，就名之爲阿賴耶識。換句話說，廣義的阿賴耶識是包含七轉識在裡頭的；狹義的阿賴耶識，是把七轉識分離出來說的。如果不分離出來說的話，眾生是無法找到阿賴耶識的。如果跟你說：見聞覺知的心，即是阿賴耶識。則阿賴耶識的涅槃性，你就找不到；祂的空性，你就找不到。只能找到七轉識的部分，這樣對你的解脫與般若慧的修證，完全沒有幫助。所以講參禪、講般若、講種智時，一定要從狹義的部分來說，要單從狹義的第八阿賴耶識心體自身的體性來說明，這時就要區分成八個識來說了，這時候所說的阿賴耶識，就必須是狹義的阿賴耶識，就稱爲如來藏了。但是證悟的人常常都是以阿賴耶識的名稱，來稱呼第八識心體，也就是以狹義的阿賴耶識名稱來指稱如來藏。

其實七轉識也是阿賴耶識體性的一部分，因爲祂是阿賴耶識心體所生，依附阿賴耶識心體的不斷運行才能運作，所以說非異也。但是如果單講非異，那就成爲說「七轉識就是阿賴耶」，那佛弟子們找到七轉識的時候，我們就應該說他們開悟了啊！可是這樣的開悟——也就是外面的那些大師們的開悟——這時他們的般若智慧又在哪裡呢？爲什麼他們對般若經還是處處誤會了呢？所以問題又來了。因此證悟了的人一定要告訴你：「**七轉識雖然是如來藏的許多體性中的一部分，但是七轉識並不就是祂；祂的本體在哪裡？你得要找出來。**」也就是說，心眞如有祂自己的行相——有祂自己的運作的法相——你要從祂運作的法相中去找出祂。找到祂以後，你的般若智慧才能夠生起。

論文：【此識有二種義，謂能攝一切法、能生一切法。】

講解：阿賴耶識這個心，祂有兩個道理，第一個是說：祂函蓋了一切法。我們在世間，從小時候就當學生，我們當學生時所學的那些法，都函蓋在祂心體裡面；你到了社會上，學作事，爲人服務，那一些法也函蓋在祂裡面；你覺得說現在有一點年紀了，應該學解脫法，那些解脫的法門也函蓋在祂裡面；你說解脫道是二乘法，我的心量大，不要單學這個，還要加學大乘的佛菩提道，可是佛菩提道也函蓋在祂裡面。所以說：祂能攝一切法。因爲所有的法，都是從阿賴耶識展轉而生：有的直接出生，有的是展轉而生。

第二個義理是：祂能出生一切法。怎麼樣能生？如前面講過的：一切最勝故，與此相應故，二所現影故，三位差別故，四所顯示故，如是次第，展轉而生無量無數法，所以說祂能生一切法。這裡就不再重複講了。

論文：【復有二種義，一者覺義，二者不覺義。言覺義者，謂心第一義性離一切妄念相。離一切妄念相故，等虛空界，無所不遍，法界一相，即是一切如來平等法身；依此法身，說一切如來爲本覺。】

講解：阿賴耶識，還有兩個眞實的道理：一個叫作覺，一個叫不覺。什麼叫作覺呢？是說這一個眞如心，也就是阿賴耶識心體，祂有一個「第一義」的體性。第一義的體性，就是講「佛菩提智」的體性，當然包含二乘的解脫慧在裡頭。

第八識眞心的第一義性，祂有一個法相，就是離一切的妄念。所謂妄念，就是不如理作意的、虛妄想的種種念頭。換句話說：祂從來不與那些不如理作意的虛妄想相應。由於這一種離妄念相的緣故，所以祂能夠跟虛空界相等，無所不遍。祂怎麼與虛空界相等呢？如果祂不是離妄念相，那問題就來了：佛法經典要全部統統改寫啦！因爲祂「不是從來就離妄念相」的緣故，所以祂心裡面會想：「**我所出生的七轉識這一輩子殺了人，幹了惡業，該下地獄。但這是七轉識幹的，與我無關，我可不要下地獄啊！**」可是祂從來都不起這種想，所以七轉識作了惡業，臨命終時，業風一吹，被惡業境界所控制，結果下墮地獄去了。即將下墮地獄去的時候，祂是了知應該作什麼的，祂就造作了地獄身，讓來世的七轉識去受報；可是祂不作主，祂自然而然就下了地獄；下了地獄的時候，祂卻不受報，也不受任何苦楚。但是，其實祂才是受報的主體，因爲祂是一直都存在的，是從往世來到此世地獄身的心體，也是永遠不滅的心體，而地獄身中的受盡苦楚的七轉識也是祂所出生的，所以說祂才是受報的眞正苦主。可是祂卻是離六塵見聞覺知性的，所以祂讓來世的地獄身中的七轉識去受苦，祂不受苦。

臨命終的「業鏡」，記得在七、八年前我曾講過：一生所作的，這一世所有的善業、惡業，統統都記在如來藏裡頭；一般性的無記業不在裡頭，除非是有重大影響的，譬如一生熏習的藝術、技術、文學……等成就。凡是跟十二有支的行支有關的，也就是善業與惡業，每件重大事情都是一格幻燈片；一大串的幻燈片，就好像影片一樣，由上往下的拉過去，總共不到半秒的時間。那時候你的覺知心很猛利，每一格拉過去的時候，你都知道那每一格幻燈片中的影像是自己所造作的什麼事情。接下去就是往生時所應該有善惡業的境界現前，如果是善業，你就看到善的果報，會很歡喜；如果是惡業呢？那就是業風所吹，迷迷糊糊的去往生，或者恐懼而想躲避……等。那個就叫作業鏡與業境。業鏡並不是像民間信仰所講的有一個鏡子，叫你上去看那些影像，不是這樣的。

你所造的一切善業惡業，都是你自己的如來藏在作紀錄，不是別人給你記的啊！別人給你記的，那是你受了戒以後，護法神在跟你記。因爲你在世間犯了惡業的時候，那是性罪；性罪的部分，有因果律會自然的使你受苦報。但是因爲你有受過戒，那又要加上一條戒罪，這個叫作「罪加一等」。護法神當然就要執行戒的律法，他們得要依照戒律來執行他所應執行的戒法律。他既然發願護持正法，這本來就是他應該作的，他們不可以、也絕對不會跟任何犯戒的人和稀泥的。護法神執行戒法的那個部分，那是另一回事，我們且不談它。

「心第一義性」，就是祂離一切的妄念相，這個離一切妄念相，是從無始劫以來就一直都這樣的，不是修行以後才變成這樣的。如果你造了善業，捨壽的時候到了，午飯後去睡個午覺，睡著了，夢見自己到天宮去了，有五百個天女歡天喜地的歡迎你，就忘了人間的色身了，結果就升上欲界天去了，就捨了人間的色身。那時你沒有任何的痛苦。善業死亡捨報的時候，沒有痛苦的；並不是每個人死時都有痛苦，除非是過去世的業因，捨壽時的現在要讓你受報，才會有痛苦。

因爲阿賴耶識心體自身，一直都是離一切妄念相，根本就不顧念來世會受苦、受樂，所以才會有地獄道的眾生，以及餓鬼道、畜生道、人道、阿修羅道、天道的眾生。六道四生二十五有的眾生，遍虛空界，處處都有眾生，尤其是餓鬼道的眾生，其數無盡，到處都有。舉個簡單的例子來說：現代的醫學發達，很容易作無菌手術；這個無菌手術，把一條大蚯蚓，在特定的部位整齊的割成六段，後來六段統統都活。可是眞如心是不可分割的啊！於不可分割當中，祂本來的那個眞如心，就只能執取六段中的一段；其餘的五段色身，那可就有許多的眾生搶著要喔！因爲餓鬼道的眾生太多了、太苦了，想要獲得那麼一節蚯蚓身體都很難的，大家搶破頭，大家都想要轉生而離開餓鬼道，眞的是很難。但那是因爲蚯蚓的色身是很簡單的構造，被割成六截以後的每一截身體，功能是一樣的，才能六段都活，餓鬼道眾生搶到其中一段的時候，才能活過來而住在人間，離開餓鬼道。較爲複雜一些的畜生身體，就沒辦法這樣分割而都活過來。

正因爲心眞如祂有「離一切妄念相」的不分別性，所以祂也可以去天宮，也可以下地獄，去到何處祂都無掛礙。心眞如不是完全的沒有見聞覺知，祇不過祂的見聞覺知，不是六塵當中的見聞覺知，這個就是祂的本覺。由於離一切妄念相——這一種「心的第一義的體性」——所以祂才能夠使得十方的三界六道都有眾生存在。不會說只有天道有眾生，地獄道沒有；祂的這種覺照性是不被六塵所影響的，也是不能被限制的，也是不可被限制的。

當你在這一邊口唸 阿彌陀佛，心中念著 阿彌陀佛，發願捨報後要往生極樂世界。在你還沒有捨報的時候，極樂世界的七寶池中，就有專屬於你的一朵蓮花出生了。那朵蓮花是怎麼來的？是 阿彌陀佛幫你變出來的嗎？不是！阿彌陀佛是依願力而成就極樂國土；但那朵蓮花卻是你的心眞如變生出來的。後來 阿彌陀佛看你這朵蓮花熟了，祂就摘下來拿到這裡來接引你。那朵蓮花就是你去極樂世界的交通工具，你坐進去，阿彌陀佛就帶著你的蓮花回去極樂世界；去到極樂世界以後，除非你是中品上生、上品上生，不然的話，阿彌陀佛又把你連同蓮花種到蓮花池裡面去，不必因爲世間法上的惡業而墮落地獄受苦報；等待因緣成熟了，蓮花開了，再讓你出來極樂世界中聽經、聞法、修行、修定、學般若中觀。

這個意思就是說：你的自性眞如，祂有本來就有的覺照性，可是這種覺照性與你的七轉識不相應，不是見聞覺知心對六塵上的覺照性；一直要修行到了佛地以後，你的七轉識才與你的眞如心的這個覺照性完全相應。經上說佛地覺遍十方：十方世界下了多少雨，祂都能知道；十方世界中有哪些眾生起心動念，祂都曉得。其實不是只有佛地，你們大家都一樣，你的心眞如也能多多少少的作到一些，只是你無法了知你的心眞如那種功能性，你的覺知心也不能與祂的這種功德性相應；所以你的七轉識，就無法去運作祂的這種功德性。必須到了究竟成佛的時候，才能作得到，等覺菩薩都還作不到。

「覺遍十方」，不是這個心遍於十方無量虛空的每一個地方，而是能夠覺照到十方無量世界以及眾生心想。十方世界的成住壞空，就是由於有情的心眞如有這一種功能差別，有這一種本覺智的智性，所以共業有情的業成熟了的時候，虛空裡面就會有一個將來讓這些眾生受苦樂報的山河世界漸漸形成，到了可以住的時候呢，這些有情就往生到那個世界去。這也是心眞如的第一義性──祂的離一切妄念相──因爲第八識心體有這種體性的關係，所以等虛空界。十方虛空無窮無盡，那麼世界國土不可限量，所以十方世界就一定會有無量無數的眾生的如來藏存在，處處受生，所以心眞如才會叫作「等虛空界，無所不遍」。

所有的法界，不管它是三界法界，四生法界，二十五有法界；無量無數的眾生法界，其實都歸結到一相，也即是一切如來的平等法身。「一切如來」當知函蓋三世如來，如此說來就有好多的如來了；甚至於說，花裡面也有好多如來，因爲每一朵花中都有眾生故：每隻細菌都是一尊如來──未來的如來──未來佛。細菌是這個如來藏，我們也是這個如來藏，天人也是這個如來藏，過去現在一切諸佛也是這個如來藏，這就叫作一切如來（作者案：「一花一世界，一葉一如來」，則是說報身佛盧舍那住持正法的廣大境界相，一大蓮花世界就是一尊報身佛住持佛法的世界，所以說一花一世界；這朵大蓮花的千葉蓮瓣，每一葉都有盧舍那佛所化現的釋迦化身佛住持佛法，故說一葉一如來；所以「一花一世界、一葉一如來」並不是這裡所敘述的平等法身的道理）。

「一切如來平等法身」就是說，一切如來藏自心的體性都是平等平等的，同樣無差別的。這個法身不會有增減、有間斷。因爲所有有情的心眞如都同樣是不增減、不間斷的，體性都是平等的，所以說這個是法界的一相，都是這個第八識。並不是有人將來成佛的時候另外有一個第九識而多了一個識，沒有！第九識還是第八識，第十識也還是這個第八識，只是修證的不同階段而安立不同的數目與名稱而已（編案：詳見蕭老師的著作《正法眼藏—護法集》所說）。

依第八識如來藏而說一切如來爲本覺，一切三世如來都是因爲這個本覺的具足親證而成佛道。心眞如離見聞覺知，所以經中說：「**不觀是菩提，諸入不會故；知是菩提，了眾生心行故。**」自心如來藏——心眞如——祂並不是像石塊、像木頭一樣完全無覺無知的；因爲祂能夠了眾生心行，有這個無始以來就有的覺照功德，所以叫作本覺。這個離六塵相的「覺」，是自無始以來就有的，不是經過修行以後到某個階段才有；悟前祂就已經有了，悟了以後祂還是有，將來成佛祂還是有，所以說這個本覺不是修來的，也是永遠不壞的。

法身本身有那種了知眾生心行的「界性（功能性）」，所以說依這個法身的本有覺了的自性，來說一切如來都是本覺，因爲一切如來的究竟覺，其實也都還是依這個本覺的親證而漸修成功。因爲如來藏──心眞如──祂是心，所以不可能是完全無覺的，如果完全不能覺知的話，那這個心就不可能在你身中起用。既然能夠在你身中起用，那就表示祂不是完全的無知，祂還是有祂的覺知的作用，只是那個覺知不是三界中的覺知，不是在六塵中的覺知，而且是無始以來所本有的，所以這個覺就叫作本覺。

爲什麼叫「本覺」？因爲祂是本來就有的。譬如經中說「一切眾生本來常住涅槃」，就是從理上來說的，從這個自心如來藏的從來不生不滅的體性，而說一切眾生本來常住涅槃。你的七轉識隨六塵流轉的當下，你的自心眞如還是涅槃性──永遠都是不生不滅的──而且本來就是這樣，一直都住於這種清淨的不生不滅的境界當中，因爲這個緣故而說一切如來爲「本覺」。

論文：【以待始覺立爲本覺，然始覺時即是本覺，無別覺起。立始覺者，謂依本覺有不覺，依不覺說有始覺。又以覺心源故，名究竟覺；不覺心源故，

非究竟覺。】

講解：現代的諸方大師都不知道這個本覺的眞實義，都在猜測探索：「什麼叫本覺？什麼叫始覺？」我們閱讀了《揭開心智的奧秘》（眾生出版社印行）那本書，就知道達賴喇嘛他也不懂。其實不應該建立「本覺」這個名詞，因為本覺是本然就如是，不需要再加上名相的；祂是很現成的，本來就這樣的，再加上這個本覺的名詞後，祂已經不是本覺了；還沒有證悟如來藏的人，是不可能了知這個本覺的，當他們聽到本覺這個名相的時候，心中就會另外產生一個想像中的本覺的境界相，就會成為虛妄念了；可是如果 馬鳴菩薩不為大家建立這個本覺，大家又都會像密宗應成派中觀邪見一樣，把萬法滅後的斷滅空、把空無說成是覺悟般若的境界，所以又不得不建立這個本覺，讓大家知道心眞如並不是空無、並不是斷滅相境界、並不是完全無功能的如同石塊一樣的無覺無知。「本覺」正是相待於「始覺」而建立本覺，「始覺」就是剛剛覺悟的時候；可是你進入覺悟境界的這個覺悟，所覺悟的卻是本來就有的六塵外的覺照。那個本覺並不是你悟了以後才有的，祂是本來就有的，是你證悟以前的眞如心早就已經有了的，早就已經在運作的；你只是去證實祂，然後讓你了知法界實相的般若智慧出現，只是這樣而已。所以禪宗祖師說：「還是舊時人，不是舊行履。」你的智慧不同於以前了，轉依了以後的心性也改變了，所以悟後所作的事會與以前有所不同。

你悟了，用你的覺知心去證實：心眞如果然是有本覺。這就是從剛剛證悟的始覺位來說這個本覺的。因爲你有始覺，剛剛覺悟是跟本覺不同的，那是意識心的覺悟，而本覺是本來就有的第八識的覺照的功德；始覺是屬於第六識所有的，本覺則是第八識所有的；因爲第六識證悟了第八識的本覺，所以才會從這個始覺來建立第八識本有的本覺；沒有第六識覺知心的證悟而有始覺，就不會說有第八識所擁有的本覺功德。所以是由於第六識的覺悟而說第八識之本覺，第八識卻是本來就有祂的覺照一切法的功德性，卻是由你這個第六識的始覺所悟知，悟的卻是那個第八識所擁有的本覺。所以，始覺所覺悟的其實並沒有另外有一個覺，仍然是覺悟第八識的那個本覺，所以始覺也是相待於本覺而說的，始覺的時候並沒有另一個覺生起。

論中說「依本覺有不覺」，就是依於本覺的不能證知而說有人不覺；眾生與二乘聖人所不能覺悟的本覺，也就是如來藏的功能性，因爲不能覺悟祂的功能性所以建立說爲不覺。所以覺悟的人就說是始覺，而不曾覺悟的人則稱爲不覺；所以始覺與不覺，都是依這個如來藏的本覺是否已經親證，而建立爲始覺與不覺。又依能夠覺悟這個本覺的根本，對於祂的源底、祂的一切法種，能夠全部覺悟而完全了知，沒有一法遺漏掉，究竟了知了，就稱爲究竟覺。究竟覺就是佛地的境界。

禪宗的明心破參時，有善知識攝受而不退轉，就過了成佛的三大阿僧祇劫的第一個無量數劫的將近三分之一。遇到眞實法的時候，要懂得把握，我們同修會內將會有一些人在這一生過完之後進入初地的入地心、住地心，甚至滿地心都有可能。那這樣子在一生之中，把一大無量數劫就過去了，接下來成佛只剩下兩大無量數劫，快不快呢？快！接下去猶如鏡像，猶如光影，猶如谷響……等等之次第與內容，都已爲大家安排好，看你有沒有因緣走上去；如果這世能夠進入三地的猶如谷響完成的話，大概在捨報前要到八地的希望就很大了。因爲三地滿心的境界，是一個很大的瓶頸；突破了的話，就可以迅速的再往前推進一大段。

聽起來似乎很簡單，卻也很困難；簡單或困難，都在各人有沒有修集廣大福德，都在各人有沒有修除私心與性障，都在各人有沒有精進用功，都在各人有沒有發起菩薩性、聖種性。所以有的菩薩是以一劫爲一劫，這樣過完三大阿僧祇劫而成佛的；有的菩薩卻是以一個時辰爲一劫，以一分鐘爲一劫，以一秒爲一劫，以一剎那爲一劫，來過完三大阿僧祇劫，端看你怎麼過這三大無量數劫。這都在個人的定力、慧力以及福德的累積上而完成的。

菩薩的修道，無非三學：增上戒學、增上定學、增上慧學，其餘無別法。我們正覺總持咒，把所有佛法的總持列了出來，也同樣是顯示：依於本覺而說有究竟覺，佛所悟的究竟覺，還是依這個本覺而說的。

論文：【如凡夫人，前念不覺、起於煩惱，後念制伏、令不更生，此雖名覺，即是不覺。如二乘人及初業菩薩，覺有念無念、體相別異，以捨麤分別故，名相似覺。】

講解：以前臺灣各處道場的禪七（大陸各大道場也一樣），主七和尚都會開示：「不怕念起，只怕覺遲。」他們開示說：你只要能夠覺照到念頭的生起，而不要隨著念頭去打妄想，不要讓語言文字妄想繼續不斷下去，就是正覺；這樣不停的覺照到長時間能夠一念不生，這樣就是開悟了；一念不生的時間住得長的人，就是悟得深的人；一念不生的時間只有兩、三個鐘頭的人，就是悟得淺的人。在顯教中是這樣在打禪七的，在密教中也是這樣修行的，所以宗喀巴認爲：行淫到最高潮時一心住在樂受境界中專心享樂而一念不生，而另外生起一個心念「不要執著射精的樂觸。淫行中的這個樂觸是空無形色、空無形相的，所以這個樂觸就是空性。」這就是西密的樂空雙運的一心境界，他們說這樣的淫行中的享樂境界就是報身佛所成就的境界，因爲有這個享樂的果報所以稱爲「報身佛」，所以比顯教的化身佛 釋迦牟尼佛的境界更高。眞是胡扯！都是以意識心的一念不生境界作爲佛地眞如的境界。北傳佛法是這樣，幾百年來的南傳佛法也這樣，朗波田的動中禪，要你培養覺知心的正念，也是在這覺知心上作功夫。他的「身念處觀」倒是蠻好的，但是，必須要轉進「心念處觀」、「法念處觀」。可是，他們就算是悟了，也只是聲聞禪，只能斷我見，不能實證般若實相；因爲實相般若所說的都是第八識如來藏的境界。

有的道場還將「不怕念起，只怕覺遲」四個字，以斗大的字當標語，在牆上到處貼。馬鳴菩薩罵這樣的人「就是不覺」——是沒有覺悟的人、凡夫人。也就是說，這種取證一念不生境界而自稱爲開悟的人，馬鳴菩薩說他們對於三乘見道中的任何一道，統統沒有證悟。聲聞見道尚且可以破除我見，可是，他們都在注意語言妄念有沒有起？起了就把它捨掉，到妄想妄念長時間不起的時候，就叫作證悟。可是，不管語言文字的妄念起不起，都是意識心所住的境界相，都與實相心、眞如心第八識完全不同，根本就不曾觸及到第八識實相心體，所以　馬鳴菩薩說這種人都是凡夫。爲什麼是凡夫呢？因爲落在意識心上，念起念謝都是意識相應境界，都沒有斷除我見。

心眞如本來就是離妄念的，從來都不在妄念上面。妄念雖然也是由祂所含藏的煩惱種子中出生的，可是妄念出生以後卻是與意識相應，而與祂是不相應的。有很多人不瞭解這個道理，就開示說：「前念不覺而起於煩惱妄想，這就是凡夫。師父告訴你們：你們要好好打坐，坐到一念不生，所有大小念頭起來的時候你都能覺察到，你不要跟隨妄念轉；覺察到最後，一念都不起了，那你就是開悟的聖人了。」以前常常有法師在禪七期中這樣跟大家開示，如果你不曉得這是錯誤的知見，你相信了，回家每天打坐，以爲坐到妄念不起就是開悟聖人，結果後來證得欲界定、未到地定的時候，就公開宣稱自己是開悟證果的聖人了，捨報以後就得要去受大妄語業的果報。

對於凡夫的大法師們來說：如果前念不覺而起了語言文字煩惱妄想，那麼就應該以清淨的一念不生而能覺能照的後念，來制伏前念，令煩惱妄想不再出生；

煩惱妄想念頭不再出生了，則妄念不再生起，這個妄念不起的境界就叫作覺悟的境界。可是聖 馬鳴菩薩卻說這樣的覺悟，雖然也叫覺悟，但它是凡夫的覺悟，不是大乘佛教聖人的覺悟，所以這樣覺悟的人其實就是「不曾覺悟」的人。

斷除語言妄想的境界是凡夫的境界，不是二乘解脫道的正修。二乘菩提所修的法門叫作解脫道，是在斷我見與我執上面用功的，而不是在斷除語言妄想上面用功的；這個法道共於大乘，但不能曉得佛菩提的證境。二乘法中的凡夫以及剛學禪的凡夫菩薩們，覺察到有念與無念的體相雖然不同，但是他們能夠捨棄較爲粗糙使用語言而作的分別，這叫作相似覺。有語言妄念的境界是很粗糙的，無語言的妄念境界比較微細，但都是第六意識的境界相，與第八識眞如心所住的實相境界無關；可是那些了義法知見不夠的人，以爲斷除了較爲粗糙的有語言相的妄念境界時，就是住入開悟實相境界中了；這種人所說的覺悟，其實只是相似覺，並不是眞正的覺悟。所有悟錯了的人所說的悟，都是相似覺，都不是眞正的覺悟。

眞悟的人所證悟的心眞如是本來就無念的心體，相似覺所悟的心體是常常有念的心體；這個常常有念的心體跟本來無念的心體，是從本以來就這樣的一直無念，或者是常常有念，這種體性是一直都這樣而不曾改變過的。意識心一向是有念的心體，阿賴耶識如來藏則一向都是無念的心體。可是末法時代的諸方善知識都錯解了，他們都想要拿意識心的有念心體去修行，把祂轉變為永遠無念的心體。換言之，他們想將這第六識變成第八識。這問題很大，很多人都不覺得這樣的修行觀念有問題，而依教奉行；每天打坐，要把這個有念的心體去轉變成無念心體。倘若這意識可以變成第八識，則這第八識是變來的，不是本來就是第八識心體，那將來祂也可能緣散而再變回第六識。這可就是無常變易之法，修之何用？縱然祂永不再變易回第六意識，則我們因第六識已轉變成第八識而沒有第六識，那我們又是哪來的見聞覺知呢？因為第八識是離六塵的見聞覺知性的，沒有了覺知，則無法辨識周遭的人事物，如此，我們將跟昏迷時一樣，將跟睡著無夢時一樣，隨緣應物之功能將全失掉了，而成為無用之人，那還能修學佛法嗎？還能次第成就佛道嗎？

所以，不可以把有念心體修行而改變成無念心體，這種想法是不對的。無念心體是第八識心，祂本來就不曾起過妄想，不曾打過妄想，是從來都不起妄念的，是本來就已如是的，從無量劫以來就是這樣的。這個有念的意識心體可以經由修行而證入定中，而暫時在一天、兩天中變成無念，但是，祂出定了以後，有時還是會起念的，不可能是永遠無念的。經中常說到：**佛爲利益眾生而起念，施設種種方便來度化有緣而爲眾生說法**。如果以有念無念來區分悟與不悟的話，那麼 佛爲度眾生而在菩提樹下將唯一佛乘分爲三乘，在思惟區分的當下，那時的 佛是不是已經不在證悟的境界中了？是不是應該說 佛那時候是退到沒有開悟的境界中了？所以，他們那些大師以有念無念來區分爲證悟與否，那是不如理、不如法的，不是佛法中所說的正理，與證悟無關。佛是悟到本來就無念的心體，是以有念的意識心去悟到無念的第八識心體，開悟只是體驗這兩個心體同時並行存在運作，只是體驗第八識心眞如的眞實性與如如性而已；悟後再跟隨善知識熏修唯識一切種智增上慧學而地地增上，這才是正知見。並非民間信仰者或未證悟者所認知的：悟後會飛簷走壁、穿牆入壁，或有五神通。

修學二乘菩提之人，以及剛學般若之菩薩，信 佛語開示，相信有一個「識緣名色、名色緣識」的「識」，相信「名」中所已經有的七個識——六識及意根——之外，還有另一個體恆而常住不滅，且離見聞覺知而不作主的眞心。雖然未曾親證祂，已能體驗時時覺知：處處分別之意識心會於眠熟等五位中斷滅的。因此而捨離了六塵相上的粗分別，這樣的人就稱爲相似覺，又靠近始覺位一步了，這是好事，所以我們不必排斥他們的這種境界。如果能親證心眞如而現觀祂的本覺體性，就進入始覺位；從始覺位中起修，隨著個人之修證階位而得到各自本分上應得的更多的覺悟，就稱爲隨分覺。

論文：【如法身菩薩，覺念無念皆無有相，捨中品分別故，名隨分覺。若超過菩薩地，究竟道滿足，一念相應覺心初起，始名爲覺；遠離覺相微細分別，究竟永盡，心根本性常住現前，是爲如來，名究竟覺。】

講解：「法身菩薩」廣義的來說，是包含七住位菩薩的，因爲已經實證第八識法身了；但從狹義的見解上來說，連十迴向位的菩薩都還不能稱爲法身菩薩，因爲他們的五分法身（戒身、定身、慧身、解脱身、解脱知見身）都還沒有現起故。初地的入地心菩薩證得涅槃本際而不斷盡所有的煩惱，尚留一分思惑不願斷盡。因爲擔心性障斷盡後，捨報時必定會取證無餘涅槃，就沒有未來世，就無法修學佛菩提，故留一分有愛住地煩惱，不把覺知心的自己全部斷滅，用來滋潤未來世的有，以資種子現行再去受生，這叫作留惑潤生。

初地菩薩已令性障永伏而不現起猶如阿羅漢，故有一分戒身，自然可以抗拒世俗之名聞利養、權勢、女色（男色）等誘惑；因爲已有道種智而於三寶生決定心，於大乘聖道生決定心而不移動，心得決定永不動搖，故有一分定身；又因道種智而證得無生法忍，故得一分慧身；已如實了知解脫道、親證解脫道，知道自己於捨報後中陰身之際可以滅盡最後一分思惑而取證中般涅槃——是有能力而不取證——一分解脫身隨之現起；又因爲道種智而統統如實了知四種圓寂之理，故又證得一分解脫知見身，由此緣故五分法身具足。

解脫知見，於現在的南北傳顯密教中的大師們，他們全都弄錯了，所以他們讀不懂《楞伽經》，甚至連我註解而造的《楞伽經詳解》，他們也是讀不懂，或者是越讀越迷糊；這是什麼緣故呢？這就是因爲他們不懂涅槃的本際——心眞如。

初地菩薩所證得的五分法身，於諸地之修行過程中會逐漸增長，到達十地圓滿具足以後，才能百劫修相好而得成佛。初地菩薩有這五分法身，所以才能稱爲法身菩薩。這必須在十迴向位中的道種性現行，則一切念、一切行都迴向修道，都迴向救護眾生離眾生相——離我見、邪見。這個須有膽識（準備隨時隨地捨報而無所謂），更須有見地及世間法上自給自足、不求別人供養的資糧，才能不考慮個人的利害得失而出來摧邪顯正，如此才能滿足初迴向位乃至十迴向位的種種極爲難行的菩薩行。如果十迴向位救護眾生……等菩薩性——道種性——不能滿足的話，就無法承擔如來之家業，就不能具備五分法身，就不可能成為法身菩薩。

狹義的說，必須初地入地心菩薩才可稱為法身菩薩，因為他能夠覺照到有念心體及無念心體全部都無相，且已能夠捨離思惑而稱為隨分覺。從凡夫位來說，佛為眾生說一切法有「生、住、異、滅」，可是，從實相上來說，則是一切法本來不生。依心真如——如來藏——來說，一切法與如來藏非一非異，因為一切法都如來藏所生所現；猶如摩尼寶珠顯現一切影像於珠體上，摩尼寶珠與由其顯現的一切影相當然非一亦非異。

「麤品分別」即是說我見，中品分別為思惑，是「修所斷」之根本煩惱，也就是貪、瞋、癡、慢、疑，這些思惑比起見惑來說，較細而不容易斷除，所以是見道後所應漸斷的中品惑。細品惑即是塵沙惑，此惑微細如恆河沙一樣細而多，於明心斷我見後之第二剎那起，才能開始逐漸一分一分地斷除它：也就是要在悟後參加共修，學一切種智後再思惟整理，才可能漸漸地斷除掉。

成佛之道無非戒、定、慧三學。增上戒學，於二地滿心證得猶如光影時具足圓滿。增上心學即是定學，即是四禪八定等三三昧，這個定學可以增益慧學，但學人往往誤以爲修定即是修學佛法，而忽略了慧學般若的眞實義；又常常因爲修定而忽略福德之修集，故絕大多數的人，須於等覺位時再以百劫之時間來修相好：百劫之中，內外財全都輕易施捨，無一處非捨身處，無一時非捨身時，如此才能圓滿成佛時所應具足的三十二大人相、八十種隨形好。

佛於涅槃前告知遺法弟子：佛之三十二大人相中之任何一相之福德，就足以令嫡傳弟子豐衣足食；佛入滅之後，如果有人身著僧衣時，就會有人來供養，不愁衣食，這是 佛之無量相好的福德所感召的威德所致；所以出家人都是依 佛餘恩，才能不缺衣食。今天，我們能修學 佛之妙法，也都是欠了 佛之恩德；因此供養三寶時，應當心存感恩，不可因爲作了供養三寶的事，就在心中起慢。維摩詰大士乃是等覺菩薩，他在布施第一義諦法給各大阿羅漢前，仍須先向阿羅漢們頂禮；他以等覺菩薩身分，而向那些只在六住位中的還沒有證悟實相的二乘愚人頂禮，就是因爲敬畏 佛之威德故，那都是尊崇 佛的廣大功德而作的事。

百劫修相好，具足了廣大福德以後，才能圓滿究竟佛道，故稱 佛爲福慧兩足尊。福德已經修集滿足的最後身菩薩，觀察度眾因緣成熟時，需再尋覓七代以來都清白之父母才可以投胎，在五濁惡世中，還得要示現出家六年苦行，眾生才肯信受。然後才放棄苦行，行於不苦不樂的中道行，才於菩提道場之菩提樹下一念相應而覺悟。明心證悟是一念相應，剎那而得；見性也是一念相應而頓悟，都不是經由打坐、依定境之漸次深入而一分一分證得，所以不是漸修漸悟的。大迦葉尊者見 佛拈花微笑而悟，這也是一念相應，是剎那而悟得，故稱爲覺者。若有善知識宣稱只有他才能開悟，他的弟子與別人都無法開悟，那這個善知識一定有問題，佛證道後，也令許多學法弟子證悟，眞善知識也應如是，這才是眞正的佛法。

「遠離覺相微細分別，究竟永盡，心根本性常住現前，是爲如來，名究竟覺」：證悟後，必須不斷地去驗證本覺中無量無數之法，如實了知這些「覺相」的六塵以外的微細分別，才能完全具足地遠離意識心相應的「相似覺」的「覺相」所攝的六塵中的微細分別。如此一來，就可以了知「心的根本性即是眞如的功能差別顯現」，凡夫與二乘愚人則是因爲被塵沙惑所障而不能彰顯。佛地之七轉識，可與「覺遍十方」之第八識心體之眞如性完全相容，因此而能覺遍十方之有緣眾生，與之感應道交。如此境界就稱爲「心根本性常住現前」，這就是如來的境界，這時的佛地眞如——無垢識——能與二十一心所法相應而無所不能，是名究竟覺。

說到「心根本性常住現前，是爲如來，名究竟覺」這三句的時候，它是牽涉到中國佛教對於判教的關聯性的。太虛大師推崇**眞常唯心**的思想；印順法師則是反對他的師父眞常唯心的思想。太虛大師認爲眞常唯心的思想才是究竟的佛法，是無上了義；印順法師則認爲眞常唯心的思想和外道的梵我、神我見一樣，他認爲**一切法空、緣起性空**才是究竟的佛法思想；可是外道神我、梵我是凡夫地的第六意識，眞常唯心的心則是第八識，而且是佛地的第八無垢識，根本不能混爲一譚。他們師徒之間有這麼大的落差，根本就是對立的；他們的知見南轅北轍，絕無交集點；所以，印順法師從來不是繼承太虛大師的思想，而是從來一直反對太虛大師的思想。這是因爲牽涉到「『心』根本性常住現前」的眞實道理，而這個眞實理，一向很少人宣說過，只有 玄奘菩薩等少數祖師講過，所以很值得探討。如果能把這個道理弄清楚了，以後對佛法的內涵，就不會再迷迷糊糊的弄不清楚了。

法相唯識宗的法義，在那些沒有證悟的、不懂佛法的凡夫來說，在那些只作佛教學術研究而不實修的印順法師一類人來說，他們在教判上面都判定法相唯識宗所弘傳的法義叫作「虛妄唯識」。可是他們其實對唯識宗的宗義只瞭解一半。事實上，唯識學就是大乘佛法中所說的一切種智，正是諸地菩薩所進修的增上慧學的全部內涵。一切種智正是般若中最勝妙的、最究竟的法義，怎麼會成爲他們所說的虛妄法呢？有人說：「法相宗專講虛妄唯識，是在講識的虛妄性。」但是，阿賴耶識非虛妄，亦非不虛妄。阿賴耶識之所以虛妄，是因爲含藏著業種、無明種，以及七轉識種子念念變異生滅，所以說是虛妄。阿賴耶識還有四種無明種子流注，也就是煩惱障種子的流注，還有無始無明的隨眠，所以說祂還不是眞的究竟心，所以說祂是虛妄的。但是，這意思並不是說祂不是眞正的心眞如，因爲祂自體就是心眞如，等到祂所含藏的那一些無始無明的隨眠修除掉了，煩惱障的種子修除掉了，祂就是佛地的眞如心，怎麼可以說祂是純虛妄的呢？所以，他們判定法相唯識宗所說的法義是「虛妄唯識」，這個名詞、這個判教是大有問題的。

什麼叫作眞常唯心呢？眞正的常，表示祂是永遠的、恆常的、不變的。爲什麼是唯心？三界一切法都是這個心所出生、所顯示，所以說是三界唯心。可是眞常唯心合在一起說的時候，就變成《大般涅槃經》所講的常、樂、我、淨。大乘了義法中所講的「常、樂、我、淨」，跟二乘法中所講的「無常、苦、空、不淨」剛好對立，而且大乘經中也常常說無常、苦、空、不淨，這些人不能貫通三乘菩提，所以就產生了困惑：明明經上講苦、空、無我、無常，講的是無我法，爲什麼佛法到 佛入滅前卻變成了常、樂、我、淨呢？他們之所以會產生這個問題，是由於沒有貫通三乘菩提；不說大乘菩提，他們連二乘菩提的證悟都沒有，他們也沒有人知道佛法的究竟地是什麼境界相，所以就產生了這樣的困惑，就會懷疑大乘經典是不是 佛親口所說？就會否定第三轉法輪諸經，不肯承認他們所不懂的唯識方廣經典就是一切種智妙法，不相信第三轉法輪諸經眞的是 佛所說。而這一種困惑，數十年來已經普遍的存在於臺灣與大陸修學所謂「原始佛法」的這些人當中。

我們會裡的總持咒，剛開始幾句也是專講無我法：「五陰十八界，涅槃如來藏，般若道種智，函蓋一切法」說的是無我法：人無我與法無我。可是無我法爲什麼到最後成佛的時候會變成了常樂我淨呢？怎麼跟外道講的似乎是一樣呢？這當中和外道神我的常見法，究竟有什麼差異呢？相信諸位現在腦海裡面，不免會打上一個很大的問號。二乘菩提講的是解脫道，大乘菩提講的是佛菩提道，佛菩提道含攝解脫道。

解脫道說的是人無我，大乘的佛菩提說的卻是法無我，法無我是屬於無始無明的部分，無始無明塵沙惑並不是種子，它叫作所知障，所知障就是無始無明，它只有現行而沒有種子；就是說，修行人對於法界的實際理地沒有少分的了知，或是還沒具足的了知，所以是對法界實相的所知不足而障礙了佛菩提的成就，並不是被所知太多所障住了，這個觀念要調整過來。有的善知識講：「你學太多了，所以你被所知障障住了。」錯了！顛倒了！正因爲是你對法界實相的所學不足，所以被所知不足給障住了；所知障純粹是無明，不是煩惱種子；煩惱障才可以說它是種子。所以說，所知障「是現非種」，它只有現行，在你悟後，它一分一分開始現行，它不是種子，不是三界世間裡的煩惱。

解脫道所修行的，就是把生死煩惱的——三界分段生死的那一些煩惱種子——斷除掉，主要就是我見和我執。斷除了以後成爲證得解脫果的阿羅漢，不管是俱解脫、慧解脫，統統如是，都是「煩惱障現行」的斷盡者，但是習氣種子還未斷除。

接下來，要成爲究竟佛，除了斷盡煩惱障中的習氣種子以外，還必須要把所知障斷盡，斷盡所知障的第一步就是明心。明心之後，你會發覺：「大部分的經典，現在看懂了。以前讀不懂，怎麼就這樣一個破參，我就懂了呢？好奇妙！」破參明心時，感覺上往往覺得沒什麼，可是你卻懂得般若經中的密意了，佛的密意你就知道了，禪宗祖師的玄之又玄的無頭公案，和證悟者所寫的那些公案拈提，你也讀懂了，這是什麼道理？這就是因爲打破了無始無明——所知障打破了——證悟了、破所知障了，結果你會發覺：怎麼我悟後跟悟前好像沒什麼差別，只是以前所不知道的，現在知道了而已；以前所不懂的實相，現在懂了而已。

但是，破參只是剛剛見道，方才看見了修道的路而已，還要眞正的如實去修，去斷煩惱，去除所知障，那才叫作修道。破參只是見道，只是剛剛把無始無明打破，佛法大門剛剛打開，剛要邁出第一步而已，你還沒有開始修道。

三界生死的煩惱，就是貪著「我所」的五欲，貪著欲界法；以及貪著自己：對於覺知心的自己捨不掉，對於處處作主的自己捨不掉，那個是我見、我執。但是無始無明的這個煩惱，這個塵沙惑，是因爲你想要成就究竟佛地的功德，想要成爲究竟佛而作不到，因爲作不到，所以你想要追求一個方法：怎麼樣可以讓我到達究竟佛地而成佛？因此而產生的煩惱並不同於世間生死的煩惱，所以它叫作上煩惱。上煩惱是不是煩惱？對想要了生脫死的人來說並不是煩惱；可是對於修學佛道，想要成佛的人來講，它可就是煩惱了。上煩惱好像恆河沙那麼細、那麼多，需要三大無量數劫去把它消除掉，那就要修學唯識學中的一切種智深廣奧妙的微細法義。所以唯識學是成就佛道的唯一行門，怎麼會是虛妄的呢？當然絕對不虛妄，而凡夫地的八個識，也不能說它完全虛妄，那要看你怎麼修證了。

阿賴耶識祂本身是清淨性的，離見聞覺知的，離思量性的，離我見與我執的；祂絕對不會擅自作主、跟你提出異見，祂任運隨緣，是本來解脫的。但是這一個自性清淨的心體裡面卻含藏著我你他一切有情所累積下來的一念無明的煩惱；把這一些煩惱障種子修除了，就是二乘解脫果；證悟如來藏了，你就會發覺無所謂生死，無所謂煩惱，就把我給放下了，我執就漸漸的斷了，我執煩惱斷了的時候就是慧解脫。慧解脫是由智慧而得的，不是由定力而得。

釋迦牟尼佛在煩惱障都斷除淨盡，無始無明的上煩惱——塵沙惑——全部都斷盡了以後，到達究竟佛地之前的最後一世，選擇一對好的父母，受生入胎，降生於人間，成爲悉達多太子。最後出家，遍學一切外道法，但是發覺那些外道法都不對，也都不究竟，所以自己去修苦行六年之後，發覺苦行絕對不能使人成佛，認爲修行應當是不苦不樂的，好像彈琴一樣，弦不能太緊，也不能太鬆，要恰到好處。所以就放棄苦行，他發覺應該恢復體力，要有精神才能好好去參究。因此 他去沐浴，沐浴完要上岸時連力氣都沒有了，這時樹神好意把樹枝垂下來給他拉住才上了岸，後來是遇到牧牛女將牛乳跟米煮成的乳糜供養了 他。受供以後，有了力氣，他發誓：如果不悟就絕不起座。就在菩提樹下，在吉祥草上坐下來參，參出實相心而明心的時候，大圓鏡智現前了；天將亮的時候，明星出時，非常明亮，他看見了明星而眼見佛性，成所作智現前，這個時候第八識改名叫作佛地眞如的無垢識，不再叫作異熟識了。這個眞如，爲什麼是眞正的如呢？因爲祂和二十一個心所法相應，所以才能稱之爲「我」，這是第八無垢識心體的「我」，不是外道神我的第六識心體的不離常見的「我」。

心眞如在因地時，只有跟五遍行的心所有法相應，只有觸、作意、受、想、思五遍行法。心眞如沒有辦法跟五別境的「欲、勝解、念、定、慧」相應；心眞如也不能跟善十一心所法相應，到等覺位時都還不行。得要到了佛地，成所作智現行的時候，第八識心眞如才能同時與五別境、善十一心所法相應。既然與五別境、善十一相應，已經大異因地時不與五別境相應的無我的狀況了，這個時候，你還能說祂是無我嗎？不行了！

在等覺位之前，眞如離見聞覺知，從來不思量、不貪、不瞋、不垢、不淨，不與五種別境心所法相應，那個時候是確實無我性的法相，得要經由我們的六識七識去配合運作。到等覺位過後，心眞如可以跟五別境相應，換句話說，一切眾生心在想什麼，祂全部了知，而且佛地心眞如也可以單獨運作，了知所有眾生意識、意根的心行，化現種種無量無邊的化身等等，不必透過佛地的六識與七識去運作才化現出來。

佛地的心眞如既然可以直接和善十一心所法相應，和五別境心所法相應，這個心眞如裡面又沒有任何的變易生死種子，純淨、純無漏，當然不同於以前不與五別境心所法相應的境界；所以，爲什麼以前說祂是「無我」性的，現在卻又說是眞實的「我」，在這裡就作了一個很清楚的分野：作一個區隔了。

心眞如在以前之所以稱爲無我，是祂不與五別境相應，不與善十一相應，也不能獨自運作，祂對三界六塵中的一切法，都完全要聽從六識七識的吩咐，完全是隨緣運作的。然而佛地的心眞如卻可以自己獨立運作，祂已經沒有分段生死的種子，也沒有異熟生死的習氣種子，又沒有變易生死的種子，把變易無常的種子全部斷盡了，都成爲不再變易的純淨種子，這不是常，又是什麼呢？

在等覺以下還有變易生死，這些種子還在變異，所以不能說祂常。但是你固然不能說祂常，也不能說祂非常；說祂非常的話，表示心體有斷，可是祂從來不斷；若說祂常，祂又有變易生死的種子，不斷的在變異，所以叫非常非無常，非常非斷，叫作中道。

到了佛地，祂就完全不變異了，那你怎麼可以說祂是非常呢？當然不可以！所以祂叫作常。祂能與五別境、善十一相應，祂的每一個心所法也都可以獨立運作，究竟圓滿而不變異，這不是樂，又是什麼？所以說這才是究竟的樂。他不但自己可以獨立於六七識外去運作，而且祂每一個心所法可以獨立運作，也有別境慧，能夠返觀自心，這不是眞正的「我」嗎？這樣的境界：斷盡煩惱障種，斷盡所知障塵沙惑，這樣不是眞正的清淨嗎？所以叫作常、樂、我、淨。

這個常樂我淨的這個我，跟常見外道的我是截然不同的。祂不是外道神我的第六意識的我，而是第八識；不但是第八識，而且祂是究竟純淨的第八識，凡夫地及諸聖的第八識都還不能與祂相提並論，這樣究竟清淨的第八無垢識——心眞如——怎麼會是外道神我的第六識我呢？這一種眞常唯心的思想，太虛大師推崇它爲佛法的最究竟法，難道還有錯嗎？印順法師卻把外道所講的第六識神我，拿來跟經中所講的佛地的第八無垢識心眞如拿來相比，這兩者可以相提並論嗎？

所以眞常唯心以及虛妄唯識的妙理，諸位從這裡就瞭解了：唯識種智之中，它有講到虛妄唯識的部分，也有講到眞實唯識的部分，這個唯識種智的佛法，可以讓你悟後一步一步的走到究竟佛地的「眞常唯心」的境界，成就究竟佛道。

「心根本性」就是指心眞如的這一種功能差別，我們每一個人都具備了這一種功能性，可是被塵沙惑所障住了。塵沙惑障住了，所以使得這一個功能性不能出現，到達等覺地的時候都還不能現前，必須要到究竟佛地時才能出現。在等覺位，前五識還得要配合六識七識去運作，它不能單獨運作。可是到了佛地的時候，成所作智現起，它是前五識直接去運作的，這個也叫作「心的根本性」，包括心眞如自身的運作。也就是說，這個時候的心眞如，出現了與二十一個心所有法相應的大功德，當祂的一一心所可以獨立運作的時候，佛地的六識與七識也就產生了另一個功能性，那個功能性就是具足上品妙觀察智與平等性智，而第八識眞如在佛地時也可以覺遍十方。

「覺遍十方」的功能性，到了佛地時，佛的六識與七識可以跟祂連接上。就好像現在你們玩電腦，上網際網路四通八達；還沒有連上以前，只能在自己的電腦裡面玩；連上了以後，全世界都可以相通了。就好像這個道理一樣，當你七轉識自己絕對純淨而又沒有所知障的時候，心眞如與這二十一心所法相應的時候，六七識就已具足了知一切種子，心眞如就可以具足了知一切眾生心行。由於絕對的純淨，導致了心眞如所蘊藏的一切種子功德出現了，這個出現就好像你跟網際網路線搭上了一樣，這時候心眞如的無量無邊的廣大功德，七轉識也可以運用祂，這就是等覺與妙覺間極大的差異。

究竟佛與等覺位只差這麼一點點果位，可就差很多了，這個就是「心根本性」現前而且常住了。換句話說，佛地的六識七識可以經由心眞如而覺遍十方。「覺遍十方」有很多人誤會了，以爲是心眞如遍滿虛空，月溪法師嚴重的誤會了，所以捨報的時候想「我要遍滿虛空大自在」，錯了！祂如果遍滿虛空，祂就一定是不自在的。爲什麼不自在呢？就好像一個瓶子，把水裝滿了，請問能夠搖動裡面的水嗎？動不了！裡面要有一部分空隙，你才能搖動它。如果遍滿十方虛空，你就動不了。大家都不瞭解這個道理，被月溪法師死前寫的這首偈嚇住了，說他口氣這麼大，一定是大證量者；等到後來弄清楚了，原來只是個落在常見外道見裡面的凡夫而已，都是誤解了佛法。

佛地的七轉識能夠和心眞如的體性相感應而覺遍十方，是能感應到十方界眾生想什麼、需求什麼。如果跟他有緣，就會感應，所以佛能覺遍十方。當這個「心根本性」常住現前，換句話說：究竟佛地這一個第八識的心眞如，能與二十一心所有法相應的時候，眞的幾乎是無所不能，只剩下「無緣的人不能度」……等三不能。這個時候就稱之爲究竟佛地，稱之爲眞實的如。

論文：【是故經說：若有眾生，能觀一切妄念無相，則爲證得如來智慧。】

講解：由於以上所講的這些道理，因此馬鳴菩薩引述了這句經文：「如果有眾生，能夠現前觀察到一切的妄念，其實並沒有它的眞實相，這個人就是證得了如來的智慧。」可是如來的智慧無量無邊，難道只是觀察到這一個無念心體所生一切妄念，而一切妄念都無眞實相，就可以算是證得如來的智慧嗎？當然不算！但是也不能說不算，因爲如來——最後身菩薩——在人間示現成佛時所證得的也不外乎是這一個自心眞如。所見的佛性也不外乎是十住菩薩所眼見的佛性。

只是佛地的眼見佛性，卻跟十住菩薩的見性不同，十住菩薩見性品質最好的，會覺得：「怎麼世界整個都變了？如夢似幻，都不眞實。」所見都是佛性，只有佛性是最眞實的法性，所以就在那邊跳來跳去的體驗，在牆壁上、萬物上摸來摸去的，看來看去的，一面笑、一面掉眼淚，好像瘋子一樣，太歡喜了；從來不曾見過的佛性，現在以肉眼看見了。可是佛地的明心，大圓鏡智現前；夜後分明星出時眼見佛性，成所作智現前。這些功德與智慧，七住、十住菩薩可都還沒有，所以這個佛地的隨順佛性和十住菩薩的隨順佛性是大不相同的；初地的隨順佛性跟未入地菩薩的隨順佛性又不一樣；十住菩薩眼見佛性跟凡夫的隨順佛性又不一樣，這是大家所應該瞭解的。

凡夫都在那邊感覺、體會「佛性是怎麼回事呢？」他們在緣熟之前就知道了佛性的名義，但是看不見到底在哪裡？爲什麼會看不見呢？這得要你本身有見性所需的那些福德，這個福德還只是最基本的，還得有見性所需要的動中定力，還得要見性所須的另一種不同於明心的慧力，也得很好才行。但是，畢竟見性前跟見性後的覺受，截然不同，完全改觀；我們出版的《悟前與悟後》封面上的那張瀑布，見性的時候就是那樣的覺受。那個瀑布是有道理的，故意選的，那時候的心情眞是洶湧澎湃，當佛性現前瞧見的時候，就是那個樣子。這個就是說，佛性的見性有四種層次，從凡夫地到佛地這中間的見性是截然不同。心眞如在各個階段的內涵也是一樣不同的，七轉識也是一樣，每一個階位的修證的差別，都會導致祂們的功德有所不同。

因此說，你所證悟的，雖然與佛是同一個心眞如，但是畢竟還有差別。有差別當中卻又無差別，因爲同樣都是這個心，並沒有第二個心。如果你能夠這樣現前觀察，也可以說你就是證得如來的智慧，因爲如來明心時所證的也是這個心體，只是祂已經過三大無量數劫，到了最後身菩薩位，福德具足，妙慧具足。因此明心的時候，導致祂的金剛喻定能顯示出那一些功德差別，而我們明心見性時沒有；雖然沒那些大功德，但是所證得的心眞如實體是沒有差別的，心眞如如是，佛性亦復如是。

論文：【又言心初起者，但隨俗說，求其初相終不可得；心尚無有，何況有初？是故一切眾生不名爲覺，以無始來恆有無明妄念相續未曾離故；若妄念息，即知心相生住異滅皆悉無相，以於一心前後同時皆不相應，無自性故。】

講解：「心初起」，有的人一聽到論中這句話，就說這句話是有問題的，如果心是有初起的話，這個心一定是有生之法，所以《起信論》是不懂佛法的人所造的，是外道假冒 馬鳴菩薩的名義所造的，所以是僞論。凡是有出生的，最後一定會滅，只是未來入滅前的時間長短差別而已，有生的法，沒有不滅的。

但是，論中說「眞如心初起」——最開始現起的時候——這是隨俗而說；只是隨著一般世俗的方便而說，叫作心初起。但是要求證這一個心眞如在什麼時候現起的？想要求證那個初相，卻始終求不到。如果心眞如是有一個剛開始的時候，那麼心眞如所含藏的無始無明，就不能叫它無始無明，就變成有始無明，因爲這個心有開始，所以無始的無明當然也是有開始的了，那就應該稱爲有始無明。

如果有開始的話，你先要探討的第一個題目是：「祂是什麼時候開始的？三大無量數劫？還是七百無量數劫？」既然祂有一個開始，當然還要探究「祂未來是幾劫以後要消失？」一定要有一個滅的時候的探究，不可能無滅的。所以說，「這個心初起時」是隨俗而說，祂沒有開始的時候，所以叫作無始。沒有開始，是因爲祂本來就有、就一直存在著的，一向如是的。

對於一般人來說，「心尚無有，何況有初？」你如果去問還沒有證悟的人說：「你的眞如心在哪裡？」他會回答說：「沒有啊！我沒有眞如心啊！」你就說：「你如果沒有眞如心，那就叫作不覺。其實眞如心是有的，只是你沒有找到。」如果有人說：「我有眞如心啊！我怎麼可能沒有？」你問他：「在哪裡？」他會說：「我不知道！」你不知道，那你就是論文所說的「這個心還沒有現起」，這就是隨俗而說；其實他這個心是時時刻刻現起的，悟的人都可以清楚分明的看見，只是凡夫與二乘愚人不知道這一個眞如心在哪裡。

因爲他們不曉得心眞如在哪裡，所以說祂還沒有現起；悟了的時候，就說祂叫作「心初起」，這個「初起」也是隨俗方便而說，其實你還沒有悟的時候，祂就在那裡，所以祂一定是恆時現行，恆時都在。所以才能夠由著你的開悟因緣去證悟祂的所在；其實你的法身慧命出生的因緣，是隨時隨地都有的，並不是只有固定的一個時間，所以中國禪宗祖師就說「生緣處處」。

至於一般的眾生，「心」尚無有：這個心在哪裡都還不曉得呢！何況有初起的時候？所以說一切眾生不可以稱之爲覺者；因爲無始以來一直不斷的有無明妄念相續不斷，不曾遠離過祂，卻始終不曾覺悟祂在哪裡，所以是不覺的凡夫。「無明」所生妄念——虛妄想之念——一直相續不斷，就是說他始終落在常見外道法裡面，或者落在斷見的外道法裡面，不曾離開過常斷兩邊。有的人認爲死了一了百了，什麼都沒有了，這就是斷滅見；有的人認爲我這一個能知能覺的心會再去投胎，知覺心、知覺性是永遠都是常而不會斷滅的，這就是常見。這種錯誤的見解與說法，都稱之爲無明的虛妄念。無明的虛妄念可以有很多的說法，總的歸納來說，不外乎常見外道和斷見外道；其餘的見解都是從這兩種再細分出來的，但都離不開常斷見；推究起來，斷見其實也是依附於常見而有的，所以廣義的來說，斷見外道的見解其實也是離不開常見的。這一種虛妄的念頭，是從來不曾間斷過的，無始劫以來相續不斷，不曾離開凡、愚二類眾生，一直到你悟了心眞如的所在，去領納這個第八識心的眞實性與如如性而轉依祂的眞如性，這就是證眞如；體證眞如以後，這個妄念才算打破了。

如果你說：「過去世我大概都沒有打破過這個妄念。」那也不見得，因爲有的人過去世就已經破參過，只是因爲胎昧所障，這一世投胎再來時換了個全新的意識；換句話說，換了個全新的覺知心的你，過去世的那一個覺知心的你死掉了、斷了，今生換一個全新的覺知心的你，所以跟過去世沒有辦法連接起來；而那個能夠連接的往世的意根，卻又因爲永遠都是無記性的心而不能分別這一些法；而那個能夠攜帶你所悟的無漏法種的第八識，卻又離見聞覺知而全無了別慧，所以就「忘了」前世所證悟的心眞如了，所以有些人是過去世早就悟過了的，因爲隔陰之迷所以「忘了」。

每一世都有一個全新的意識出現，這樣好不好？你如果說「不好」，「不好」就錯了！你如果說「好」，「好」也錯了！要能夠藉這一世全新的意識把往世熏習的所有法種帶過來才算好，可是事實上往世的無漏法種卻沒有辦法連接上來，結果是由眞如心把它保藏得好好的。你說：「能夠全部帶過來，很好啊！」如果能夠把往世所有的熏習種子帶過來，你就住不了母胎了。在母胎裡面一住九個多月，了了分明的知道過去世的一切事情，了知胎外廣大世間的一切事情，卻得要住在母胎裡，你會受不了、會悶死了、會神經失常，所以也不能說好，也不能說不好，所以證悟的人看世間法，也都還是中道。只有世世的意識都是全新的，都是從不知世界相、不知六塵相的一無所知開始，漸漸的學習了知，這樣才能安住於母胎中，才能接受這一世的父、母、妻、子……等現象界中的事相。

「若妄念息」，怎麼樣才能妄念息？得要破參，找到了如來藏，證驗祂、領受祂的體性，這個時候，虛妄念就全部都息滅，覺知心所想的都是如理作意的想，虛妄想就不會再繼續現行，這就是妄念息。妄念息滅了以後，你就知道「心相的生住異滅全部都無相」，七轉識中的每一個識的生住異滅其實本來都無相，因爲都只是不生不滅的心眞如所生起的起起滅滅的現象，但是祂們都不是實體法，都是心眞如所現起的法相罷了，都附屬於心眞如，都是心眞如的一部分，哪有什麼生住異滅相可說？

你的意識早上現起，所以你醒過來，醒過來之前，其實還有很多的運作，是你所不知道的；正當醒過來的那一兩秒鐘，其實也有很多的運作，凡愚兩種人都不能了知。醒過來之後，你這個意識有相嗎？沒有！你的眼耳鼻舌身五個識有長短方圓相、有青黃赤白相嗎？（大眾答：沒有！）沒有嘛！意根的你時時刻刻在思量，醒前在思量著該醒了，乃至睡著無夢時的**意根你**，繼續住在睡眠的境界中，那個思量的**意根你**也是無形無相的，那麼實相心自心眞如當然更是無相的。

這些心雖然無相，但是運作的過程當中卻是有心行的法相的，那就是方便說的「心相」；這些心體有時有識種的流注，有時候現前，有時候停頓間斷而不現前，所以有生住異滅的現象；可是在生住異滅的過程當中，祂們也統統無相，根本就沒有色塵相等六塵相。再進一步去觀察，虛妄的、生滅不斷的眼耳等六識心，爲什麼夜夜斷滅了以後次日又能現起？結果有智慧的人經由推論而發覺：一定是因爲有我的心眞如不生不滅。雖然他沒有能力、沒有因緣親證這個第八識眞如心的所在，但是他推論以後知道：因爲另外還有我的心眞如、意根、還有完好的五根，所以我這個覺知心可以斷了以後再度現前。這六識心雖然常常有生住異滅，卻也都無六塵相，而是面對六塵相來運作的。

見聞覺知的六識心斷了以後，爲什麼又能同時現起呢？一定是有一個無相的，恆不生滅的心，才能夠讓能見、能聞、能嗅、能嚐、能覺（觸）、能知的我再度同時現起，爲什麼能這樣呢？因爲這個見聞覺知的心，「以於一心前後同時皆不相應，無自性故。」爲什麼講「一心前後同時皆不相應」？自古以來，研究佛學的人當中雖然有很大的種種的爭論存在著，但是他們都能承認這一點：一心是不可能前後同時存在的。

這是怎麼說的呢？想要了知這個意思，先得要說到心的作用：譬如說意識，意識就是覺知心；譬如說眼識，眼識是見色塵的心；譬如耳識，耳識是聞聲的心。以耳識爲例來說，一捲錄音帶，你把它放在桌上錄音機裡，把聲音鈕打開，可是不讓錄音帶轉動，請問：「你聽得到聲音嗎？」（大眾答：聽不到！）當然聽不到。同樣的道理，讓我們可以從作用上了知祂們的功能；當你要錄音時，必須錄音帶轉動，轉動的時候，它是怎麼錄音？怎麼放音？當然是一分一分的錄、一分一分的放，訊號就錄在帶子裡面，聲音就從帶子上放出來。如果帶子不轉，能不能錄起來？能不能放出來？當然錄不起來、也放不出來，因爲帶子停住了。

同樣的道理，耳識想要顯示出祂的作用，讓耳識作用能夠出現，當然識種的流注就必須不斷的繼續、不斷的變換。耳識的第一個識種出現，祂馬上得要下去回到如來藏中；祂下去的時候，連帶著把位置空出來，下一個耳識的種子就在這個位置裡現前；這樣子，前耳識種子、後耳識種子不斷的輪替，一個又一個輪替，才能使耳識的作用出現，才能了別聲塵。那麼，前耳識種子是不是心？是心！它下去，後耳識種子又上來，速度很快，一秒鐘有九十剎那，一剎那是九百個生滅，所以識種的生滅輪替是非常快的。

日光燈，其實是閃爍的，不是常恆不動的；燈泡也是一樣，都是閃爍的。臺電的資料公告出來說，他們公司供給一般客戶的電，通常是減壓後的一百一十伏特、兩百二十伏特、三百八十伏特；幾周呢？是六十周。六十周的意思就是說發電機每一秒鐘轉動六十次。發電機每轉一次，電就發生一下，燈泡就閃一下：轉一次就亮一下。轉快了，電流不斷的來，電流就沒有起伏之相，燈光就沒有明暗相；如果發電機每一秒鐘是轉三十次，你就會發覺燈泡光明有些閃爍，因爲來電的速度太慢了，所以電流的起伏相，燈光就會有明暗相；可是增加到六十次，你就感覺不到，看不見它在一明一暗的閃爍了，就誤以爲沒有在閃爍了，其實還是有在閃爍，只是速度超過你的分別能力，閃爍的幅度也跟著明顯的縮小了，所以你感覺不到還在閃爍。

種子的流注，一秒鐘裡面有八萬一千次的生滅流注，你怎麼能感覺得到祂們有在變易流注？其實，耳識種現前，這個作用只是一剎那裡面的一個生滅而已，這個生滅馬上要由第二個耳識種子接上來，然後第三個耳識種子又繼續接上來，不斷的輪替，所以耳識的種子是一個又接一個上來的。

譬如電影在播放的時候，你以爲是連續的畫面，其實它是好多好多格，繼續不斷的出現；當錄音帶放給你聽的時候，聽到的也是一剎那一剎那的訊號延續而成的，前一剎那的訊號跟後一剎那的訊號不能同時出現，祂們一定是前後一一出現的，而不是同時重疊出現的。同樣的道理，我們的耳識種子也是一樣。你同一個心既是種子前後流注相續，才能產生作用，那祂一定是有變易的法，如果是種子不變易的話，這個心就不能用了。而這個耳識心，究竟是以誰爲心體呢？當然是以耳識種子爲心體，所以耳識其實就是耳識種子；只是因爲耳識種子從心眞如中不斷的相續流注而出，發生了分別聲塵的功能，在一段長時間中相續不斷的作用，我們就稱之爲耳識；推究起來，耳識其實只是耳識種子相續不斷所組成的相似的「心」，其實本來就不是心，本質只是耳識種子相續不斷的作用罷了，哪有耳識可說？

意識覺知心也是一樣，也只是從心眞如中流注出「分別法塵、分別六塵細相」的分別種子，並使這個分別性的種子流注不斷，看來似乎是有一個心體存在；可是人們卻不知道這個道理，於是就認定能覺知的心是眞的有一個心體；推究起來，意識心是無實體的；其實只是眞如心中的意識種子不斷流注而產生了似乎有意識心體存在著的一個現象，本質仍然是以意識種子作爲意識心體的，所以意識心體其實也只是心眞如所流注出來的意識種子罷了，並沒有一個實體法的意識心體存在。由於這個緣故，所以，佛在四阿含諸經中常常說到：「**意根、法塵相觸作爲因緣，意識就出生了。**」原文即是：「**意、法因緣生意識。**」有時 佛又說：「**一切粗細意識皆意法因緣生。**」正是說明了這個眞實理；不論是誰，都無法在理證上推翻 佛的這個說法。

所以，六識心和意根，其實都是依七識心的種子而施設爲心，本來無心，只是七識心種子罷了。所以，同一個心的種子，前後不能於同時相應，同時不能於前後相應，因此說「同一心」的「前後、同時不相應」。前後相應，譬如說耳識對前一剎那的聲音了知了，了知以後祂又下去了，後一剎那的耳識上來的時候，祂所了知的是另一剎那的聲音，這兩個耳識種子一前一後，能不能互相聯繫？祂們是不是要辦交接說：「我這一剎那的聲音交給你，你再轉交給下一剎那。」其實不是！祂們必須不斷的連接著，但是前後不同時。同理，眼識本身的了別性會很低劣、很差，而只能分別青黃赤白等顏色，而且對顏色了別功能也很差，連顏色的細相也不能分別，原因就在這裡；祂必須另外有一個意識相等無間的在旁邊作觀察，才能詳細分別顏色的細相。所以 馬鳴菩薩說：「一心前後同時不相應」，道理就是這樣的。

怎麼不能前後相應？因爲意識心的種子必須不斷的過去，才能作了別的作用；意識心的這一剎那種子過去了，再換下一個上來，中間不能夠說它有聯繫，雖然前種子是後種子的開導依，但祂們之間是不能夠有聯繫的，只是把祂原有的位子讓出來而已；既是讓出來而離開了，後一剎那的意識種子才能在那個位子上現行，所以是前後種子——也就是說前後剎那的意識心——是不相應的。因爲祂下去了以後，下一剎那的種子才能上來；祂如果沒有下去，下一剎那的種子就不能上來；所以，當下一剎那的種子上來的時候，上一個種子已經下去了，雙方並不互相接觸，怎麼能夠聯繫呢？

就好像小河流中間有一個石頭，每一個人都先要踩在那個石頭上，然後才能夠使另一腳踩到對岸去；可是那個石頭很小，只能容得下一隻腳，第二隻腳就站不上去了，所以你這一腳站上去，馬上就要過去，你不能兩腳並排的踩在那邊。你說：「**我還沒走以前，你也來踩一腳。**」但是你的另一隻腳踩不上來，永遠都只能有一隻腳踩在那個小石頭上。種子現行的位置也一樣，永遠都只能有一個種子在那個位置上現行，不能有前後兩剎那的種子同時在同一處現行；換句話說，前一剎那的種子必須先避開那個位置，後一剎那的種子才能在那個處所現行，所以前一剎那的種子叫作開導依——祂是後一剎那種子的開導依——開避其位而引導後一剎那種子繼於其位而現行。意識心如此，同樣的，耳識這個心也是不能前後相應的，前一個心下去以後，後一個心才可能上來；這樣迅速的連續不斷，一秒鐘八萬一千次的變易。

誰能夠了知這個耳識之所聽？是意識嘛！所以必須要有個第三者，因此說耳識前後剎那的兩個種子，祂們是前後出現的，是前後兩個不能相應的，不能同時現行運作的；如果同時的話，就變成同時有兩個耳識種子出現，就會成爲永遠都同時有兩個耳識在運作；那是不是兩個耳識的種子要互相爭論：「**我聽的才對，你聽**

的不對。」這是不可能的，也不必要；因爲耳識種子只要一個接一個就夠了，不必同時兩個現行，所以同一個心是前後不相應，也是同時不相應的，因此耳識不可能有兩個，耳識只有一個。

眼識也一樣，祂永遠只有一個，不可能有兩個眼識同時現行；雖然你有兩個眼睛，可是你所看到的，還是歸同一個眼識來辨別。雖然你有兩個耳朵、兩個鼻孔，仍然是同一個耳識、同一個鼻識。因此說一心是同時不相應，前後也不相應，必須要另外有一個別的心才能夠作微細的了別，另外一個了別的心當然就是意識。因此，你能說意識是有祂的實相嗎？前六識有祂的眞實性嗎？沒有！都是生住異滅的。前五識如此前後同時不相應，意識作爲五識的俱有依，成爲五識的等無間緣，所以能了別前五識所了別的；當然，意識也須有意根作爲俱有依，而意識自身也是一心前後同時不相應的，所以仍然須有俱有依，也就是意識的等無間緣依的意根來作意識所了別諸法的決斷者，所以意根在意識現行的時候，是極爲伶俐的，是極能了別的，但是祂的了別其實是意識的了別，被祂據爲己有罷了；當祂離開意識的了別性的時候，祂就沒有那個極爲伶俐的了別性了，就只能針對法塵作極爲差勁的了別了。所以，前六識都是一心前後同時不相應的，乃至意根自己也是一心前後同時不相應的，所以祂還得要有等無間緣依，那就是第八識心眞如。既然前七識都是一心前後同時不相應的，都是生住異滅，那怎麼可以是實相呢？所以當然不是，祂沒有具備眞實相的體性。

所以，有人說意識是不生滅的，是實相心，那就是密宗應成派中觀見的喇嘛們所說的，也就是宗喀巴等人所說的邪理；可是，說到意識這個覺知心，意識本身可以前後種子相應嗎？可以兩個意識種子同時現行而相應嗎？都不行！意識覺知心，得要有意根作爲等無間緣而在後面照看著，所以意識完全在意根的掌控之中。有人說：「**我這個覺知心今晚睡著了，明天還會出現，所以是不生滅的，所以意識心是常住法。**」有一些老和尚這麼講，喜饒根登、釋性圓也這麼講，因此他們說是不滅的【編案：後來大陸的西藏密宗邪師索達吉喇嘛也出書這樣說，否定平實導師所說「意識心是生滅法」的正理。後來由正安居士（已出家為正安法師）寫成《眞假邪說》一書加以駁斥，已出版流通】。那我倒要請問：意識覺知心在晚上滅不滅？睡著了以後滅不滅？眠熟無夢時滅不滅？（大眾回答：滅！）當然是滅了！如果不滅的話，那就不叫作睡眠了，那就沒有眠熟這個法相了！也要請問：佛說「意法爲緣生意識」，如果意識是不生滅的實相心，那是不是說「佛說錯法了」？

還有人主張說：「我神通廣大，我這個覺知心可以怎麼樣、怎麼樣……。」我說：「你的神通也只是意識相應的法，意識滅了的時候，再大的神通也是沒有用的。」他們不信，我說：「你要是不信，打一針麻醉針就好，或者打一針鎮定劑就好，你就受不了了，意識覺知心就徹底的斷滅了，神通就跟著不見了。」神通廣大的人，最怕你跟他們打麻醉針、打鎮定劑，他們很怕，爲什麼呢？因爲意識是緣起性的法，祂必須有三個俱有依：第一個是如來藏的現行識以及如來藏的心數法，才能現起五塵上的法塵；第二個是以意根作所依，也就是等無間緣依；第三個是未壞的五根——五勝義根與五扶塵根。五根是意識覺知心的俱有依，所以，你如果把他的五勝義根給麻醉了，用藥把他控制了，他的意識就無法出現了；意識心無法出現了的時候，神通就跟著消失了，空有大神通也奈何不了你。所以不管你被鬼神魔、天魔……什麼魔都好，被附身了，我告訴你：趕快送去榮總長青樓，加倍的麻醉針一打，什麼魔統統都退掉了，都無法再附身了。

同樣的，同一個意識心本身，祂不可能前後相應，也不可能有兩個意識心同時相應，不可能同時兩個意識種子現行，所以祂必定要有一個意根來作爲等無間緣依，意識才能分別種種諸法；意根就是這樣掌控著意識的所有分別性，而作時時刻刻的思量與作主。意根的法甚深極甚深，修道其實就是在意根上面修，藉著意識的如理作意的思惟，而漸次的改變意根的習性；這個意根的法非常的妙，一切種智裡有許多的法，就是從祂而來的。

所以，意識與前五識都是同樣的體性，都是「一心前後、同時皆不相應」的。意根的本身雖然無始劫以來都沒有一剎那的間斷過，但是祂可斷、不可斷呢？可斷！如果祂不可斷的話，祂就沒有辦法讓阿羅漢在捨報時把祂斷掉，因爲阿羅漢就是把祂斷滅了，所以才能進入無餘涅槃的無境界的境界中。

曾經有大師這麼說：「死了跟入無餘涅槃是一樣的。」對不對呢？這是大師講的，眞可憐！說出這種「佛法」來。還有的大師說：「睡著了以後，意根也是斷了的。」那可簡單了，想要出三界的話，只要睡覺就好了，因爲意根斷了就是無餘涅槃的境界啊！那大家每晚應都已經證得無餘涅槃了！只要睡一覺就成爲阿羅漢了，那人間怎麼還會有這麼多的凡夫呢？如果睡不著，打一針安眠藥也就睡著了；或者去藥房買幾顆安眠藥吃了就睡著了，睡著了的時候意根就斷了，就是進入無餘涅槃了，就成爲阿羅漢、成爲出三界的聖者了。這一些大師們不曉得是怎麼想的，連這麼基本的佛法也弄不清楚。如果睡著了意根就滅了，那每一個人每天晚上睡一覺起來就都變成阿羅漢了，因爲你的意根斷過了；意根斷滅過了就是十八界俱滅，十八界俱滅就是無餘涅槃了。但這些都是虛妄想，都不是眞實的佛法，眞要說起來，過失是很多的。

這意思就是說，從眼識一直到意根，都是生滅法，都是可滅法；意根雖然無量劫以來，祂不曾斷過，可是意根祂一樣是心，這個心一樣是由我們的如來藏裡面流注出祂的種子，每一秒鐘八萬一千次的生滅，才能有意根相續不斷，這樣連續不斷的從無始劫以來跟著阿賴耶識一直到今生。可是祂的了別慧很差，你叫祂看一朵花，祂都沒辦法看，一定要憑著意識加上眼識，祂才能「看」。祂只在簡單的法塵上面接觸，沒有辦法作什麼了別；只有法塵上有了大變動的時候，祂知道有變動、有不同、有異樣，想作反應；但沒辦法作什麼，因爲根本就不知道是什麼狀況，縱使知道了也不知道該如何反應，所以就下命令：「意識啊！趕快出現來看看！」所以心眞如就流注意識種子到意根這裡來，所以意識覺知心就起來了。意識一起來，你就醒過來：「原來是地震。」意識醒過來看看：「不過是二級而已，沒什麼事，睡啦！睡啦！」意根就讓眞如心不再流注意識種子，祂沒事就又間斷了，意識滅了就叫作睡著了：祂又繼續睡了。

末那識意根本身雖然辦不了大事，可是祂很厲害，祂遍緣一切法，無有一法不緣的；意識的分別功能雖然很好，但是常常偏重在其中一法上，不能遍緣一切法；而且意識同一個心的種子是不可能前後聯繫的，所以不可能同時有兩個意識覺知心種子現前的；所以心、意、意識的功能是有很大差別不同的，也就在七轉識與心眞如的心性不同與錯綜複雜的運作過程當中，有了眾生的見聞覺知、喜怒哀樂等等，也有了眾生的有覆性的無記性，也有了眾生所不知道心眞如的無覆無記無漏有爲法的種種利樂眾生之行爲。這一些心——意識與前五識是常常會間斷的——但是意根爲什麼能夠恆常不斷？就是因爲有如來藏的現行，再加上無明、緣、業種、渴愛、貪求、慢……等煩惱，所以自無始劫來恆常相續不斷。

有人說：「意識覺知心，你說祂是虛妄的，我偏說它不虛妄；因爲你今天睡著了，明天祂會醒來，還是存在的，所以不是虛妄性的。」可是請問：「睡著了以後，祂斷了；斷了的時候是有意識還是無意識？」（大眾答：無！）是「無」嘛！「無」怎麼可能明天憑空就又出生了意識覺知心？所以，祂必定要依某一個常住不壞的因，再加上某一些緣，有因有緣祂才能出生，沒有那一些因，沒有那一些緣，祂是不可能滅了成「無」以後而再度自己出生自己的。沒有了自己而能空無之中又再度自己出生自己，這是不符合法界事實眞相的，也是不符合世間邏輯的，所以在理證上是絕對說不通的。

既然意識覺知心是要依附於別的因、別的緣，明天再從本無意識的境界當中由別的法出生了祂，那表示祂不是實相理體；如果祂就是實相理體的話，其他能夠使祂出生的緣——意根與法塵——應該也是實相，因爲祂是靠著那兩個緣所出生的。那麼除了這兩個緣以外，能夠使祂出生的因——如來藏——也就是心眞如，應該更是實相；那麼這樣一來，豈不變成有三個實相了？這問題可就嚴重了：三個實相之中，到底哪一個才是眞正的實相？可是實相永遠都是絕於對待的，只可能有一個實相，不可能有兩個或兩個以上。所以說，這一些人的說法都是什麼？都是邪見。一心是前後與同時都不相應的，因爲都沒有自體性的緣故；沒有自體性，就是說祂沒有恆存不滅的那個體性，必須依附於其他的另一個法，才能夠存在，所以叫作「無自性」。有自性的法，是說祂本身自己就在，所以叫作自在，不必依靠別的法也能獨自存在，那就是心眞如第八識。

《心經》第一句所講的「觀自在菩薩」是在講什麼？爲什麼不翻作觀世音？「觀」就是你的意識覺知心去觀察，觀察到自己有個心是本來就在的，不是有生的法性

——你本身的那個如來藏本來就在——這樣現前觀察得到的，才能叫作觀自在。但這是爲還沒有證悟的凡夫眾生說的，也是爲二乘一到四果的愚者說的；其實，當你觀察祂自在的時候，祂本是自在的；當你不觀察祂是否自在的時候，祂仍是自在的；你悟前不能觀察到祂的自在，祂也還是自己存在的；所以，隨你觀不觀祂，祂都是自在的，所以從實際理地來說，應該叫作「不觀自在」；所以觀自在是爲未悟般若實相的人所說的，不是爲我們這些已經證悟的人而說的。因此說，七轉識都是一心前後不相應，也是同時不相應的，所以 馬鳴菩薩說：「以於『一心』前後、同時皆不相應，無自性故。」

論文：【如是知已，則知始覺不可得，以不異本覺故。】

講解：當你知道了這個七轉識每一個識的「一心前後同時皆不相應」：知道這七轉識不管哪一個識的現行，一定要依因和緣才能現行，而且是同一心的前後種子、前後心體都不能同時現行；當然另外還有一個心始終恆常不斷而常住的，使我們這個見聞覺知心才能夠夜夜斷滅以後，朝朝又醒來，你就知道那個心一定是跟覺知心的我同在一起，可是那個心畢竟在哪裡呢？不知道！不知道時該怎麼辦？找！於一切時、一切處中去找。當以後有一天你找到了，證實了，就是眞正的見道——知道法界的眞實相了。

眞正知道的時候，你就會發覺：原來還是本覺，始覺其實不可得。有人已經得到始覺位的果證，可是哪裡會有什麼始覺位？這個始覺也只不過是依本覺來建立的！也只是知道那個第八識本有的覺——本覺——而已。可是那個本覺，它是本來就有的，不是你始覺了以後才有的，所以始覺的本質還是本覺，所以本覺也就是始覺；只是因爲你不知道這個本覺，所以你才叫作不覺；只是因爲你找到了第八識心體的本覺，所以你才叫作始覺，其實都是以同一個「覺」爲中心的。那時你就恍然大悟：原來始覺、本覺、不覺三個覺的名稱與果位，就是這樣來的。

由於本覺是每一個眾生都有的，不論他有沒有悟，都是本有的；證得這個本覺的人就叫作始覺，始覺其實跟本覺非一非異，是由本覺來的；能夠證得始覺位的時候，能夠漸漸的深入去領納心眞如的眞如體性，親自領受更多這個本覺的體性的時候，就叫作隨分覺；那就是過了第七住的境界，一直到等覺位，都是隨分覺，所以隨分覺的果位函蓋了三賢位與十地、等覺位。

有一些人還沒有破參，他們還在參究；當他們聽我告訴他們確實有個心眞如，他們依照我的開示，好像覺得身中有個眞如心存在，可是又不曉得在哪裡，他雖然還在找，但是覺得似乎就在自己身上有個心眞如，那就叫作相似覺。如果他有一天找到了，能夠隨分的觀察心眞如，他就會說：「因爲我找到了，我隨分知道一點兒心眞如運作時的法相了，雖不像佛那樣的究竟知道，我也算知道一點兒了，那我現在知道了，我就是隨分覺的菩薩了。」如果知道了法界實相，而且已經究竟了，那個就是什麼呢？就是究竟覺的佛地果位了。像這樣知道「覺」的施設其實都是依著第八識心眞如的本覺而施設的，就是懂得「覺」的眞義的人，那時就能正確的了知：始覺也不可得，始覺也是依第八識心體所本來擁有的本覺而施設建立的。

論文：【復次，本覺隨染，分別生二種差別相：一、淨智相，二、不思議用相。淨智相者，謂依法熏習，如實修行，功行滿足，破和合識，滅轉識相，顯現法身清淨智故。一切心識相，即是無明相，與本覺非一非異，非是可壞，非不可壞。】

講解：這個本覺，也就是心眞如對七轉識了別性、對器世間的了別性、對五陰世間的了別、對業種的了別性……等功德性，祂會隨著七轉識而造作種種雜染業行的法相出來；這個第八識所獨自擁有的本覺，能對色蘊、對十方器世間的覺照性——鑑機照用的體性——會隨著眾生在染污位的時候而作六塵以外的了別的緣故，就會產生兩種的差別相：第一個差別相叫作淨智相，第二個差別相叫作不思議用相，這是由於七識心王的分別心能作六塵的觀察，而在悟後觀察心眞如——阿賴耶識如來藏——有這個本來就有的覺照體性，也就是本覺；由於觀察到第八識有這個本覺時而產生的，這個本覺是本來就有的，不是修行以後七轉識所具有六塵中的覺照性，這個本覺是第八識心眞如本有的，而開悟所獲得的覺悟，那是七轉識悟後才有的，悟後的般若覺悟智慧是與第八識的本覺同時同處的，不是只有一個能在六塵中了知的七轉識的覺悟境界。「淨智」譬如說佛地的智慧；不思議用相則是講佛地法身的功德。

淨智相的第一個部分說的是「淨智」，顧名思義就是說清淨智慧的那個體相、那個法相。淨智相是說要依照佛法所說的那樣正確的去熏習，不可以自己盲修瞎練；對經上所說覺得有疑問的地方，先暫時打個問號，把它放著，不可以在沒有證量、或者證量不夠的時候，就去把它推翻；除非你本身確實有那個智慧上的證量，你能夠判斷這是僞經。如果沒有能力判斷，最好是把它打個問號，暫時存疑，說「**這個我還不懂。**」然後先依著其他沒有爭議的經典中 佛所說的道理和次第，一步一步去走。那就叫作「依法熏習」，不可以自己想了就算數。

如果不是這樣的話，那叫作「不依法熏習」；不依法熏習就會走錯了路頭，修壞了法的時候，可不能怪 佛，妄說佛法有問題。「依法熏習」就是見、聞、閱讀、以及誦讀或叫作課誦。剛開始學佛的時候，往往都會學課誦——怎麼樣作功課、作早課、作晚課——可是很多人誤會了課誦的意義，就以爲課誦本身即是學佛。課誦就是要讓你重複的、反覆的去讀誦它，要讀誦到很熟。可是在讀誦的過程當中，應該試著要去瞭解：「**這一些經句的意思究竟是講什麼道理？**」你應該要有這樣的一個心態，這個也叫作「熏習」。

熏習的第一步是要先親近善知識；善知識有時候也寫書，但是書裡面的意思，也許你無法如實的去瞭解，也許換個方式，透過語言上面的說明，你比較能夠容易理解到，能夠獲得正確的知見，這也是熏習。如果你有能力去閱讀善知識寫的書，那也是熏習。熏習只是一個聞法的過程，接下來要有思惟修。思惟修就是要把它整理通透以後，使所熏習的法義不再是常識了，已經轉變成你自己的知見了。

有了知見以後，再透過般若禪的修行，也就是去找那一個眞實心——心眞如——找到眞實心的時候，你會發覺這時才是眞正的證悟，也會發覺這時才只是正要進入修行的大門，還沒開始修行呢！

證悟的時候，第一個功德就是智慧開始打開了，智慧打開了的時候沒有任何境界，可是拿起經典來，會發現自己已經讀懂了，開始有般若智慧了。可是破參——見道——的內容，是很多人所無法承擔的，必須要透過參禪的尋覓的過程，一再的檢驗意識覺知心的虛假，斷了我見，才能釐清方向、遠離意識境界而找到心眞如；找到了以後還要重複的體驗心眞如，重複體驗和檢驗祂的體性是否符合佛在經中所說的心眞如的體性，有了這個斷我見和體驗心眞如、檢驗心眞如的過程，才有辦法承擔起來，心裡才會踏實的承擔起來而沒有懷疑。所以如實的修行很重要，必須要一步一步的去作，然後一直到功行滿足——功德和修行統統滿足了以後——那個時候破參了就稱爲「破和合識」。

爲什麼稱爲「破和合識」？我們在前面講過：「心根本性常住現前。」沒有住在第八識心眞如的根本自性常住在你眼前的這個地步以前，你所知道的眞相識、眞心、眞如，其實都是「和合識」；換句話說，都是和合所生的識，都不是眞實心。

如前所說，前五識要有意根、意識、六塵爲緣，還要有阿賴耶識的現行，才能出生和運作；意識要有意根和法塵以及阿賴耶識的現行識和合運作，才能出生；意根則要有阿賴耶識——心眞如——的現行識和無明種子的和合運作，才能出生與運作；所以七轉識都是和合識。破和合識的意思，是說不再落入七轉識的境界相中了，確實找到不須和合他法就可以獨自存在的眞相識了。

和合識還有一個意思：所有眾生的識的運作——在人間一般情況下的運作——都一定是八個識和合運作的，等覺菩薩也都還是要八個識和合運作的。到了這個時候，「破和合識」時，每一個識都可以單獨運作，每一個識的心所有法也可以單獨運作，所以說諸佛都是「隨緣赴感靡不周」，原因在這裡，這個時候才叫作「滅轉識相」。

爲什麼稱爲滅轉識呢？因爲 佛的七轉識已經不叫轉識了，再也沒有因地識種流注時會產生的不斷變異的現象了，佛的諸識種子都已經純淨了，不再轉換，不再變化，永遠都是流注同一類絕對清淨體性的識種子，不再於流注時一樣變異的了，所以不能再叫作轉識，所以叫作「滅轉識相」。這樣子，就顯現了 佛的法身的清淨智。也就是說，到那個地步的時候，對於自心眞如的所有的種子功能差別都了知了，沒有一法遺漏；法身的清淨智因此而完全的顯現出來，這就是另一個層次的「心根本性常住現前」，這樣的話，才叫作究竟成佛。

可是這個究竟成佛，其實都還是原來因地時所證悟的那個心眞如的本覺，依舊是那個本覺，所以說究竟覺非異本覺；但是究竟覺與本覺又非一，又不完全一樣，因爲種子不管怎麼流注運作，都不會再變異、不會再轉變了。但這是佛地的境界相，在因地時，本覺——心眞如——也就是如來藏阿賴耶識，雖然自體還是本來清淨的自性，但是祂本身所擁有的無漏有爲法上的種種功能，卻會因爲祂自己從來都不作主、不思量的緣故，會被無明所矇蔽的七轉識牽著去到處造作善業而執著，也會到處造作惡業、執藏業種，然後七識心才想要逃避惡業果報，這就是「本覺隨染」的意思。

「淨智相」的第二個部分，就是說，在凡夫地——也包括一切菩薩因地——的淨智相當中，其實還是有一些染汙無明存在的，所以接下來說：「一切心識相，即是無明相，與本覺非一非異，非是可壞，非不可壞。」

這一段論文中開示「一切心識和本覺的關係」，既然說的是心識與本覺的關係，當然就表示：這一切心識，不包含本覺識。所以這裡所說的一切心識是講七轉識，七轉識的心相，我們可以說祂就是無明相，如何說祂是無明相呢？正是因為無明的緣故，才會使得七轉識不甘寂寞，不願捨離六塵；死了以後又怕成為斷滅，所以一直想要保持意識等六心的存在，所以意根又使得如來藏把中陰身生起來。中陰身只有七天的壽命，所以中陰身死壞了以後，意識與意根怕斷滅，怕無覺無知，所以就得要再去投胎取得人身，因此就又帶著中陰身投胎去了。

因為無明的關係，使得意根帶著阿賴耶識不斷的去受生。有時因為惡業而生到地獄、畜生、餓鬼道中；有時因為善業而生到欲界天；有時因為定福而生到色界天，有時生無色界天。這樣輪轉不停，永遠沒有離開分段生死的時候，所以一直輪迴到現在，還會繼續輪迴到未來無量世，這個就是無明相。三界六道有情的五趣輪迴，都是由於無明導致不能接受涅槃的寂滅，所以反覆的去取後有，使得七轉識無法自我滅除，永遠就進不了無餘涅槃，永遠不能證得有餘涅槃的解脫生死境界，這就是無明相。

這種無明相是很普遍的存在著，不但在外道當中，也普遍的存在佛教界裡面。據傳現在南洋也有阿羅漢，可是那些所謂的阿羅漢的著作或者開示，都是叫人要時時保持覺醒，不要昏沉，捨報的時候用這個覺醒的心入涅槃。這樣的邪見，未斷我見，連初果的證量都沒有，怎麼可以稱為阿羅漢呢？這樣子的知見，跟常見外道一樣，還沒有破我見呢！因為他們所說的這個覺醒的、覺知的心，正好就是常見外道、民間信仰所說的常不壞我，正是常見者，根本就不是佛所說的眞實的無我性的我——心眞如，所以他們其實都還不能進入聲聞的初果位。

南傳佛法是這樣的情況，北傳的顯宗、密宗也是一樣，好不到哪裡去。尤其是西藏密宗四大派自古至今的一切法王、善知識，都是以這個覺知心處於一念不生當中，然後就說這樣叫作叫作「輪涅不二」，意思是說，當你覺知心住在一念不生的時候，不論是明空雙運的覺知心境界，或是樂空雙運的覺知心境界，他們都把它叫作輪迴與涅槃不二。但是，這個完全是輪迴，是具足的、百分之百的輪迴，與涅槃完全無關；西藏密宗如是，顯宗裡面也是這樣錯誤的情況一直在延續著。

顯宗裡面，歷代都有少數如實證悟的人，但他們不一定會出來弘法。他們屬於末法的時候「潛符密證」的人，雖然悟了，看到佛教似乎還沒有發生什麼大問題，就自己深沉的潛藏著，繼續自修。「密證」是說你證悟了，可是沒有別人知道：也不出書，也不廣告作宣傳，也不對別人說自己的所悟。

那意思就是說，一切證悟的人都不會用意識的知覺性來當作眞實不壞心。可是錯悟的人爲了不肯讓這個知覺性的自己消失掉，所以就不斷的要保持這個知覺性不斷，那他就只有一個辦法：不斷的保持自己的覺醒性、清明性，死了以後就只好不斷的去輪迴、不斷的去受生，才能繼續保持這個覺醒性、清明性。這個就是標準的「無明相」，其實都是被自己給騙了。

所以說凡是有七識心現行運作的話，那個現象本身就已經是無明相了，因爲能見之性、能聞之性、能嗅之性……乃至能知覺性，統統就是無明相。因爲不肯捨棄自己，要讓自己時時現行，那就是執著蘊我、處我、界我。既墮於十八界中的我，錯誤的把這個我當作是眞實不壞的，就會導致了七識心的不斷現行和運作，這樣就叫作「一切心識相」。

因爲這「一切心識相」不斷的與無明相應，不斷在無明的邪見中熏習，所以導致無明的我見、我執的熏習越來越嚴重，最後就變成理所當然，任憑善知識再怎麼向他說明：「能見之性是眼識性、能聞之性是耳識性……能覺之性是身識的觸覺性、能知之性是意識的了知性，所有的知覺性都是無明相。」但是先入爲主的邪教導，卻使他很難再改變；尤其是已經被人作了錯誤的開悟印證，更難轉變先入爲主的錯誤知見；只有大心的，實事求是的久學菩薩們，才會冷靜的思惟和比對經典之後，清楚的觀察出七轉識的自體性，無所留戀的轉變，棄捨別人對他所作的錯悟的印證，才可能開始遠離無明相。所以說「一切心識」只要有心相現前的時候，就是無明相，可是這「一切心識」雖然是無明相，祂們卻和本覺非一非異。為什麼叫作非一非異呢？因為這無明相，也就是七轉識相，是由本覺的這一個根本識所產生的，是附屬於本覺第八識心體的，歸根究柢還是得攝歸於本覺識——心眞如的。

本覺根本識，既然出生了七轉識，而與七轉識沒有分離的時刻；七轉識的意根時時刻刻現行運作，但是六轉識，有時現行，有時不現行：譬如你睡著了、昏迷了、正死位，還有就是無想定與滅盡定當中，六識、見聞知覺性都不會現行。既然此時不現行了，表示祂不是獨立於本覺之外單獨存在的，就表示祂是由本覺所出生，依附於本覺，不離本覺而運行。那當然得要攝歸於本覺心眞如了，當然是屬於本覺心眞如的一部分的，因此說，七轉識非一非異於本覺。

這就像我們身體長出了手臂，手臂有時候不運作、停了、不動了、不現行了，有時候又開始運作。手臂動作現行的時候你不能說手臂不是身體，不動作現行的時候，你不能夠說手臂是離開身體而到哪裡去了，不是這樣的，它還是在的。

同樣的道理，見聞覺知性不現行，只是因爲六轉識的種子在阿賴耶識心體裡面自心流注，不流注到外面來。祂們既是心眞如所生，那麼祂們與心眞如當然非一。祂們的體性和心眞如也大大不同，看見漂亮的都要、就要貪；看見醜陋的祂就要厭、就要瞋；看見了親人就歡喜，看見了仇人就痛恨。可是心眞如同時存在，也配合著運作，祂卻是不貪不厭、不喜不恨，體性截然不同，所以不可以說祂們兩個是一。但是七識心王現行時的體性和心眞如雖然不同，祂們卻都是心眞如所生，與心眞如一起運行，祂們依附在眞如心體上運作，或者說心眞如依附著祂們而在三界中運作，雙方如膠似漆、水乳相融，沒有辦法拆開，和合似一，因此也不能夠說祂們不是同一個。所以說，一切心識相雖然就是無明相，但是祂們卻與本覺不一不異。

這七識心王，你沒有辦法把祂們永遠的破壞掉，只能夠把祂們暫停，譬如說，如果叫你現在立刻出來弘法，你會考慮的說：「嗯……我看我還是不要喔！我要是出來弘法，講了義法的時候，看見有人崇拜凡夫的上帝、阿拉，我免不了要罵到上帝、罵到阿拉，那如果耶和華、阿拉一個不喜歡，把我給幹掉了，那我不就完蛋了嗎？」不會完蛋的！上帝耶和華、阿拉都一樣，他們沒有辦法把你的七識心滅掉，他只能夠把你的色身滅掉，滅掉以後，你又去投胎，下一世的七識心王又現行了，還是生活得好好的，他們卻已經找不到你了。

「他們不是全知全能的嗎？怎麼會找不到？」我告訴你：他們不是全知的，也不是全能的，那是歐洲人的虛妄想所說的。耶和華如果是全知的，請問：當初從亞當身上拿一根肋骨出來造夏娃的時候，他知不知道所造出來的亞當與夏娃……等人會背叛他？他不知道啊！不知道就不是全知！如果知道，卻故意要造出來然後讓人家去背叛他，再把人們打入地獄、永不超生，那叫作居心叵測：壞心眼！如果不是全知而是全能的，他就算不知道亞當、夏娃會背叛他，但是後來當亞當、夏娃將來背叛時，他也應該可以導正他們呀！可是他仍然導正不了，那個他所創造的人被撒旦所利用了，永遠救不回來了，可見上帝耶和華絕對不是全能的，更不是全知的。

又譬如說，「聖」經裡說他創造了世界與人類畜生等。但是，那七天創造萬物的先後過程根本就顛倒了，從物理學的現量上來看是絕對講不通的，這且先不談它。先問上帝：「到底他所創造的世界是哪一個世界？」他所創造的世界是平的啊！可是我們這個世界偏偏是圓球形的，不是平的。可見這個世界不是他創造的，所以他不是眞的創世者，他的創世之說只是一種神話，是人類無知所編造出來的神話。眞正的創世者其實是我們大家，由大家的心眞如——如來藏——所含藏的共業種子，共同來創造了這個世間。

所以就算他有能力把你的色身給害了，害了以後你又去投胎啦，投胎以後他再也找不到你的，爲什麼呢？因爲從「聖」經中的境界看來，上帝的境界還只是在欲界天之內，並沒有超過欲界天，連色界定的初禪都沒有證得，根本就講不出初禪的境界相，何況是二、三、四禪與四空定？他哪有什麼大能？所以，你再去投胎時他根本就找不到你，因爲你有了一個全新的一切心識——全新的六轉識——他根本就不認識你，所以他就找不到你了。意根當然是從過去世來到此世的，但是上帝也不懂第七識意根，當然認不得意根的你；而前六識卻是全新的、在下一世再度生出全新的六識來啦；因爲有上一世的證悟種子，這一世你再參禪又破參了，又繼續開始摧邪顯正：「你耶和華的說法是錯誤的，不懂實相。」他會覺得奇怪：「怎麼這世界中不斷的有佛教中開悟的人會出來罵我呢？」他卻不知道其實還是同一個人，他根本不曉得；因爲他連眾生都有第八識的道理也不懂，連眾生都有三世輪迴的道理也不懂，連如何解脫的初果所證的二乘無生智都不懂，所以說他不但沒有智慧、不懂實相，根本就是一個愚癡凡夫，才會主張人只有兩世：被他「創造」的第一世以及生到天堂裡的「永遠不死」的第二世——第二世「永生不死」的永遠當他的僕人。

由這一個道理即可說明，「一切心識相」七轉識雖然是無明相，但是無明相可壞，一切心識卻不可壞、無法壞，滅除染污性以後改變成爲清淨性，就是佛地的七識心王。因爲一切有情眾生都有根本識心眞如、都有這個本覺，他的根本識裡面始終都含藏著七轉識的種子，永遠沒有斷絕的時候，他的有根身毀壞了，毀壞之後他這個六識心在自心裡面流注——在他的第八識裡面流注——還是繼續存在著的，遇緣就可再度現行，永遠如此，所以非是可壞。

一切心識沒有辦法被破壞，是因爲祂的種子恆常存在心眞如裡面，而心眞如是永遠不可壞的，是誰都無法破壞的金剛性。但是瞋心深重的惡人——上帝——可以讓你暫時不現行，譬如說「聖」經裡所講的上帝放天火、放大水來破壞了別人的色身，使別人的色身破壞以後，一切心識就不能現行。但是不能現行也只是暫時的一段時間，並不是永遠都不能再現行的，投胎再出生時的下一世又可繼續現行了，所以上帝無法永遠破壞你的一切心識——七轉識；這是從長時間來說「非不可壞」，除了以這個凡夫所有的時間差別，來說一切心識非不可壞以外，還有沒有別的時間差別是「非不可壞」的呢？有沒有？有啊！如果沒有可壞的時間，那解脫道就甭提了啦！因爲一切阿羅漢入無餘涅槃的時候，七轉識全部都壞了，「一切心識」都不再現行了。所以說這裡 馬鳴菩薩所謂的「非不可壞」，是因爲可以壞，所以才有無餘涅槃的證得；如果七轉識也是眞實如實的永遠都不可壞，那就沒有有餘涅槃、無餘涅槃的證得了，所以說七轉識心都屬於「非是可壞、非不可壞」的。

論文：【如海水與波非一非異，波因風動，非水性動；若風止時波動即滅，非水性滅。眾生亦爾：自性清淨心因無明風動，起識波浪；如是三事皆無形相，非一非異。】

講解：海水和波浪非一非異，不能說波浪就是海水，因爲浪有它的體性，就是前進、翻動、永不休止，而且是依他而有，也就是依於海水才會有波浪；海水它可以是有浪的，也可以是休止的，但是浪存在的時候卻永遠都是不休止的。海水休止的時候，是什麼人的境界？是阿羅漢的境界啊！你要找七識波浪休止的狀況，除了阿羅漢境界以外就沒地方可以找了。眾生的心不斷的波動，因此海水就不會有停止波動的時候；眾生的心粗暴瞋恚，就永遠會有颱風、颶風。如果臺灣有十分之一的人證得解脫道，或者佛菩提道，臺灣從此就不會有地震與颱風啦，這就是眾生的業力使然。因為在十分之一的人見道的情況下，人心都被教化得很清淨了，哪還會有瞋與大波動可說呢？當然就永遠只有和風而沒有颱風了。

因為眾生的心時時都是大波動的，所以地球上要找海水沒有波動的時候當然就找不到，所以只有大浪與小浪的差別，不可能有無浪的狀況。有人寫文章說海水波平如鏡，騙人！永遠不可能！只能說風平浪靜——浪小了、不吵了——可還是有浪啊！心真如海水可以是不動的，但是因為外面的心動風吹，所以導致海水就有波浪不斷的前仆後繼。如果沒有無明風，七識浪就不會動，因此說海水上面起波浪時並不是水性動，而是業風吹動。眾生的心看見外境有動，也是由於他心動；他的心如果不動，就不會看見外境有動。所以《六祖壇經》裡那兩個僧人，一個說幡動，一個說風動，六祖說：「不對！是你們兩位仁者心動了。」但是這個說法有沒有牽涉到真實心呢？還沒有說到，還只是在七轉識的「一切心相」的範圍裡面，因為那兩個僧人悟道的緣還沒有成熟，所以只跟他們講七識心的部分。

那麼，風如果停止的時候，水波的動，那個動相就消滅了；但是水波的動相消滅的時候，並不就是水性消滅。所以可以滅掉海水上面的波浪，卻不能滅掉海水自身；海水是常住的，風停了，浪就跟著停了：浪不見了，但海水還是常住的。因爲浪是由海水波動而產生的，浪本身並沒有實體，浪只是海水所生的波動所顯示的海水狀態，所以海浪是依海水而存在的，離開海浪就找不到海水，離開海水就不可能有海浪，所以海浪與海水非一非異。

眾生心也是同樣這個道理，自性清淨心的眞如心——阿賴耶識——被無明風所吹動，所以自性清淨心就有了動相。但這個動相不是在六塵裡面心動，這一個動相的出現，也是由於無明風所吹！無明風從哪裡吹來呢？這是因爲心眞如含藏著七轉識相應的無明種子，七轉識與無明種子相應而生起了無明，所以就吹動心眞如。心眞如被吹動了，所以祂就配合著七轉識的無明蠢動，所以就有心眞如的心動，由於祂的心動就流注出七轉識的心種，不斷流注的結果就是七轉識不斷的現行運作，再由心眞如的「心動」而不斷運作來配合七轉識，就成爲「不可壞」的眾生相——五陰具足——可是心眞如的那個「心動」不在六塵相裡面。

從一般的層次上再往前推，推到六轉識的識浪現行的時候來說：本來阿羅漢住在滅盡定當中，他可以一直住下去，那你說：「才怪！難道他腿不痛？」我跟你說：「他會痛，可是他又不痛。」怎麼說呢？因爲他在滅盡定當中，腿還沒痛的時候他就已經入了滅盡定了，入了滅盡定當中意識是已經滅了，意識滅了的時候誰知道痛？沒有人知道痛啊，所以他不痛。

可是不痛並不是眞的不痛，阿羅漢入定一夜以後腿還是痛；腿的痛其實是腦子在痛，不是腳在痛，那你說：「奇怪了！你怎麼這麼講？明明我是腿痛得要死，怎麼你說是我腦子裡在接受痛覺？」很簡單！作個實驗，把你的腦部裡面掌管腿的觸覺部分，噴一點麻醉劑就好了，讓那個部分功能停止掉，你的腿就不痛了，止痛劑就是這樣。也可以把你的神經纖維的傳導停止，你也就不痛了。局部麻醉只是停止神經傳導的作用，可是從腦部裡面用藥，它就把你這個部分的痛處全部給消除掉，可見痛覺是在腦部的！而腦部的痛覺，目的是在顯示你感覺痛的地方出了問題，你得要處理它，讓它回復到正常狀態。

大阿羅漢他不會因爲腿痛而出定，因爲他在滅盡定中的六轉識滅了，沒有人來了知痛覺，所以定中不知道痛。他得要到自己所預定的時間或情況出現的時候，末那才會說：「喂！該出定啦！意識！上來上來！」這就是無明風動，因爲他該去托缽了；這個無明風一吹，六轉識——前六識——就出現了。六識一出現，發覺現在是有一點暖暖的，鑾亮的，應該去托缽了。阿羅漢就是爲了托缽而出定，這就是阿羅漢的無明相。他有一個心說：「我是眾生福田，我應該去給眾生種福田，讓眾生修集福德。」因爲 佛有這麼交代，他也認爲自己眞的是人天良福田。菩薩知道自己可以是人天良福田，確實也是比阿羅漢更高層次的人天福田，但他心中不認定自己是福田，因爲沒能所的緣故，所以兩者是不同的，所以菩薩沒有這個無明。

阿羅漢還有一種無明風，有一次六群比丘出去托缽，因爲托不到缽飯，回來就罵富樓那尊者說：「你怎麼都不餓？我們餓得要死，你偏偏不餓，你就是把好的地方、容易托缽的地方留給自己，把不容易托缽的地方分派給我們，所以我們托缽求不到飲食，你卻不必餓，你有私心。」富樓那尊者跟他說：「我今天也跟你們一樣沒有吃飯，我是如實語，我沒有騙你。」可是六群比丘不相信，不斷的諍論指責富樓那尊者；最後，富樓那尊者沒辦法，只好證明給他看：「我是有吃東西，但不是吃飯。」結果他摳喉嚨，吐出來給他們看；他吃的是什麼呢？牛糞！他吃牛糞，爲的只是止飢，不是爲貪求飲食美味。可是菩薩寧可餓，也不會去吃牛糞，菩薩會忍受餓覺，因爲菩薩證知「餓、能餓、所餓都空」，所以轉依了理地，就沒有餓可言，就可以忍受事相上的五陰的餓苦；阿羅漢就不行了，所以阿羅漢吃牛糞止餓，這也是一個無明啊！菩薩就不會有這種無明。

無想定中意識滅了，所以在無想定中也是不會痛的。這無想定，很多人誤會了，譬如南懷瑾老師有一本書叫《如何修證佛法》，這本書現在也在大陸流通，他在第一頁就講到無想定，他說：「**我們打坐妄想不起來的時候，那就是住在無想定中。**」可是，有多少人知道他講錯了呢？結果大家都信啦。只有極少數的人知道他講錯了。可是，佛所說的無想定的「想」，不單只語言文字打妄想那個想，還包括覺知性。其實絕大多數的人，打妄想都是沒有語言文字在打妄想的，包括諸位之中初學所以還不會無相念佛的人在裡頭。你們可能有百分之八十的人在心中抗議：「**哪兒有？我們以前打妄想都是用語言文字的。**」我說你騙人，你自己沒有觀察到事實眞相。其實，你們打妄想時，都是先有一個妄想出現以後，然後語言文字才跟在後面繼續思索的，所以都是沒有語言文字在打妄想的。這是比較細的妄想，有語文的時候已經是很粗的妄想了；不信的話，以後你們自己去觀察，語言文字是跟在沒有語文的妄想後面才出現的。有知有覺時，其實就已經是妄想了，所以「非有想非無想」的定境，並不是非有妄想、非無妄想，而是「非有知覺、非無知覺」的意思，這才是眞正的非非想定的境界。

想，也就是知，知的當下就是想。無想定說的就是把意識滅除了，意識滅了以後就沒有知，沒有知就是沒有想陰了，所以才稱爲無想定，也就是「無知定」的意思。無想定的境界，並不是不用語言文字打妄想就叫無想定，而是意識滅了，知覺性滅了，也就是想陰滅了。可是意識要滅，沒那麼容易，除非你是累了睡覺、吃安眠藥、或者自殺，在正常的、並且入定清醒的狀態下，意識是很難滅的；特別要說明的是：定力越好的時候意識越難滅，因爲定力強的時候導致心力非常的強，是滅不掉的。無想定則是經由初禪、二禪、三禪，到了四禪之後，然後把「知」滅了，也就是把覺知心自己消失掉，沒有了知性，所以離想陰，還有意根以行陰陪同心眞如繼續存在，這才叫無想定。

無想定是要證得第四禪以後才能夠證得到，沒有證得四禪的人而說他證得無想定，那是世間法上的大妄語，也就是未證謂證；要不然就是他根本不瞭解無想定，誤會了無想定（編案：第四禪的境界相也是被普遍的誤會了，第四禪的定中是息脈俱滅的；在第三禪中會有的心中動了一下而不知道那個念是什麼意思，連這個念頭也都長時間不再出現了，才會導致息脈俱斷，所以才叫作捨念清淨定的第四禪）。無想定裡頭，意識滅了，這是因爲無明而把覺知心的自己滅了，誤以爲這就是無餘涅槃境界。色界天人因爲對天身的身見不斷，而想要斷覺知心的我見，把覺知心的我見斷了，以爲這樣就是入了涅槃。因爲他沒有找到心眞如，又不知道還有一個末那識在，他想：「我滅了覺知心而成爲絕對寂靜境界，符合無餘涅槃的境界相。但是如果再把色界天的身體也滅了、壞了、捨身了，那不就變成斷滅了嗎？那這樣的修行有什麼意義呢？」所以他把這個色界天的身體保持不壞，而把覺知心的自己滅了，認爲那樣就是入涅槃。所以他是以涅槃想而入「涅槃」，結果入的卻是無想定，不是入涅槃。

由於他的煩惱沒有斷盡，俱生我見沒有斷盡，身我的我執也在，因此，從第四禪中滅了意識覺知心而轉入無想定；在無想定中住個三天、五天、十天、半個月，突然無明風動、一念心生，甚至那個念到底是什麼意思他自己都不曉得，然後就離開了無想定，退回到第四禪。如果他能夠覺照這樣不對，好好去修學斷除我見的觀行，無明就可以滅，才能入無餘涅槃。如果他不這樣作，還以爲是「自己功夫作得不夠，所以從涅槃退出來了。」其實那不是涅槃，那是無想定的境界，也就是「無知覺定」。這種無明就叫作「一念無明」，凡是我見或我執還沒有斷盡，凡是欲界愛、色界愛、無色界愛沒有斷除的人，都會有這種一念出現就出定的現象。

還有一種情形是每天都會遇見的境界相，也是無明風吹，使得轉識浪生：為什麼睡著了不會像睡美人一樣永遠醒不過來？這也是無明風動，如果不是意根相應的無明風動，你就永遠醒不過來。如果一念無明斷盡，你沒有無始無明，又沒有留惑潤生的那個潤生惑，也就是菩薩的悲願，那你睡覺以後是醒不過來的。

如果有人這樣：鬧鐘沒有響、或者沒有人來敲引磬，你就不許醒，有人想要叫醒你，怎麼搖都沒有用，搖不醒，連打嘴巴都沒用。可是鬧鐘一響或者引磬一敲，你就醒了。那就是意根的作用，意根先有一個預設，不在預設的情況下，不會讓意識出現，所以醒不過來；在設定的情況出現的時候，意根的無明風吹動了自性清淨心，六轉識的浪就現行了，又開始波動了。六識會現行，都是由於無明風動；除了三地滿心的菩薩，或者說初地功德圓滿而得 佛加持生起意生身的菩薩，才能夠離開這一種無明風動。所以無明是有深淺層次的差別不同，不單單是無始無明和一念無明的差異。所以在第四禪、無想定、四空定中，都還是在無明的掌控下；如果有人努力打坐，求證永遠的一念不生境界，仍舊是無明所罩的愚人，就是以定爲禪的愚人。斷除一念無明而證得解脫果，那是斷我見、我執而獲得的，不是在修定上面來獲得的；打破無始無明或者佛地斷盡無始無明，那是從親證心眞如開始的，是從親證第八阿賴耶識如來藏開始的，到最後究竟證知第八識所含藏的一切種子而成佛，不是以打坐修定一念不生而達成的。所以眞正想學佛法的人，先得要建立這個正確的知見。了知這個正確的知見以後，就知道大乘的見道就是禪宗的開悟，就知道學禪、參禪而親證自性清淨心——親證第八識心眞如——的重要性了。

自性清淨心、無明風、識波浪，這三者都沒有形相；自性清淨心沒有形相大家都知道，因爲自古以來善知識都這麼說。末那識意根與意識覺知心也沒有形相的，因爲祂們都是心，心當然是沒有形相；如果有形相，那就變成物或色而不是心了。因此，這三種識，都是沒有形相的。

可是這三個識卻是非一非異，因爲一切心識相，以及無明風，都是由本覺心所含藏的七轉識的種子、無明種子、業愛種子的流注而出現的。雖然祂們都是由本覺心眞如流注出來的，而本覺心的體性卻跟他們大大的不一樣。所以說心眞如以祂自己的本覺來隨緣應物，來配合七轉識的種種心行，在不斷的隨染運作之際，心眞如自身卻一直是從來都不思量的，離一切攀緣；離一切邪見與正見，統統都離；因此說，本覺雖然隨染，卻一直保持著自身的淨智想，這個淨智想，就是表現在眾生身上的第八識心眞如所獨有的、不同於七轉識的本覺之性；本覺既然與妄覺的七轉識在六塵中的知覺性和合，隨染而運作，又是互相繫屬而不分離的，當然他們是非一非異的。由此緣故，馬鳴菩薩說：本覺隨染，與無明、識波浪非一亦非異。

論文：【然性淨心是動識本，無明滅時動識隨滅，智性不壞。】

講解：說到這裡，馬鳴菩薩加上一個轉折，加一個註腳，說「自性清淨心是動識的根本」，自性清淨心有祂自己的動相，就是因爲七轉識的無明風動而促使自性清淨心生起六轉識，如果自性清淨心的本覺心不作這個動作，六轉識就不能現行，就沒有見性、聞性……覺性、知性。但是祂雖然因爲意根的促使而心動，而再度流注六識種子，使得見聞知覺心再度現行，可是祂畢竟不於六塵當中心動；不管你今天花插得怎麼漂亮，祂給你來一個不聞不見：香也不聞，色也不見。你插得很漂亮，但祂就是不動心：因爲不聞不見，所以就不動心了。

動識呢？體性就不是這樣了！覺知心——動識——看見了：「今天是誰插的花？這麼漂亮！」祂就起了一些念頭，妄想就開始出現了，所以叫作動識，因爲心動了。自性清淨心的動心，祂不於六塵境當中動心，所以祂不叫動識；動識是指「七轉識」，就是意根以及依附於祂而並行運作的前六識，這七識心都是因爲自性清淨心所含藏的七識心王的種子流注，才能出現的，都是依這個心眞如而有的，因此 馬鳴菩薩說：「性淨心是動識本。」

可是這一個「自性清淨心是動識本」，那些所謂的原始佛教的信奉者、修行者——也就是應成派中觀邪見者——他們不信！因爲他們已經從根本上去否定阿含諸經裡所隱說的第八識與第七識了。他們自認爲他們的說法是有根據的，可是他們錯了！他們認爲在四大部阿含的一千多部經典裡面，佛只說到第六識，而沒有說第七、第八識。其實，阿含諸經裡面早就說過十八界、五陰都是從「識」而生；佛也早就說過「名色」從「識」生；既然有十八界法，佛又說「意根與法塵爲緣而出生意識」，十八界中的意根既是意識的俱有依根，當然已經有第七識了；而名色中的名，又已經函蓋七轉識，名所緣的識，當然是指第八識阿賴耶——心眞如，所以在四阿含中早已密意說過第七、八識了。只是他們讀不懂，讀不懂所以就誤會了，就說：「六識是我們所可以瞭解的，眞正是佛所說的法。但是說有七識那是後來的祖師們所建立的，建立七識以後然後再建立第八識作爲因果的主體識。」那都是一己妄想之說，或者是食人涎唾之說——吃那些信仰一神教的佛學研究者故意否定佛教勝妙法的涎唾。

自性清淨心是六識的根本，六識是動識；六識的運作一定要以這個自性清淨心作根本，祂們才能現行、才能運作；離開了這自性清淨心的第八識心眞如，前六識就無法運作。因爲動識是自性清淨心所生，要依自性清淨心的配合運作，才能現行與運作；但是，動識是因爲無明不滅，所以就不斷的出現；當無明滅掉的時候，動識也就會跟著滅了。

譬如 佛出現在人間的時候，有許多的阿羅漢，他們本來都是外道修行者，後來進了佛門之後，佛跟他們開示說：「你在非非想定中那個微細的覺知心就是我見，是世俗我、蘊我、處我、界我，不是眞實的我，你得要把他斷了；這個你不眞實，是緣起法，其性無常故空，不眞實；涅槃的本際，那個非我之我，才是眞實的。你滅了以後，剩下祂，那就是涅槃。」所以 佛在四阿含諸經中說有涅槃的實際、本際、識、我、眞如、如。他們依佛所說而斷了蘊我、處我、界我的執著，所以能夠證得無餘涅槃、有餘涅槃。未入無餘涅槃之前，他在非非想定當中把意識斷了，然後意根的受與想兩個心所有法也就會跟著斷了，因此入了滅盡定，這樣就是動識滅。

慧解脫的阿羅漢雖然看起來跟凡夫完全沒有兩樣，天氣冷了他照樣要穿衣服，天氣熱了他照樣要拿扇子搧，肚子餓了他照樣得要吃飯，不小心踢到了石頭他照樣聒聒大叫，跟凡夫沒有兩樣。你罵他，他有時還會跟你氣一氣，只是事情過了，一轉身他就忘了。他瞋的習氣還是會在的，不知道的人看起來就罵：「這是什麼阿羅漢？跟凡夫一樣！」

我們要怎麼判別斷了我見的人會是阿羅漢呢？從直接的瞋的反應、貪的反應過後去觀察，就會知道了。「瞋、恨、怨、惱」是有次第性的，剛開始被無端羞辱了一番，那時不悅就是瞋；瞋了以後，一般人接著就是會恨：「你給我記住！」這就是恨；恨了之後接著就會怨：怎麼樣去設計，準備要怎麼樣去報復他；什麼方法最好。這就是怨。接著呢，付諸於實行，這就是惱。阿羅漢瞋的習氣雖然還在，但是不會有恨、也不會有怨、更不會有惱。

阿羅漢有貪，譬如難陀，他也有三十二相，只是不如 佛的圓滿；有好多女生見了他的時候，都是喜歡的不得了；他如果上座說法，他不會先看男眾那邊，一定會先看女眾這邊；如果要開口跟人家講話，一定先跟你們女眾講話，不跟他們男眾先講；這就是他無量世以來喜歡與女眾混在一起的習氣呀！他的這個習氣還沒有斷除。但是他也只到這個地步而已，不會隨後又有貪，只是會有這種習性而已，這就是貪的習氣未斷。

當你看到有一位阿羅漢，他連入滅盡定乃至二禪都作不到，請他作什麼事他都不行，罵他的時候他還會稍微賭氣，那你說：「這個人是阿羅漢嗎？不是啦！我不信啦！這個人不可能是阿羅漢啦！他一定是個凡夫。」那你倒楣啦！你已經誹謗聖人啦！所以，你的知見、見地沒有很透徹的時候，不要隨便去評論人，一評論可能就鑄下大錯。慧解脫的阿羅漢，我們說他「無明滅時動識隨滅」，他要等到什麼時候動識才滅呢？要到捨壽的時候。佛法不是千篇一律的，不是一成不變的，因為眾生的根器各各差別萬端，所以佛法的修證、道的次地內容也就差別萬端，具足時的內容與境界是一樣的，但是過程中會有很多的差異，所以會有慧解脫的如同凡夫一般的阿羅漢，也會有俱解脫的能入滅盡定的阿羅漢，也會有俱解脫以後再加修神通的阿羅漢，也會有俱解脫時就因爲往世曾習神通的三明六通大阿羅漢，有很多的差別性。二乘法中尚且有許多的差別性，大乘法中的菩薩，差別性可就更大了，所以千萬不可隨便的臧否別人，除非你已經有了道種智，能把別人看得清清楚楚的。

無明滅的時候動識隨滅，動識滅了以後智性不壞，智性則從心眞如以及七轉識種子而來。譬如說菩薩證得解脫道，得有餘涅槃之後，卻故意把有餘涅槃捨了，故意生起潤生愛。那一分潤生愛，是他故意現起、故意保留的，以防全部斷盡以後，捨報時在正死位當中會入了無餘涅槃，那這樣就不能利益眾生，自己也不能成佛。所以他故意保留一分的思惑，作爲潤生愛。

這是指哪一分的潤生愛呢？你們必須要知道，不然的話，你把煩惱給斷盡了，捨報的時候，在正死位中，不知不覺進入涅槃去了。入涅槃以後是十八界都滅盡了，所以也不知道自己入了涅槃，就這樣，三界中永遠再也找不到你了，那可眞是眾生的損失啊！明心見性之後努力斷除思惑，結果卻入了無餘涅槃，不但是眾生的損失，也是你自己的損失，所以你應當要知道保留一分潤生愛，也就是說不把自己覺知心的現行斷除，讓覺知心繼續世世現行，每一輩子捨報之後都要繼續去受生，不可以把自己捨了，這就是最後一分的潤生愛。但是對於欲界貪，對於禪定的色界天境界的貪愛全部斷了，我見也斷盡了，故意保留這個最後一分的我執——無色界愛，藉這一分無明來潤未來世的受生，這就是留惑潤生。

這個就是說菩薩不是像二乘人一樣要把自我滅掉而入無餘涅槃，菩薩無明斷了以後可以滅動識而不滅祂，這樣也可以說他叫作動識已滅，但是他其實並不滅除動識，保留著；那是起一個故意所起的一個潤生愛，讓自己可以受未來世生，因此，他的動識的智性是一直恆存不壞的，並不是動識的執著性無明壞了以後智性就壞啦，還是繼續存在的，這就是淨智相；這個是講從凡夫地到 佛地淨智的法相。

論文：【不思議用相者，依於淨智，能起一切勝妙境界，常無斷絕；謂如來身具足無量增上功德，隨眾生根，示現成就無量利益。】

講解：「淨智相」都是在心識自體上說的，「不思議用相」是從佛地無上正等正覺的無漏有爲法的功德上面來說，說這個「不思議的有作用的法相」當然是不可思議的，而且是有作用的，而且是有作用上的法相可以被證悟者看得見的。

這「不思議」的意思，並不是只有一個名詞的想像而已，「不思議的用相，依於淨智」，換句話說，得要有清淨智才成；如果沒有清淨智，就沒有這個不思議的作用相。所以清淨智是「不思議用相」的根本，得要依靠這個清淨智，才能夠現起一切的勝妙境界。

佛有什麼勝妙的境界，凡夫眾生很難了知；不但凡夫眾生很難了知，連等覺菩薩都無法大部分的了知，只能少部分了知而已。有許多人得到佛的感應，往往一生就這麼一次；譬如說 佛以化身見你的時候，不論是定中也好、夢中也好，當祂以化身示現來見你的時候，你會很喜歡看見祂，可是想要親近的時候又覺得祂的威嚴很重，由不得你不恭敬。就這樣，很慈悲，讓你很喜歡親近；親近的時候你卻又不敢放肆，你會感受 佛的化身有無比的威德存在；但這並不是 佛故意要表現出威德，也不是故意要表現慈悲，而是祂智慧力與福德力所自然顯示出來的，你自然會感受到；如果你遇見一次 佛的召見，就夠你永世不忘的了；如果是兩、三次的召見，那眞是恩寵無比了；但是如果是常常召見，每天召見，那可就是鬼神所化現的了，而且也不會有那種智慧力與福德力所顯示出來的威神與慈悲境界。

諸佛能夠「現起一切」，一切就是很多種殊勝微妙的境界，而且這個境界的現起雖然也是有爲法，但卻是常。常就是不斷絕，那也就是說，「如來身」具足了無量的增上的功德，這就是五果之一的增上果的圓滿。這一種增上功德是隨著眾生的根性而去示現的，示現的時候就能夠成就無量眾生，讓眾生得到無量的利益。

有人認爲：佛在不同的菩薩前現不同的身相，看起來 佛似乎沒有平等心。但是大家要瞭解，這不是 佛沒有平等心，而是你自己跟人家不平等。譬如說，如果你能夠變化，當有一隻螞蟻說牠想學佛，牠想要見你，那你要用什麼身相見牠？當然得要現螞蟻身囉！難道還用你這個色身見牠嗎？你現在牠面前，牠只看到一個大肉壁，看見你的大拇指的前端，其他的牠都看不見了，所以你得要現出和牠一樣小的螞蟻身來見牠。那螞蟻卻來怪你說：「**唉喲！你見我的時候怎麼這樣不平等？怎麼不顯現人類的廣大身？現出來跟我螞蟻一樣小來接見我。**」牠可以這樣講你嗎？當然不行！

同樣的，初地菩薩見到 佛的莊嚴身，佛如果顯現五地菩薩所見的身相給他看，他怎麼看得清楚？不行啊！佛得要顯現跟他一樣大的身量；如果是三賢位的菩薩要見 佛，佛得要以更小的身相示現才行。這不是 佛不平等，而是說祂必須隨眾生的根性與心量去示現，如果不隨眾生的根性與心量來示現，就沒有辦法同事與利益。如果你夢中看見一尊 佛來，佛是頭上這裡有頂髻的，這個髮髻又是一圈一圈的，而且身上三十二相都具足。你一看：「這是什麼人啊？怎麼長成這個樣，不像人！」你可能不太能接受罷！所以說，雖然 如來身具足了無量的增上功德，但是祂的示現卻要隨眾生的根性與心量上的差異而有不同，如果你已經證得地上菩薩的修證，又有禪定的證量，祂當然可以眞的出現三十二相給你看，你會不以爲意，不覺得奇怪。所以，眾生的根性與心量、福德怎麼樣，祂就示現怎麼樣的形相，這樣，才能夠藉這個示現而成就眾生種種無量的利益。

論文：【復次，覺相有四種大義，清淨如虛空明鏡：一、眞實空大義、如虛空明鏡，謂一切心境界相及覺相皆不可得故。】

講解：覺的法相有四種比較大的義理，「大」就是說祂是眞實、是究竟；所謂究竟，是要到 佛地，像 佛那樣的境界才是眞實和究竟。所以 佛在世的時候，大師這兩個字是用來尊稱 佛的，沒有人敢自稱大師，也沒有人敢被稱爲大師；如果有講經活動的海報要印出去的時候，看見人家把他寫「某某大師」時，他一定會交代說：「這個大師兩字不能用，劃掉！」所以「大」有眞實的意思，也有究竟、終極的意思。

「覺」，在前面說過，有本覺、不覺、始覺、隨分覺、相似覺、究竟覺等六個覺悟的不同智慧境界相。什麼是眞正的覺悟？當然是要到究竟佛地才算是眞正的覺悟，其餘層次的覺悟，都還不是究竟的，所以不能說是眞正；只有在相對於悟錯了實相的凡夫來說的時候，才說找到實相心的人是眞正的開悟，但是其實都還不究竟。現在 馬鳴菩薩又從眾生地、凡夫地的心眞如的證知而發起覺悟的不同境界相，來說「覺」有四種相。爲什麼要從眾生地來開始說呢？因爲這個本覺，是從眾生地到等覺地都一直存在的，都是一樣的；覺悟的內涵與層次容有不同，可是心眞如的涅槃自性、心眞如的清淨體性並沒有差異，所以從「理即佛」開始說，那就是心眞如的「眞實空大義」如虛空明鏡。

「眞實空」的究竟義理，猶如虛空明鏡一般，就是說本覺的本身就已經是猶如虛空迥無形色，卻又能生萬法——猶如明鏡能現一切色像。猶如虛空並不是說就是虛空，所以才說猶如兩字，而不說即是虛空。有一些大法師、大居士，甚至包括一位專講唯識的大法師都弄錯了，他曾經把虛空當作是眞心的體性，這是一種很嚴重的誤解。因爲虛空無法，虛空是相對於物、相對於色法而施設的名相：

把沒有物質、沒有色法的地方叫作虛空。虛空不是眞實有的法，它只是一個概念，是依物質的邊際而施設的，所以虛空又叫作「色邊色」。物質，比如說這是一個拳頭，拳頭的邊際，也就是拳頭的外面叫作虛空，所以虛空叫作「色邊色」，所以虛空叫作色法。有時候經論中說：「虛空隨入色法。」爲什麼呢？因爲虛空是色法的一部分——虛空是依於色法的邊際來施設邊際外面是虛空——所以它是依附於色法而有的，攝歸色法之中；依色法而施設的虛空，怎麼可以說是眞心如來藏呢？所以猶如虛空、虛空無爲，並不是說虛空，而是說心眞如的無形無色而又能夠容受一切諸法、出生一切諸法。

本覺之相，是清淨性，因爲祂離一切覺觀，《大寶積經》曾說：覺觀者，名世間性。又說：眞實心性，離一切覺觀（原文：無覺觀者名爲心性）。所以有覺有觀的心是世間法的心；正在三界中卻又已出三界的心，是離一切覺觀的。既然離一切覺觀，祂怎麼會有貪染、怎麼會有污染呢？當然不會！所以祂是清淨性的。心眞如——本覺——猶如虛空，因爲祂不是色法物質而沒有色段，無形無色，所以猶如虛空。如果祂不是猶如虛空，祂就不可能入住於你的色身中；因爲猶如虛空，所以才能入住你的身中！如果不是猶如虛空祂就會有質礙——有質量的障礙。比如說，右手拳頭不能進入左手拳頭裡面去，他必須得要猶如虛空才能夠進得去，所以說猶如虛空。

又說祂如明鏡，明鏡能夠映現種種的色相。眞實心就像這樣，外五塵透過五色根進來的時候，祂就在你的腦子裡面顯現出五塵相；這五塵相顯現出來的時候就有法出現了；有法出現，所以才會有意根的接觸；意根接觸了這個法塵，想要了別這五塵，所以就會喚起意識，意識就出現；意識出現的時候五識跟著就出現了，就能夠了別六塵。這意思就是說，眞實心像明鏡一樣，面對外五塵的時候，能夠由五根攝取外五塵而顯現內相分的五塵出來，所以說祂猶如明鏡。祂顯現出五塵相出來的時候，卻不在五塵及法塵裡面起覺觀，不在色聲香味觸法上面去作分別，因此呢，說祂是清淨性。

本覺相四種究竟法是清淨如虛空明鏡的：第一個，叫作「眞實空」，「眞實空的究竟道理猶如虛空明鏡」，就是在講眞實心——心眞如——如來藏本體。一切心境界相以及覺相都不可得，是依自性清淨心如來藏阿賴耶識自體來說的。這個自性清淨心本體如果不因爲七識相應的無明風所吹動的話，祂始終是在涅槃之中離見聞覺知而體恆常住不生不滅——即使是無明風吹動的時候，祂還是在涅槃之中。涅者不來、槃者不去；涅者不垢、槃者不淨；涅者不生、槃者不滅；涅者不黑、槃者不白；涅者不一、槃者不異；涅者不增、槃者不減；不在兩邊即是涅槃。祂沒有垢淨、增減、一異……，既然都沒有，你在那邊貪：「**這個好好吃，多裝一碗；那個好好看，再欣賞一會兒。**」你在這一邊貪染的時候，祂照樣是在那個本覺的清淨自性下安住，因此說，祂這種情況何嘗有他的心的境界性可得呢。

如果入了涅槃，一切心——就是七轉識——都滅了，連心眞如的涅槃境界相也都不見了，還有什麼人能領納涅槃呢？這時候連涅槃都不可得，所以我說：「**所謂涅槃即非涅槃，是名涅槃。**」連本覺之相——明心的人所知道的、所證驗的那個本覺之相——也不見了，統統不可得；不可得當中卻不是斷滅，因爲心眞如的涅槃境界的無境界相確實是眞實存在著，眞實的空；因爲蘊處界一切法皆空了、十八界都空了、萬法都滅了！只剩下心眞如無形無色而又離見聞覺知，在這種極寂靜的無境界境界中常住，不再出生任何一法，因此這個心眞如叫作眞實空。

從理體來說，這個時候連本覺相也不在了，因爲能知的你已經滅了；心眞如自己又是離一切覺觀、不作任何的思量，不能返觀心眞如自己的存在，怎麼可能了知有我呢？所以祂是無我性的。這個無我性的心既然是常住的，永不壞滅的，這才是眞實的我——假名爲我。不是只有在大乘法的經典裡面說過這個「我」，在四阿含裡面就已經說過這個「我」了。雜阿含部裡面有將近二十部經說過：「**色陰非我、不異我、不相在；受陰非我、不異我、不相在……乃至識陰非我、不異我、不相在。**」從這些經文來的證據，請問有沒有實我？（大眾答：有！）有嘛！這意思是說五陰不是眞實的我，但是五陰也不能說他不是眞實的我，因爲五陰其實也是心眞如這個「非我的我」自性中的一部分啊！好比手、腳、眼、耳、鼻、身都是身體的一部分，但不能說就是身體全部，這就是非一非異呀！

如阿含諸經所說的：你不能夠說心眞如這個「我」在五陰之內，也不能說五陰在心眞如這個「我」之內，那就表示有一個眞實不滅的「我」，但不是五陰那個我，不是常見外道所說的識陰覺知心那個我。不是外道那個我，外道那個神我只是第六意識的覺知心我，這個第八識心眞如的離見聞覺知的「我」才是眞實的我。這個我，不是像印順法師講的說：**那個如來藏我，是大乘法才講的，四阿含裡面都是說無我。**

他說四阿含諸經都是在說無我，但是四阿含諸經中所說的這個「我」又怎麼說呢？而且是十幾部經、將近二十部經都這麼說的；印順法師對此事實，要怎麼解釋呢？所以學佛法眞的是難，因爲四阿含諸經中一直不斷的跟你講無我、無我、無我，可是你把不生滅的前提給忽略啦，所以四阿含諸經中忽然間又冒出一個「我」來的時候，就糟糕囉！這，是不是 佛講話顛倒呢？是不是 佛語自相衝突呢？是不是「人之將死、其言也亂」呢？不是！絕對不是！

四阿含諸經所講的無我，是依五蘊——五陰——來說，是從十二處、十八界來說無我的，因爲蘊、處、界都沒有常住不壞性，都是可壞的法，都是從心眞如那個我出生的，所以 佛處處說蘊處界無我；可是這個無我，卻有一個和他不即不離的我，這就是四阿含諸經中所說的「五陰非我、不異我、不相在」的那一個眞實的我。所以「我」不是像印順法師所說的「只有大乘經典中說有我。」而是原始佛教的四阿含諸經中早就說過的了！

你不能夠說心眞如這個我在五陰裡面，如果這個我在五陰裡面，五陰壞了的時候祂應該也會跟著壞了！如果說五陰在這個心眞如的我裡面，那這個我既然是不壞的，就應該五陰也跟著不壞呀！所以是「非我、非異我」，所以 佛說五陰與心眞如這個我「不相在」。但是那位所謂的佛法導師卻誤會了，跟隨他學習、熏習的人也跟著誤會了，都不知道自己錯在什麼地方；甚至我們指出他們的錯誤時，他們還顧慮著面子，明明知道自己錯了，卻還盡力掙扎圖存，而不肯改弦易轍、回歸正道。因此，由這個教證來看，確實是有一個眞實的我、不壞的我，叫作常住，是恆、是常、不斷滅，就是心眞如這個我，但是這個「我」自身卻沒有覺相可得，因爲祂離見聞覺知，因爲祂不與五別境心所法相應，所以祂從來都不返觀自己，根本就沒有蘊處界我相可得，當然也不可能返觀自己的覺相，所以從祂自身所住的境界中來看，根本就沒有覺相可得。

一切眾生不知道這個第八識所擁有的本覺，所以沒有覺相可得；悟了以後知道這個本覺，現觀這個本覺，但是捨報入了無餘涅槃，蘊處界我都滅了，沒有人可以了知這個本覺的法相，所以這個覺相也不可得；證悟以後，從心眞如的自身來看，也沒有這個本覺之相，因爲擁有本覺功德的祂是一向離見聞覺知、一向都不返觀自己的。從凡夫眾生來說，因爲聽聞正法而說有本覺，可是這個本覺卻不是六塵中的見聞覺知、不是六識的見聞覺知，所以覺相也不可得，所以有時候經論中說祂覺知萬法的心相極微細，所以有時菩薩會說祂是細心，但不是印順法師誤會論意以後所說的意識細心。這一個本覺、這一個根本識、第八識的能覺能知的心相很微細，是六塵以外的極微細的了別，與六塵中的粗糙了別性大不相同，所以說祂的知覺性極微細，這才是眞正的細心；印順法師所說的意識細心是六塵中的很粗糙的知覺性，與本覺的心眞如第八識，眞是天壤之別，怎可相提並論？但是，學禪的人想要了知祂的那一種覺相、了知祂的本覺，非常的困難；必須得要得到眞善知識的指導，當你悟了，找到了祂以後，才知道原來本覺是講這個，否則，只憑著想像和思惟，是永遠無法了知的。（第一輯完，餘續於第二輯中詳解）

佛教正覺同修會〈修學佛道次第表〉

第一階段

＊以憶佛及拜佛方式修習動中定力。
＊學第一義佛法及禪法知見。
＊無相拜佛功夫成就。
＊具備一念相續功夫—動靜中皆能看話頭。
＊努力培植福德資糧，勤修三福淨業。

第二階段

＊參話頭，參公案。
＊開悟明心，一片悟境。
＊鍛鍊功夫求見佛性。
＊眼見佛性〈餘五根亦如是〉親見世界如幻，成就如幻觀。
＊學習禪門差別智。
＊深入第一義經典。
＊修除性障及隨分修學禪定。
＊修證十行位陽焰觀。

第三階段

＊學一切種智眞實正理—楞伽經、解深密經、成唯識論…。
＊參究末後句。
＊解悟末後句。
＊透牢關—親自體驗所悟末後句境界，親見實相，無得無失。
＊救護一切衆生迴向正道。護持了義正法，修證十迴向位如夢觀。
＊發十無盡願，修習百法明門，親證猶如鏡像現觀。
＊修除五蓋，發起禪定。持一切善法戒。親證猶如光影現觀。
＊進修四禪八定、四無量心、五神通。進修大乘種智，求證猶如谷響現觀。

佛菩提二主要道次第概要表——二道並修，以外無別佛法

佛菩提道——大菩提道

十信位修集信心——一劫乃至一萬劫

資糧位

初住位修集布施功德（以財施爲主）。
二住位修集持戒功德。
三住位修集忍辱功德。
四住位修集精進功德。
五住位修集禪定功德。
六住位修集般若功德（熏習般若中觀及斷我見，加行位也）。

外門廣修六度萬行

七住位明心般若正觀現前，親證本來自性清淨涅槃。
八住位起於一切法現觀般若中道。漸除性障。
十住位眼見佛性，世界如幻觀成就。
一至十行位，於廣行六度萬行中，依般若中道慧，現觀陰處界猶如陽焰，至第十行滿心位，陽焰觀成就。
一至十迴向位熏習一切種智；修除性障，唯留最後一分思惑不斷。第十迴向滿心位成就菩薩道如夢觀。

內門廣修六度萬行

遠波羅蜜多

見道位

初地：第十迴向位滿心時，成就道種智一分（八識心王一一親證後，領受五法、三自性、七種第一義、七種性自性、二種無我法）復由勇發十無盡願，成通達位菩薩。復又永伏性障而不具斷，能證慧解脫而不取證，由大願故留惑潤生。此地主修法施波羅蜜多及百法明門。證「猶如鏡像」現觀，故滿初地心。

二地：初地功德滿足以後，再成就道種智一分而入二地；主修戒波羅蜜多及一切種智。滿心位成就「猶如光影」現觀，戒行自然清淨。

解脫道：二乘菩提

→ 斷三縛結，成初果解脫

→ 薄貪瞋癡，成二果解脫

→ 斷五下分結，成三果解脫

入地前的四加行令煩惱障現行悉斷，成四果解脫，留惑潤生。分段生死已斷，煩惱障習氣種子開始斷除，兼斷無始無明上煩惱。

近波羅蜜多

三地：二地滿心再證道種智一分，故入三地。此地主修忍波羅蜜多及四禪八定、四無量心、五神通。能成就俱解脫果而不取證，留惑潤生。滿心位成就「猶如谷響」現觀及無漏妙定意生身。

四地：由三地再證道種智一分故入四地。主修精進波羅蜜多，於此土及他方世界廣度有緣，無有疲倦。進修一切種智，滿心位成就「如水中月」現觀。

五地：由四地再證道種智一分故入五地。主修禪定波羅蜜多及一切種智，斷除下乘涅槃貪。滿心位成就「變化所成」現觀。

六地：由五地再證道種智一分故入六地。此地主修般若波羅蜜多——依道種智現觀十二因緣一一有支及意生身化身，皆自心眞如變化所現，「非有似有」，成就細相觀，不由加行而自然證得滅盡定，成俱解脫大乘無學。

七地：由六地「非有似有」現觀，再證道種智一分故入七地。此地主修一切種智及方便波羅蜜多，由重觀十二有支一一支中之流轉門及還滅門一切細相，成就方便善巧，念念隨入滅盡定。滿心位證得「如犍闥婆城」現觀。

七地滿心斷除故意保留之最後一分思惑時，煩惱障所攝色、受、想三陰有漏習氣種子全部斷盡。

修道位

大波羅蜜多

八地：由七地極細相觀成就故再證道種智一分而入八地。此地主修一切種智及願波羅蜜多。至滿心位純無相觀任運恆起，故於相土自在，滿心位復證「如實覺知諸法相意生身」故。

九地：由八地再證道種智一分故入九地。主修力波羅蜜多及一切種智，成就四無礙，滿心位證得「種類俱生無行作意生身」。

十地：由九地再證道種智一分故入此地。此地主修一切種智——智波羅蜜多。滿心位起大法智雲，及現起大法智雲所含藏種種功德，成受職菩薩。

煩惱障所攝行、識二陰無漏習氣種子任運漸斷，所知障所攝上煩惱任運漸斷。

圓滿波羅蜜多

究竟位

等覺：由十地道種智成就故入此地。此地應修一切種智，圓滿等覺地無生法忍；於百劫中修集極廣大福德，以之圓滿三十二大人相及無量隨形好。

妙覺：示現受生人間已斷盡煩惱障一切習氣種子，並斷盡所知障一切隨眠，永斷變易生死無明，成就大般涅槃，四智圓明。人間捨壽後，報身常住色究竟天利樂十方地上菩薩；以諸化身利樂有情，永無盡期，成就究竟佛道。

斷盡變易生死
成就大般涅槃

圓滿成就究竟佛果

佛子蕭平實　謹製
（二○○九、○二　修訂）
（二○一二、○二　增補）

佛教正覺同修會 共修現況 及 招生公告　2023/03/28

一、共修現況：（請在共修時間來電，以免無人接聽。）

台北正覺講堂 103 台北市承德路三段 277 號九樓 捷運淡水線圓山站旁 Tel..總機 02-25957295（晚上）（**分機：九樓**辦公室 10、11；知客櫃檯 12、13。 **十樓**知客櫃檯 15、16；書局櫃檯 14。 **五樓**辦公室 18；知客櫃檯 19。**二樓**辦公室 20；知客櫃檯 21。） Fax..25954493

第一講堂 台北市承德路三段 277 號九樓

禪淨班：週一晚班、週三晚班、週四晚班、週五晚班、週六下午班、週六上午班（共修期間二年半，全程免費。皆須報名建立學籍後始可參加共修，欲報名者詳見本公告末頁。）

增上班：成唯識論釋：單週六晚班。雙週六晚班（重播班）。17.50～20.50。平實導師講解，2022 年 2 月末開講，預定六年內講完，僅限已明心之會員參加。

禪門差別智：每月第一週日全天　平實導師主講（事冗暫停）。

解深密經詳解　本經從六度波羅蜜多談到八識心王，再詳論大乘見道所證眞如，然後論及悟後進修的相見道位所觀七眞如，以及入地後的十地所修，乃至成佛時的四智圓明一切種智境界，皆是可修可證之法，流傳至今依舊可證，顯示佛法眞是義學而非玄談或思想，都是淺深次第皆所論及之第一義諦妙義。已於 2021 年三月下旬起開講，由平實導師詳解。每逢週二晚上開講，第一至第七講堂都可同時聽聞，歡迎菩薩種性學人，攜眷共同參與此殊勝法會現場聞法，不限制聽講資格。本會學員憑上課證進入第一至第四、第七講堂聽講，會外學人請以身分證件換證進入聽講（此爲大樓管理處安全管理規定之要求，敬請諒解）；第五及第六講堂（B1、B2）對外開放，不需出示任何證件，請由大樓側門直接進入。

第二講堂　台北市承德路三段 267 號十樓。

禪淨班：週一晚班。

進階班：週三晚班、週四晚班、週五晚班、週六早班、週六下午班。禪淨班結業後轉入共修。

增上班：成唯識論釋：單週六晚班，影音同步傳播。雙週六晚班（重播班）

解深密經詳解：平實導師講解。每週二 18.50~20.50 影像音聲即時傳輸。

第三講堂　台北市承德路三段 277 號五樓。

禪淨班：週六下午班。

增上班：成唯識論釋：單週六晚班，影音同步傳播。雙週六晚班（重播班）

進階班：週一晚班、週三晚班、週四晚班、週五晚班。

解深密經詳解：平實導師講解。每週二 18.50~20.50 影像音聲即時傳輸。

第四講堂　台北市承德路三段 267 號二樓。

進階班：週一晚班、週三晚班、週四晚班（禪淨班結業後轉入共修）。
解深密經詳解：平實導師講解。每週二 18.50~20.50 影像音聲即時傳輸。

第五、第六講堂

念佛班　每週日晚上，第六講堂共修（B2），一切求生極樂世界的三寶弟子皆可參加，不限制共修資格。

進階班：週一晚班、週三晚班、週四晚班。

解深密經詳解：平實導師講解。每週二 18.50~20.50 影像音聲即時傳輸。

第五、第六講堂爲**開放式講堂**，不需以身分證件換證即可進入聽講，台北市承德路三段 267 號地下一樓、地下二樓。每逢週二晚上講經時段開放給會外人士自由聽經，請由大樓側面梯階逕行進入聽講。**聽講者請尊重講者的著作權及肖像權，請勿錄音錄影，以免違法；若有錄音錄影被查獲者，將依法處理。**

第七講堂　台北市承德路三段 267 號六樓。

解深密經詳解：平實導師講解。每週二 18.50~20.50 影像音聲即時傳輸。

正覺祖師堂　大溪區美華里信義路 650 巷坑底 5 之 6 號（台 3 號省道 34 公里處 妙法寺對面斜坡道進入）電話 03-3886110　傳眞 03-3881692 本堂供奉 克勤圓悟大師，專供會員每年四月、十月各三次精進禪三共修，兼作本會出家菩薩掛單常住之用。開放參訪日期請參見本會公告。教內共修團體或道場，得另申請其餘時間作團體參訪，務請事先與常住確定日期，以便安排常住菩薩接引導覽，亦免妨礙常住菩薩之日常作息及修行。

桃園正覺講堂（第一、第二講堂）：桃園市介壽路 286、288 號 10 樓（陽明運動公園對面）電話：03-3749363（請於共修時聯繫，或與台北聯繫）

禪淨班：週一晚班（1）、週一晚班（2）、週三晚班、週四晚班、週五晚班。

進階班：週四晚班、週五晚班、週六上午班。

增上班：成唯識論釋。雙週六晚班（增上重播班）。

解深密經詳解：平實導師講解。每週二晚上，以台北正覺講堂所錄 DVD 放映；歡迎會外學人共同聽講，不需出示身分證件。

新竹正覺講堂　新竹市東光路 55 號二樓之一　電話 03-5724297（晚上）

第一講堂：

禪淨班：週五晚班。

進階班：週三晚班、週四晚班、週六上午班。由禪淨班結業後轉入共修

增上班：成唯識論釋。單週六晚班。雙週六晚班（重播班）。

解深密經詳解：平實導師講解。每週二晚上，以台北正覺講堂所錄 DVD 放映。歡迎會外學人共同聽講，不需出示身分證件。

第二講堂：

禪淨班：週一晚班、週三晚班、週四晚班、週六上午班。

解深密經詳解：每週二晚上與第一講堂同步播放講經 DVD。

第三、第四講堂：裝修完畢，已經啓用。

台中正覺講堂 04-23816090（晚上）

第一講堂 台中市南屯區五權西路二段 666 號 13 樓之四（國泰世華銀行樓上。鄰近縣市經第一高速公路前來者，由五權西路交流道可以快速到達，大樓旁有停車場，對面有素食館）。

禪淨班：週四晚班、週五晚班。

進階班：週一晚班、週三晚班、週六上午班（由禪淨班結業後轉入共修）。

增上班：**成唯識論釋**。單週六晚班。雙週六晚班（重播班）。

解深密經詳解：平實導師講解。每週二晚上，以台北正覺講堂所錄 DVD 放映。歡迎會外學人共同聽講，不需出示身分證件。

第二講堂 台中市南屯區五權西路二段 666 號 4 樓

禪淨班：週一晚班、週三晚班。

第三講堂台中市南屯區五權西路二段 666 號 4 樓

禪淨班：週一晚班。

第四講堂台中市南屯區五權西路二段 666 號 4 樓。

進階班：週一晚班、週四晚班、週六上午班，由禪淨班結業後轉入共修

解深密經詳解：每週二晚上與第一講堂同步播放講經 DVD。

嘉義正覺講堂 嘉義市友愛路 288 號八樓之一　電話：05-2318228

第一講堂：

禪淨班：週四晚班、週五晚班、週六上午班。

進階班：週一晚班、週三晚班（由禪淨班結業後轉入共修）。

增上班：**成唯識論釋**。單週六晚班。雙週六晚班（重播班）。

解深密經詳解：平實導師講解。每週二晚上，以台北正覺講堂所錄 DVD 放映。歡迎會外學人共同聽講，不需出示身分證件。

第二講堂 嘉義市友愛路 288 號八樓之二。

第三講堂 嘉義市友愛路 288 號四樓之七。

禪淨班：週一晚班、週三晚班。

台南正覺講堂

第一講堂 台南市西門路四段 15 號 4 樓。06-2820541（晚上）

禪淨班：週一晚班、週三晚班、週四晚班、週五晚班、週六下午班。

增上班：**成唯識論釋**。單週六晚班。雙週六晚班（重播班）。

解深密經詳解：平實導師講解。每週二晚上，以台北正覺講堂所錄 DVD 放映。歡迎會外學人共同聽講，不需出示身分證件。

第二講堂 台南市西門路四段 15 號 3 樓。

解深密經詳解：每週二晚上與第一講堂同步播放講經 DVD。

第三講堂 台南市西門路四段 15 號 3 樓。

進階班：週一晚班、週三晚班、週四晚班、週五晚班（由禪淨班結業後轉入共修）。

解深密經詳解：每週二晚上與第一講堂同步播放講經 DVD。

高雄正覺講堂　高雄市新興區中正三路 45 號五樓 07-2234248（晚上）

第一講堂（五樓）：

禪淨班：週一晚班、週三晚班、週四晚班、週五晚班、週六上午班。

增上班：**成唯識論釋**。單週六晚班。雙週六晚班（重播班）。

解深密經詳解：平實導師講解。每週二晚上，以台北正覺講堂所錄 DVD 放映。歡迎會外學人共同聽講，不需出示身分證件。

第二講堂（四樓）：

進階班：週三晚班、週四晚班、週六上午班（由禪淨班結業後轉入共修）。

解深密經詳解：每週二晚上與第一講堂同步播放講經 DVD。

第三講堂（三樓）：

進階班：週四晚班（由禪淨班結業後轉入共修）。

香港正覺講堂

香港新界葵涌打磚坪街 93 號維京科技商業中心A 座 18 樓。

電話：(852) 23262231

英文地址：18/F, Tower A, Viking Technology & Business Centre, 93 Ta Chuen Ping Street, Kwai Chung, N.T., Hong Kong.

禪淨班：單週六下午班、雙週六下午班、單週日上午班、單週日下午班、雙週日上午班

進階班：雙週六、日上午班（由禪淨班結業後轉入共修）。

增上班：每月第一雙週日下午及晚上班，以台北增上班課程錄成 DVD 放映之。

增上重播班：每月第二雙週日下午及晚上班，以台北增上班課程錄成 DVD 放映之。

不退轉法輪經詳解：平實導師講解。每週六、日 19:00～21:00，以台北正覺講堂所錄 DVD 放映；歡迎會外學人共同聽講，不需出示身分證件。

二、**招生公告** 本會台北講堂及全省各講堂、香港講堂，每逢四月、十月下旬開新班，每週共修一次（每次二小時。開課日起三個月內仍可插班）；各班共修期間皆爲二年半，全程免費，欲參加者請向本會函索報名表（各共修處皆於共修時間方有人執事，非共修時間請勿電詢或前來洽詢、請書），或直接從本會官方網站(http://www.enlighten.org.tw/newsflash/class)或成佛之道網站下載報名表。共修期滿時，若經報名禪三審核通過者，可參加四天三夜之禪三精進共修，有機會明心、取證如來藏，發起般若實相智慧，成爲實義菩薩，脫離凡夫菩薩位。

三、**新春禮佛祈福** 農曆年假期間停止共修：自農曆新年前七天起停止共修與弘法，正月 8 日起回復共修、弘法事務。新春期間正月初一～初七 9.00～17.00 開放台北講堂、正月初一～初三開放新竹、台中、嘉義、台南、高雄講堂，以及大溪禪三道場（正覺祖師堂），方便會員供佛、祈福及會外人士請書。

密宗四大派修雙身法，是外道性力派的邪法；又以生滅的識陰作為常住法，是常見外道，是假的藏傳佛教。

西藏覺囊巴以他空見弘揚第八識如來藏勝法，才是真藏傳佛教

佛教正覺同修會　弘法行事表

2022/04/25

1、**禪淨班**　以無相念佛及拜佛方式修習動中定力，實證一心不亂功夫。傳授解脫道正理及第一義諦佛法，以及參禪知見。共修期間：二年六個月。每逢四月、十月開新班，詳見招生公告表。

2、**進階班**　禪淨班畢業後得轉入此班，進修更深入的佛法，期能證悟明心。各地講堂各有多班，繼續深入佛法、增長定力，悟後得轉入增上班修學道種智，期能證得無生法忍。

3、**增上班 成唯識論**詳解　詳解八識心王的唯識性、唯識相、唯識位，分說八識心王及其心所各別的自性、所依、所緣、相應心所、行相、功用等，並闡述緣生諸法的四緣：因緣、等無間緣、所緣緣、增上緣等四緣，並論及十因五果等。論中闡釋**佛法實證及成就的根本法即是第八識，由第八識成就三界世間及出世間的一切染淨諸法，方有成佛之道可修、可證、可成就，名爲圓成實性**。然後詳解末法時代學人極易混淆的見道位所函蓋的眞見道、相見道、通達位等內容，指正末法時代高慢心一類學人，於見道位前後不斷所墮的同一邪謬處。末後開示修道位的十地之中，各地所應斷的二愚及所應證的一智，乃至佛位的四智圓明及具足四種涅槃等一切種智之眞實正理。由平實導師講述，每逢一、三、五週之週末晚上開示，每逢二、四週之週末爲重播班，供作後悟之菩薩補聞所未聽聞之法。增上班課程僅限已明心之會員參加。未來每逢講完十分之一內容時，便予出書流通；總共十輯，敬請期待。（註：《瑜伽師地論》從 2003 年二月開講，至 2022 年 2 月 19 日已經圓滿，爲期 18 年整。）

4、**解深密經**詳解　本經所說妙法極爲甚深難解，非唯論及佛法中心主旨的八識心王及般若實證之標的，亦論及眞見道之後轉入相見道位中應該修學之法，即是七眞如之觀行內涵，然後始可入地。亦論及見道之後，如何與解脫及佛菩提智相應，兼論十地進修之道，末論如來法身及四智圓明的一切種智境界。如是眞見道、相見道、諸地修行之義，傳至今時仍然可證，顯示佛法眞是義學而非玄談或思想，有實證之標的與內容，非學術界諸思惟研究者之所能到，乃是離言絕句之第八識第一義諦妙義。重講本經之目的，在於令諸已悟之人明解大乘佛法之成佛次第，以及悟後進修一切種智之內涵，確實證知三種自性性，並得據此證解七眞如、十眞如等正理，成就三無性的境界。已於 2021 年三月下旬起每逢週二的晚上公開宣講，由平實導師詳解。不限制聽講資格。

5、**精進禪三**　主三和尚：平實導師。於四天三夜中，以克勤圓悟大師及大慧宗杲之禪風，施設機鋒與小參、公案密意之開示，幫助會員剋期取證，親證不生不滅之眞實心——人人本有之如來藏。每年四月、十月各舉辦三個梯次；平實導師主持。僅限本會會員參加禪淨班共修期滿，報名審核通過者，方可參加。並選擇會中定力、慧力、福德三條件皆已具足之已明心會員，給以指引，令得眼見自己無形無相之佛性遍佈山河大地，眞實而無障礙，得以肉眼現觀世界身心悉皆如幻，具足成就如幻觀，圓滿十住菩薩之證境。

6、**阿含經**詳解　選擇重要之阿含部經典，依無餘涅槃之實際而加以詳解，令大眾得以現觀諸法緣起性空，亦復不墮斷滅見中，顯示經中所隱說之涅槃實際—如來藏—確實已於四阿含中隱說；令大眾得以聞後觀行，確實斷除我見乃至我執，證得**見到**眞現觀，乃至**身證**……等眞現觀；已得大乘或二乘見道者，亦可由此聞熏及聞後之觀行，除斷我所之貪著，成就慧解脫果。由平實導師詳解。不限制聽講資格。

7、**精選如來藏系經典**詳解　精選如來藏系經典一部，詳細解說，以此完全印證會員所悟如來藏之眞實，得入不退轉住。另行擇期詳細解說之，由平實導師講解。僅限已明心之會員參加。

8、**禪門差別智**　藉禪宗公案之微細淆訛難知難解之處，加以宣說及剖析，以增進明心、見性之功德，啓發差別智，建立擇法眼。每月第一週日全天，由平實導師開示，僅限破參明心後，復又眼見佛性者參加(事冗暫停)。

9、**枯木禪**　先講智者大師的《小止觀》，後說《釋禪波羅蜜》，詳解四禪八定之修證理論與實修方法，細述一般學人修定之邪見與岔路，及對禪定證境之誤會，消除枉用功夫、浪費生命之現象。已悟般若者，可以藉此而實修初禪，進入大乘通教及聲聞教的三果心解脫境界，配合應有的大福德及後得無分別智、十無盡願，即可進入初地心中。親教師：平實導師。未來緣熟時將於正覺寺開講。不限制聽講資格。

註：本會例行年假，自 2004 年起，改爲每年農曆新年前七天開始停息弘法事務及共修課程，農曆正月 8 日回復所有共修及弘法事務。新春期間（每日 9.00~17.00）開放台北講堂，方便會員禮佛祈福及會外人士請書。大溪區的正覺祖師堂，開放參訪時間，詳見〈正覺電子報〉或成佛之道網站。本表得因時節因緣需要而隨時修改之，不另作通知。

佛教正覺同修會　贈閱書籍 目錄　　2021/8/30

1.**無相念佛**　平實導師著　回郵 36 元
2.**念佛三昧修學次第**　平實導師述著　回郵 52 元
3.**正法眼藏—護法集**　平實導師述著　回郵 76 元
4.**真假開悟簡易辨正法＆佛子之省思**　平實導師著　回郵 26 元
5.**生命實相之辨正**　平實導師著　回郵 31 元
6.**如何契入念佛法門**（附：印順法師否定極樂世界）平實導師著　回郵 26 元
7.**平實書箋**—答元覽居士書　平實導師著　回郵 52 元
8.**三乘唯識**—如來藏系經律彙編　平實導師編　回郵 80 元
（精裝本　長 27 cm　寬 21 cm　高 7.5 cm　重 2.8 公斤）
9.**三時繫念全集**—修正本　回郵掛號 52 元（長 26.5 cm×寬 19 cm）
10.**明心與初地**　平實導師述　回郵 31 元
11.**邪見與佛法**　平實導師述著　回郵 36 元
12.**甘露法雨**　平實導師述　回郵 36 元
13.**我與無我**　平實導師述　回郵 36 元
14.**學佛之心態**—修正錯誤之學佛心態始能與正法相應 孫正德老師著 回郵52元
附錄：平實導師著《**略說八、九識並存…等之過失**》
15.**大乘無我觀**—《悟前與悟後》別說　平實導師述著　回郵 36 元
16.**佛教之危機**—中國台灣地區現代佛教之真相（附錄：公案拈提六則）
平實導師著　回郵 52 元
17.**燈　影**—燈下黑（覆「求教後學」來函等）　平實導師著　回郵 76 元
18.**護法與毀法**—覆上平居士與徐恒志居士網站毀法二文
張正圜老師著　回郵 76 元
19.**淨土聖道**—兼評選擇本願念佛　正德老師著　**由正覺同修會購贈** 回郵 52 元
20.**辨唯識性相**—對「紫蓮心海《辯唯識性相》書中否定阿賴耶識」之回應
正覺同修會 台南共修處法義組 著　回郵 52 元
21.**假如來藏**—對法蓮法師《如來藏與阿賴耶識》書中否定阿賴耶識之回應
正覺同修會 台南共修處法義組 著　回郵 76 元
22.**入不二門**—公案拈提集錦 第一輯（於平實導師公案拈提諸書中選錄約二十則，
合輯為一冊流通之）平實導師著　回郵 52 元
23.**真假邪說**—西藏密宗索達吉喇嘛《破除邪說論》真是邪說
釋正安法師著　上、下冊回郵各 52 元
24.**真假開悟**—真如、如來藏、阿賴耶識間之關係　平實導師述著　回郵 76 元
25.**真假禪和**—辨正釋傳聖之謗法謬說　孫正德老師著　回郵 76 元
26.**眼見佛性**—駁慧廣法師眼見佛性的含義文中謬說
游正光老師著　回郵 52 元

27.**普門自在**—公案拈提集錦 第二輯（於平實導師公案拈提諸書中選錄約二十則，合輯爲一冊流通之）平實導師著　回郵52元

28.**印順法師的悲哀**—以現代禪的質疑為線索　恒毓博士著　回郵52元

29.**識蘊真義**—現觀識蘊內涵、取證初果、親斷三縛結之具體行門。
—依《成唯識論》及《惟識述記》正義，略顯安慧《大乘廣五蘊論》之邪謬
平實導師著　回郵76元

30.**正覺電子報** 各期紙版本　免附回郵　每次最多函索三期或三本。
(已無存書之較早各期，不另增印贈閱)

31.**現代人應有的宗教觀**　蔡正禮老師 著　回郵31元

32.**遠惑趣道**—正覺電子報般若信箱問答錄　第一輯　回郵52元

33.**遠惑趣道**—正覺電子報般若信箱問答錄　第二輯　回郵52元

34.**確保您的權益**—器官捐贈應注意自我保護　游正光老師 著　回郵31元

35.**正覺教團電視弘法三乘菩提 DVD 光碟**（一）
由正覺教團多位親教師共同講述錄製 DVD 8 片，MP3 一片，共 9 片。有二大講題：一爲「三乘菩提之意涵」，二爲「學佛的正知見」。內容精闢，深入淺出，精彩絕倫，幫助大眾快速建立三乘法道的正知見，免被外道邪見所誤導。有志修學三乘佛法之學人不可不看。(製作工本費 100 元，回郵 52 元)

36.**正覺教團電視弘法 DVD 專輯**（二）
總有二大講題：一爲「三乘菩提之念佛法門」，一爲「學佛正知見(第二篇)」，由正覺教團多位親教師輪番講述，內容詳細闡述如何修學念佛法門、實證念佛三昧，以及學佛應具有的正確知見，可以幫助發願往生西方極樂淨土之學人，得以把握往生，更可令學人快速建立三乘法道的正知見，免於被外道邪見所誤導。有志修學三乘佛法之學人不可不看。(一套 17 片，工本費 160 元。回郵 76 元)

37.**喇嘛性世界**—揭開假藏傳佛教譚崔瑜伽的面紗　張善思 等人合著
由正覺同修會購贈　回郵52元

38.**假藏傳佛教的神話**—性、謊言、喇嘛教　張正玄教授編著
由正覺同修會購贈　回郵52元

39.**隨 緣**—理隨緣與事隨緣　平實導師述　回郵52元。

40.**學佛的覺醒**　正枝居士 著　回郵52元

41.**導師之真實義**　蔡正禮老師 著　回郵31元

42.**淺談達賴喇嘛之雙身法**—兼論解讀「密續」之達文西密碼
吳明芷居士 著　回郵31元

43.**魔界轉世**　張正玄居士 著　回郵31元

44.**一貫道與開悟**　蔡正禮老師 著　回郵31元

45.**博愛**—愛盡天下女人　正覺教育基金會 編印　回郵36元

46.**意識虛妄經教彙編**—實證解脫道的關鍵經文　正覺同修會編印　回郵36元

47.**邪箭囈語**—破斥藏密外道多識仁波切《破魔金剛箭雨論》之邪說

陸正元老師著　上、下冊回郵各 52 元

48.**真假沙門**—依 佛聖教闡釋佛教僧寶之定義

蔡正禮老師著　俟正覺電子報連載後結集出版

49.**真假禪宗**—藉評論釋性廣《印順導師對變質禪法之批判

及對禪宗之肯定》以顯示真假禪宗

附論一：凡夫知見 無助於佛法之信解行證

附論二：世間與出世間一切法皆從如來藏實際而生而顯

余正偉老師著　俟正覺電子報連載後結集出版　回郵未定

★ 上列贈書之郵資，係台灣本島地區郵資，大陸、港、澳地區及外國地區，請另計酌增（大陸、港、澳、國外地區之郵票不許通用）。尚未出版之書，請勿先寄來郵資，以免增加作業煩擾。

★ 本目錄若有變動，唯於後印之書籍及「成佛之道」網站上修正公佈之，不另行個別通知。

函索書籍請寄：佛教正覺同修會　103 台北市承德路 3 段 277 號 9 樓
台灣地區函索書籍者請附寄郵票，無時間購買郵票者可以等值現金抵用，但不接受郵政劃撥、支票、匯票。大陸地區得以人民幣計算，國外地區請以美元計算（請勿寄來當地郵票，在台灣地區不能使用）。欲以掛號寄遞者，請另附掛號郵資。

親自索閱：正覺同修會各共修處。　★請於共修時間前往取書，餘時無人在道場，請勿前往索取；共修時間與地點，詳見書末正覺同修會共修現況表（以近期之共修現況表為準）。

註：正智出版社發售之局版書，請向各大書局購閱。若書局之書架上已經售出而無陳列者，請向書局櫃台指定洽購；若書局不便代購者，請於正覺同修會共修時間前往各共修處請購，正智出版社已派人於共修時間送書前往各共修處流通。 郵政劃撥購書及 大陸地區 購書，請詳別頁正智出版社發售書籍目錄最後頁之說明。

成佛之道 網站：http://www.a202.idv.tw　正覺同修會已出版之結緣書籍，多已登載於 成佛之道 網站，若住外國、或住處遙遠，不便取得正覺同修會贈閱書籍者，可以從本網站閱讀及下載。

＊＊假藏傳佛教修雙身法，非佛教＊＊

正智出版社 籌募弘法基金發售書籍目錄 2023/03/28

1.**宗門正眼**—公案拈提 第一輯 重拈 平實導師著 500 元
因重寫內容大幅度增加故，字體必須改小，並增為 576 頁 主文 546 頁。比初版更精彩、更有內容。初版《禪門摩尼寶聚》之讀者，可寄回本公司免費調換新版書。免附回郵，亦無截止期限。（2007 年起，每冊附贈本公司精製公案拈提〈超意境〉CD 一片。市售價格 280 元，多購多贈。）

2.**禪淨圓融** 平實導師著 200 元（第一版舊書可換新版書。）

3.**真實如來藏** 平實導師著 400 元

4.**禪—悟前與悟後** 平實導師著 上、下冊，每冊 250 元

5.**宗門法眼**—公案拈提 第二輯 平實導師著 500 元
（2007 年起，每冊附贈本公司精製公案拈提〈超意境〉CD 一片）

6.**楞伽經詳解** 平實導師著 全套共 10 輯 每輯 250 元

7.**宗門道眼**—公案拈提 第三輯 平實導師著 500 元
（2007 年起，每冊附贈本公司精製公案拈提〈超意境〉CD 一片）

8.**宗門血脈**—公案拈提 第四輯 平實導師著 500 元
（2007 年起，每冊附贈本公司精製公案拈提〈超意境〉CD 一片）

9.**宗通與說通**—成佛之道 平實導師著 主文 381 頁 全書 400 頁售價 300 元

10.**宗門正道**—公案拈提 第五輯 平實導師著 500 元
（2007 年起，每冊附贈本公司精製公案拈提〈超意境〉CD 一片）

11.**狂密與真密 一～四輯** 平實導師著 西藏密宗是人間最邪淫的宗教，本質不是佛教，只是披著佛教外衣的印度教性力派流毒的喇嘛教。此書中將西藏密宗密傳之男女雙身合修樂空雙運所有祕密與修法，毫無保留完全公開，並將全部喇嘛們所不知道的部分也一併公開。內容比大辣出版社喧騰一時的《西藏慾經》更詳細。並且函蓋藏密的所有祕密及其錯誤的中觀見、如來藏見……等，藏密的所有法義都在書中詳述、分析、辨正。每輯主文三百餘頁 每輯全書約 400 頁 售價每輯 300 元

12.**宗門正義**—公案拈提 第六輯 平實導師著 500 元
（2007 年起，每冊附贈本公司精製公案拈提〈超意境〉CD 一片）

13.**心經密意**—心經與解脫道、佛菩提道、祖師公案之關係與密意 平實導師述 300 元

14.**宗門密意**—公案拈提 第七輯 平實導師著 500 元
（2007 年起，每冊附贈本公司精製公案拈提〈超意境〉CD 一片）

15.**淨土聖道**—兼評「選擇本願念佛」 正德老師著 200 元

16.**起信論講記** 平實導師述著 共六輯 每輯三百餘頁 售價各 250 元

17.**優婆塞戒經講記** 平實導師述著 共八輯 每輯三百餘頁 售價各 250 元

18.**真假活佛**—略論附佛外道盧勝彥之邪說（對前岳靈犀網站主張「盧勝彥是證悟者」之修正） 正犀居士（岳靈犀）著 流通價 140 元

19.**阿含正義**—唯識學探源 平實導師著 共七輯 每輯 300 元

20.**超意境 CD** 以平實導師公案拈提書中超越意境之頌詞，加上曲風優美

的旋律，錄成令人嚮往的超意境歌曲，其中包括正覺發願文及平實導師親自譜成的黃梅調歌曲一首。詞曲雋永，殊堪翫味，可供學禪者吟詠，有助於見道。內附設計精美的彩色小冊，解說每一首詞的背景本事。每片 280 元。【每購買公案拈提書籍一冊，即贈送一片。】

21.**菩薩底憂鬱** CD 將菩薩情懷及禪宗公案寫成新詞，並製作成超越意境的優美歌曲。 1.主題曲〈菩薩底憂鬱〉，描述地後菩薩能離三界生死而迴向繼續生在人間，但因尚未斷盡習氣種子而有極深沈之憂鬱，非三賢位菩薩及二乘聖者所知，此憂鬱在七地滿心位方才斷盡；本曲之詞中所說義理極深，昔來所未曾見；此曲係以優美的情歌風格寫詞及作曲，聞者得以激發嚮往諸地菩薩境界之大心，詞、曲都非常優美，難得一見；其中勝妙義理之解說，已印在附贈之彩色小冊中。 2.以各輯公案拈提中直示禪門入處之頌文，作成各種不同曲風之超意境歌曲，值得玩味、參究；聆聽公案拈提之優美歌曲時，請同時閱讀內附之印刷精美說明小冊，可以領會超越三界的證悟境界；未悟者可以因此引發求悟之意向及疑情，眞發菩提心而邁向求悟之途，乃至因此眞實悟入般若，成眞菩薩。 3.正覺總持咒新曲，總持佛法大意；總持咒之義理，已加以解說並印在隨附之小冊中。本 CD 共有十首歌曲，長達 63 分鐘。每盒各附贈二張購書優惠券。每片 320 元。

22.**禪意無限** CD 平實導師以公案拈提書中偈頌寫成不同風格曲子，與他人所寫不同風格曲子共同錄製出版，幫助參禪人進入禪門超越意識之境界。盒中附贈彩色印製的精美解說小冊，以供聆聽時閱讀，令參禪人得以發起參禪之疑情，即有機會證悟本來面目而發起實相智慧，實證大乘菩提般若，能如實證知般若經中的眞實意。本 CD 共有十首歌曲，長達 69 分鐘，每盒各附贈二張購書優惠券。每片 320 元。

23.**我的菩提路**第一輯　釋悟圓、釋善藏等人合著　售價 300 元

24.**我的菩提路**第二輯　郭正益等人合著　售價 300 元

（初版首刷至第四刷，都可以寄來免費更換爲第二版，免附郵費）

25.**我的菩提路**第三輯　王美伶等人合著　售價 300 元

26.**我的菩提路**第四輯　陳晏平等人合著　售價 300 元

27.**我的菩提路**第五輯　林慈慧等人合著　售價 300 元

28.**我的菩提路**第六輯　劉惠莉等人合著　售價 300 元

29.**我的菩提路**第七輯　余正偉等人合著　售價 300 元

30.**鈍鳥與靈龜**—考證後代凡夫對大慧宗杲禪師的無根誹謗。

平實導師著 共 458 頁 售價 350 元

31.**維摩詰經講記** 平實導師述 共六輯 每輯三百餘頁 售價各 250 元

32.**真假外道**—破劉東亮、杜大威、釋證嚴常見外道見 正光老師著 200 元

33.**勝鬘經講記**—兼論印順《勝鬘經講記》對於《勝鬘經》之誤解。

平實導師述　共六輯　每輯三百餘頁　售價250 元

34.**楞嚴經講記** 平實導師述 共**15**輯，每輯三百餘頁 售價300元
35.**明心與眼見佛性**—駁慧廣〈蕭氏「眼見佛性」與「明心」之非〉文中謬說
正光老師著 共448頁 售價300元
36.**見性與看話頭** 黃正倖老師 著，本書是禪宗參禪的方法論。
內文375頁，全書416頁，售價300元。
37.**達賴真面目**—玩盡天下女人 白正偉老師 等著 中英對照彩色精裝大本 800元
38.**喇嘛性世界**—揭開假藏傳佛教譚崔瑜伽的面紗 張善思 等人著 200元
39.**假藏傳佛教的神話**—性、謊言、喇嘛教 正玄教授編著 200元
40.**金剛經宗通** 平實導師述 共九輯 每輯售價250元。
41.**空行母**—性別、身分定位，以及藏傳佛教。
珍妮·坎貝爾著 呂艾倫 中譯 售價250元
42.**末代達賴**—性交教主的悲歌 張善思、呂艾倫、辛燕編著 售價250元
43.**霧峰無霧**—給哥哥的信 辨正釋印順對佛法的無量誤解
游宗明 老師著 售價250元
44.**霧峰無霧**—第二輯—救護佛子向正道 細說釋印順對佛法的各類誤解
游宗明 老師著 售價250元
45.**第七意識與第八意識？**—穿越時空「超意識」
平實導師述 每冊300元
46.**黯淡的達賴**—失去光彩的諾貝爾和平獎
正覺教育基金會編著 每冊250元
47.**童女迦葉考**—論呂凱文〈佛教輪迴思想的論述分析〉之謬。
平實導師 著 定價180元
48.**人間佛教**—實證者必定不悖三乘菩提
平實導師 述，定價400元
49.**實相經宗通** 平實導師述 共八輯 每輯250元
50.**真心告訴您(一)**—達賴喇嘛在幹什麼？
正覺教育基金會編著 售價250元
51.**中觀金鑑**—詳述應成派中觀的起源與其破法本質
孫正德老師著 分為上、中、下三冊，每冊250元
52.**藏傳佛教要義**—《狂密與真密》之簡體字版 平實導師 著 上、下冊
僅在大陸流通 每冊300元
53.**法華經講義** 平實導師述 共二十五輯 每輯三百餘頁 售價300元
54.**西藏「活佛轉世」制度**—附佛、造神、世俗法
許正豐、張正玄老師合著 定價150元
55.**廣論三部曲** 郭正益老師著 定價150元
56.**真心告訴您(二)**—達賴喇嘛是佛教僧侶嗎？
—補祝達賴喇嘛八十大壽
正覺教育基金會編著 售價300元
57.**次法**—實證佛法前應有的條件
張善思居士著 分為上、下二冊，每冊250元

58.**涅槃**—解說四種涅槃之實證及內涵　平實導師著 上、下冊 各350元
59.**山法**—西藏關於他空與佛藏之根本論
篤補巴·喜饒堅贊著　　傑弗里·霍普金斯英譯
張火慶教授、呂艾倫老師中譯　精裝大本 1200 元
60.**佛藏經講義**　平實導師述　共二十一輯 每輯三百餘頁 售價300元。
61.**成唯識論**　大唐 玄奘菩薩所著鉅論。重新正確斷句，並以不同字體及標點符號顯示質疑文，令得易讀。全書288頁，精裝大本400元。
62.**大法鼓經講義**　平實導師述 2023年1月30日開始出版　共六輯 每二個月出版一輯，每輯300元
63.**成唯識論釋**—詳解大唐玄奘菩薩所著《成唯識論》，平實導師著述。共十輯，於每講完一輯的分量以後即予出版，2023年五月底出版第一輯，以後每七到十個月出版一輯，每輯400元。
64.**假鋒虛焰金剛乘**—揭示顯密正理，兼破索達吉師徒《般若鋒兮金剛焰》
釋正安法師著 簡體字版 即將出版 售價未定
65.**廣論之平議**—宗喀巴《菩提道次第廣論》之平議　正雄居士著
約二或三輯　俟正覺電子報連載後結集出版　書價未定
66.**不退轉法輪經講義**　平實導師講述　《大法鼓經講義》出版後發行
67.**八識規矩頌**詳解　○○居士 註解　出版日期另訂　書價未定。
68.**中觀正義**—註解平實導師《中論正義頌》。
○○法師（居士）著　出版日期未定　書價未定
69.**中論正義**—釋龍樹菩薩《中論》頌正理。
孫正德老師著　出版日期未定　書價未定
70.**中國佛教史**—依中國佛教正法史實而論。○○老師 著　書價未定。
71.**印度佛教史**—法義與考證。依法義史實評論印順《印度佛教思想史、佛教史地考論》之謬說　正偉老師著　出版日期未定　書價未定
72.**阿含經講記**—將選錄四阿含中數部重要經典全經講解之，講後整理出版。
平實導師述　約二輯　每輯300元　出版日期未定
73.**實積經講記**　平實導師述　每輯三百餘頁 優惠價300元 出版日期未定
74.**解深密經講義**　平實導師述 約四輯　將於重講後整理出版
75.**修習止觀坐禪法要講記**　平實導師述　每輯三百餘頁
將於正覺寺建成後重講、以講記逐輯出版　出版日期未定
76.**無門關**—《無門關》公案拈提　平實導師著　出版日期未定
77.**中觀再論**—兼述印順《中觀今論》謬誤之平議。正光老師著 出版日期未定
78.**輪迴與超度**—佛教超度法會之真義。
○○法師（居士）著　出版日期未定　書價未定
79.**《釋摩訶衍論》平議**—對偽稱龍樹所造《釋摩訶衍論》之平議
○○法師（居士）著　出版日期未定　書價未定

80.**正覺發願文**註解—以真實大願為因 得證菩提

正德老師著　出版日期未定　書價未定

81.**正覺總持咒**—佛法之總持　正圜老師著　出版日期未定　書價未定

82.**三自性**—依四食、五蘊、十二因緣、十八界法，說三性三無性。

作者未定　出版日期未定

83.**道品**—從三自性說大小乘三十七道品　作者未定　出版日期未定

84.**大乘緣起觀**—依四聖諦七真如現觀十二緣起 作者未定　出版日期未定

85.**三德**—論解脫德、法身德、般若德。　作者未定　出版日期未定

86.**真假如來藏**—對印順《如來藏之研究》謬說之平議　作者未定 出版日期未定

87.**大乘道次第**　作者未定　出版日期未定　書價未定

88.**四緣**—依如來藏故有四緣。　作者未定　出版日期未定

89.**空之探究**—印順《空之探究》謬誤之平議　作者未定 出版日期未定

90.**十法義**—論阿含經中十法之正義　作者未定　出版日期未定

91.**外道見**—論述外道六十二見　作者未定　出版日期未定

正智出版社有限公司 書籍介紹

禪淨圓融：言淨土諸祖所未曾言，示諸宗祖師所未曾示；禪淨圓融，另闢成佛捷徑，兼顧自力他力，闡釋淨土門之速行易行道，亦同時揭櫫聖教門之速行易行道；令廣大淨土行者得免緩行難證之苦，亦令聖道門行者得以藉著淨土速行道而加快成佛之時劫。乃前無古人之超勝見地，非一般弘揚禪淨法門典籍也，先讀為快。平實導師著 200元。

宗門正眼—公案拈提第一輯：繼承克勤圜悟大師碧巖錄宗旨之禪門鉅作。先則舉示當代大法師之邪說，消弭當代禪門大師鄉愿之心態，摧破當今禪門「世俗禪」之妄談；次則旁通教法，表顯宗門正理；繼以道之次第，消弭古今狂禪；後藉言語及文字機鋒，直示宗門入處。悲智雙運，禪味十足，數百年來難得一睹之禪門鉅著也。平實導師著　500元（原初版書《禪門摩尼寶聚》，改版後補充為五百餘頁新書，總計多達二十四萬字，內容更精彩，並改名為《宗門正眼》，讀者原購初版《禪門摩尼寶聚》皆可寄回本公司免費換新，免附回郵，亦無截止期限）（2007年起，凡購買公案拈提第一輯至第七輯，每購一輯皆贈送本公司精製公案拈提〈超意境〉CD一片，市售價格280元，多購多贈）。

禪—悟前與悟後：本書能建立學人悟道之信心與正確知見，圓滿具足而有次第地詳述禪悟之功夫與禪悟之內容，指陳參禪中細微淆訛之處，能使學人明自真心、見自本性。若未能悟入，亦能以正確知見辨別古今中外一切大師究係真悟？或屬錯悟？便有能力揀擇，捨名師而選明師，後時必有悟道之緣。一旦悟道，遲者七次人天往返，便出三界，速者一生取辦。學人欲求開悟者，不可不讀。　平實導師著。上、下冊共500元，單冊250元。

真實如來藏：如來藏眞實存在，乃宇宙萬有之本體，並非印順法師、達賴喇嘛等人所說之「唯有名相、無此心體」。如來藏是涅槃之本際，是一切有智之人竭盡心智、不斷探索而不能得之生命實相；是古今中外許多大師自以爲悟而當面錯過之生命實相。如來藏即是阿賴耶識，乃是一切有情本自具足、不生不滅之眞實心。當代中外大師於此書出版之前所未能言者，作者於本書中盡情流露、詳細闡釋。眞悟者讀之，必能增益悟境、智慧增上；錯悟者讀之，必能檢討自己之錯誤，免犯大妄語業；未悟者讀之，能知參禪之理路，亦能以之檢查一切名師是否眞悟。此書是一切哲學家、宗教家、學佛者及欲昇華心智之人必讀之鉅著。　平實導師著　售價400元。

宗門法眼—公案拈提第二輯：列舉實例，闡釋土城廣欽老和尚之悟處；並直示這位不識字的老和尚妙智橫生之根由，繼而剖析禪宗歷代大德之開悟公案，解析當代密宗高僧卡盧仁波切之錯悟證據，並例舉當代顯宗高僧、大居士之錯悟證據（凡健在者，爲免影響其名聞利養，皆隱其名）。藉辨正當代名師之邪見，向廣大佛子指陳禪悟之正道，彰顯宗門法眼。悲勇兼出，強捋虎鬚；慈智雙運，巧探驪龍；摩尼寶珠在手，直示宗門入處，禪味十足；若非大悟徹底，不能爲之。禪門精奇人物，允宜人手一冊，供作參究及悟後印證之圭臬。本書於2008年4月改版增寫爲大約500頁篇幅，以利學人研讀參究時更易悟入宗門正法，以前所購初版首刷及初版二刷舊書，皆可免費換取新書。平實導師著　500元（2007年起，凡購買公案拈提第一輯至第七輯，每購一輯皆贈送本公司精製公案拈提〈超意境〉CD一片，市售價格280元，多購多贈）。

宗門道眼—公案拈提第三輯：繼宗門法眼之後，再以金剛之作略、慈悲之胸懷、犀利之筆觸，舉示寒山、拾得、布袋三大士之悟處，消弭當代錯悟者對於寒山大士……等之誤會及誹謗。　亦舉出民初以來與虛雲和尚齊名之蜀郡鹽亭袁煥仙夫子——南懷瑾老師之師，其「悟處」何在？並蒐羅許多眞悟祖師之證悟公案，顯示禪宗歷代祖師之睿智，指陳部分祖師、奧修及當代顯密大師之謬悟，作爲殷鑑，幫助禪子建立及修正參禪之方向及知見。假使讀者閱此書已，一時尚未能悟，亦可一面加功用行，一面以此宗門道眼辨別眞假善知識，避開錯誤之印證及歧路，可免大妄語業之長劫慘痛果報。欲修禪宗之禪者，務請細讀。平實導師著　售價500元（2007年起，凡購買公案拈提第一輯至第七輯，每購一輯皆贈送本公司精製公案拈提〈超意境〉CD一片，市售價格280元，多購多贈）。

楞伽經詳解：本經是禪宗見道者印證所悟眞僞之根本經典，亦是禪宗見道者悟後起修之依據經典；故達摩祖師於印證二祖慧可大師之後，將此經典連同佛缽祖衣一併交付二祖，令其依此經典佛示金言、進入修道位，修學一切種智。由此可知此經對於眞悟之人修學佛道，是非常重要之一部經典。此經能破外道邪說，亦破佛門中錯悟名師之謬說，亦破禪宗部分祖師之狂禪：不讀經典、一向主張「一悟即成究竟佛」之謬執。並開示愚夫所行禪、觀察義禪、攀緣如禪、如來禪等差別，令行者對於三乘禪法差異有所分辨；亦糾正禪宗祖師古來對於如來禪之誤解，嗣後可免以訛傳訛之弊。此經亦是法相唯識宗之根本經典，禪者悟後欲修一切種智而入初地者，必須詳讀。平實導師著，全套共十輯，已全部出版完畢，每輯主文約320頁，每冊約352頁，定價250元。

宗門血脈—公案拈提第四輯：末法怪象—許多修行人自以為悟，每將無念靈知認作眞實；崇尚二乘法諸師及其徒衆，則將外於如來藏之緣起性空—無因論之無常空、斷滅空、一切法空—錯認為 佛所說之般若空性。這兩種現象已於當今海峽兩岸及美加地區顯密大師之中普遍存在；人人自以為悟，心高氣壯，便敢寫書解釋祖師證悟之公案，大多出於意識思惟所得，言不及義，錯誤百出，因此誤導廣大佛子同陷大妄語之地獄業中而不能自知。彼等書中所說之悟處，其實處處違背第一義經典之聖言量。彼等諸人不論是否身披袈裟，都非佛法宗門血脈，或雖有禪宗法脈之傳承，亦只徒具形式；猶如螟蛉，非眞血脈，未悟得根本眞實故。禪子欲知 佛、祖之眞血脈者，請讀此書，便知分曉。平實導師著，主文452頁，全書464頁，定價500元（2007年起，凡購買公案拈提第一輯至第七輯，每購一輯皆贈送本公司精製公案拈提〈超意境〉CD一片，市售價格280元，多購多贈）。

宗通與說通：古今中外，錯誤之人如麻似粟，每以常見外道所說之靈知心，認作眞心；或妄想虛空之勝性能量為眞如，或錯認物質四大元素藉冥性（靈知心本體）能成就吾人色身及知覺，或認初禪至四禪中之了知心為不生不滅之涅槃心。此等皆非通宗者之見地。復有錯悟之人一向主張「宗門與教門不相干」，此即尚未通達宗門之人也。其實宗門與教門互通不二，宗門所證者乃是眞如與佛性，教門所說者乃說宗門證悟之眞如佛性，故教門與宗門不二。本書作者以宗教二門互通之見地，細說「宗通與說通」，從初見道至悟後起修之道、細說分明；並將諸宗諸派在整體佛教中之地位與次第，加以明確之教判，學人讀之即可了知佛法之梗概也。欲擇明師學法之前，允宜先讀。平實導師著，主文共381頁，全書392頁，只售成本價300元。

宗門正道—公案拈提第五輯：修學大乘佛法有二果須證—解脫果及大菩提果。二乘人不證大菩提果，唯證解脫果；此果之智慧，名爲聲聞菩提、緣覺菩提。大乘佛子所證二果之菩提果爲佛菩提，故名大菩提果，其慧名爲一切種智—函蓋二乘解脫果。然此大乘二果修證，須經由禪宗之宗門證悟方能相應。而宗門證悟極難，自古已然；其所以難者，咎在古今佛教界普遍存在三種邪見：1.以修定認作佛法，2.以無因論之緣起性空—否定涅槃本際如來藏以後之一切法空作爲佛法，3.以常見外道邪見（離語言妄念之靈知性）作爲佛法。如是邪見，或因自身正見未立所致，或因邪師之邪教導所致，或因無始劫來虛妄熏習所致。若不破除此三種邪見，永劫不悟宗門眞義、不入大乘正道，唯能外門廣修菩薩行。平實導師於此書中，有極爲詳細之說明，有志佛子欲摧邪見、入於內門修菩薩行者，當閱此書。主文共496頁，全書512頁。售價500元（2007年起，凡購買公案拈提第一輯至第七輯，每購一輯皆贈送本公司精製公案拈提〈超意境〉CD一片，市售價格280元，多購多贈）。

狂密與眞密：密教之修學，皆由有相之觀行法門而入，其最終目標仍不離顯教經典所說第一義諦之修證；若離顯教第一義經典、或違背顯教第一義經典，即非佛教。西藏密教之觀行法，如灌頂、觀想、遷識法、寶瓶氣、大聖歡喜雙身修法、喜金剛、無上瑜伽、大樂光明、樂空雙運等，皆是印度教兩性生生不息思想之轉化，自始至終皆以如何能運用交合淫樂之法達到全身受樂爲其中心思想，純屬欲界五欲的貪愛，不能令人超出欲界輪迴，更不能令人斷除我見；何況大乘之明心與見性，更無論矣！故密宗之法絕非佛法也。而其明光大手印、大圓滿法教，又皆同以常見外道所說離語言妄念之無念靈知心錯認爲佛地之眞如，不能直指不生不滅之眞如。西藏密宗所有法王與徒衆，都尚未開頂門眼，不能辨別眞僞，以依人不依法、依密續不依經典故，不肯將其上師喇嘛所說對照第一義經典，純依密續之藏密祖師所說爲準，因此而誇大其證德與證量，動輒謂彼祖師上師爲究竟佛、爲地上菩薩；如今台海兩岸亦有自謂其師證量高於　釋迦文佛者，然觀其師所述，猶未見道，仍在觀行即佛階段，尚未到禪宗相似即佛、分證即佛階位，竟敢標榜爲究竟佛及地上法王，誑惑初機學人。凡此怪象皆是狂密，不同於眞密之修行者。近年狂密盛行，密宗行者被誤導者極衆，動輒自謂已證佛地眞如，自視爲究竟佛，陷於大妄語業中而不知自省，反謗顯宗眞修實證者之證量粗淺；或如義雲高與釋性圓…等人，於報紙上公然誹謗眞實證道者爲「騙子、無道人、人妖、癩蛤蟆…」等，造下誹謗大乘勝義僧之大惡業；或以外道法中有爲有作之甘露、魔術……等法，誑騙初機學人，狂言彼外道法爲眞佛法。如是怪象，在西藏密宗及附藏密之外道中，不一而足，舉之不盡，學人宜應愼思明辨，以免上當後又犯毀破菩薩戒之重罪。密宗學人若欲遠離邪知邪見者，請閱此書，即能了知密宗之邪謬，從此遠離邪見與邪修，轉入眞正之佛道。　平實導師著　共四輯 每輯約400頁（主文約340頁）每輯售價300元。

宗門正義—公案拈提第六輯：佛教有六大危機，乃是藏密化、世俗化、膚淺化、學術化、宗門密意失傳、悟後進修諸地之次第混淆；其中尤以宗門密意之失傳，爲當代佛教最大之危機。由宗門密意失傳故，易令世尊本懷普被錯解，易令世尊正法被轉易爲外道法，以及加以淺化、世俗化，是故宗門密意之廣泛弘傳與具緣佛弟子，極爲重要。然而欲令宗門密意之廣泛弘傳予具緣之佛弟子者，必須同時配合錯誤知見之解析、普令佛弟子知之，然後輔以公案解析之直示入處，方能令具緣之佛弟子悟入。而此二者，皆須以公案拈提之方式爲之，方易成其功、竟其業，是故平實導師續作宗門正義一書，以利學人。 全書500餘頁，售價500元（2007年起，凡購買公案拈提第一輯至第七輯，每購一輯皆贈送本公司精製公案拈提〈超意境〉CD一片，市售價格280元，多購多贈）。

心經密意—心經與解脫道、佛菩提道、祖師公案之關係與密意。 二乘菩提所證之解脫道，實依第八識心之斷除煩惱障現行而立解脫之名；大乘菩提所證之佛菩提道，實依親證第八識如來藏之涅槃性、清淨自性、及其中道性而立般若之名；禪宗祖師公案所證之眞心，即是此第八識如來藏；是故三乘佛法所修所證之三乘菩提，皆依此如來藏心而立名也。此第八識心，即是《心經》所說之心也。證得此如來藏已，即能漸入大乘佛菩提道，亦可因證知此心而了知二乘無學所不能知之無餘涅槃本際，是故《心經》之密意，與三乘佛菩提之關係極爲密切、不可分割，三乘佛法皆依此心而立名故。今者平實導師以其所證解脫道之無生智及佛菩提之般若種智，將《心經》與解脫道、佛菩提道、祖師公案之關係與密意，以演講之方式，用淺顯之語句和盤托出，發前人所未言，呈三乘菩提之眞義，令人藉此《心經密意》一舉而窺三乘菩提之堂奧，迴異諸方言不及義之說；欲求眞實佛智者、不可不讀！主文317頁，連同跋文及序文…等共384頁，售價300元。

宗門密意—公案拈提第七輯：佛教之世俗化，將導致學人以信仰作爲學佛，則將以感應及世間法之庇祐，作爲學佛之主要目標，不能了知學佛之主要目標爲親證三乘菩提。大乘菩提則以般若實相智慧爲主要修習目標，以二乘菩提解脫道爲附帶修習之標的；是故學習大乘法者，應以禪宗之證悟爲要務，能親入大乘菩提之實相般若智慧中故，般若實相智慧非二乘聖人所能知故。此書則以台灣世俗化佛教之三大法師，說法似是而非之實例，配合眞悟祖師之公案解析，提示證悟般若之關節，令學人易得悟入。平實導師著，全書五百餘頁，售價500元（2007年起，凡購買公案拈提第一輯至第七輯，每購一輯皆贈送本公司精製公案拈提〈超意境〉CD一片，市售價格280元，多購多贈）。

淨土聖道—兼評選擇本願念佛：佛法甚深極廣，般若玄微，非諸二乘聖僧所能知之，一切凡夫更無論矣！所謂一切證量皆歸淨土是也！是故大乘法中「聖道之淨土、淨土之聖道」，其義甚深，難可了知；乃至眞悟之人，初心亦難知也。今有正德老師眞實證悟後，復能深探淨土與聖道之緊密關係，憐憫衆生之誤會淨土實義，亦欲利益廣大淨土行人同入聖道，同獲淨土中之聖道門要義，乃振奮心神、書以成文，今得刊行天下。主文279頁，連同序文等共301頁，總有十一萬六千餘字，正德老師著，成本價200元。

起信論講記：詳解大乘起信論心生滅門與心眞如門之眞實意旨，消除以往大師與學人對起信論所說心生滅門之誤解，由是而得了知眞心如來藏之非常非斷中道正理；亦因此一講解，令此論以往隱晦而被誤解之眞實義，得以如實顯示，令大乘佛菩提道之正理得以顯揚光大；初機學者亦可藉此正論所顯示之法義，對大乘法理生起正信，從此得以眞發菩提心，眞入大乘法中修學，世世常修菩薩正行。平實導師演述，共六輯，都已出版，每輯三百餘頁，售價各250元。

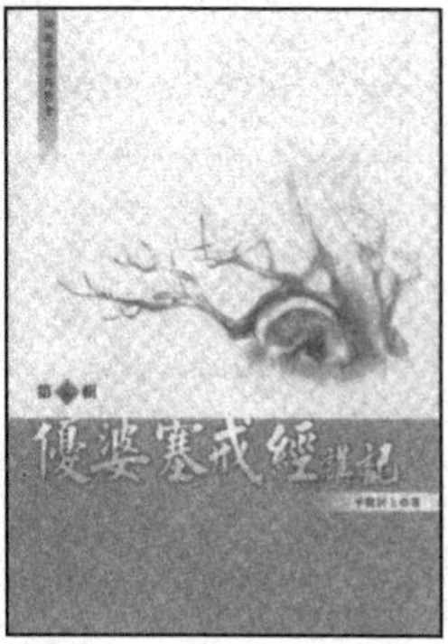

優婆塞戒經講記：本經詳述在家菩薩修學大乘佛法，應如何受持菩薩戒？對人間善行應如何看待？對三寶應如何護持？應如何正確地修集此世後世證法之福德？應如何修集後世「行菩薩道之資糧」？並詳述第一義諦之正義：五蘊非我非異我、自作自受、異作異受、不作不受……等深妙法義，乃是修學大乘佛法、行菩薩行之在家菩薩所應當了知者。出家菩薩今世或未來世登地已，捨報之後多數將如華嚴經中諸大菩薩，以在家菩薩身而修行菩薩行，故亦應以此經所述正理而修之，配合《楞伽經、解深密經、楞嚴經、華嚴經》等道次第正理，方得漸次成就佛道；故此經是一切大乘行者皆應證知之正法。　平實導師講述，每輯三百餘頁，售價各250元；共八輯，已全部出版。

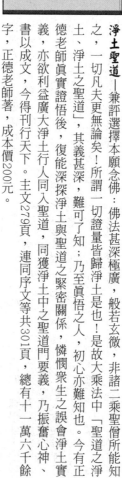

真假活佛—略論附佛外道盧勝彥之邪說：人人身中都有眞活佛，永生不滅而有大神用，但衆生都不了知，所以常被身外的西藏密宗假活佛籠罩欺瞞。本來就眞實存在的眞活佛，才是眞正的密宗無上密！諾那活佛因此而說禪宗是大密宗，但藏密的所有活佛都不知道、也不曾實證自身中的眞活佛。本書詳實宣示眞活佛的道理，舉證盧勝彥的「佛法」不是眞佛法，也顯示盧勝彥是假活佛，直接的闡釋第一義佛法見道的眞實正理。眞佛宗的所有上師與學人們，都應該詳細閱讀，包括盧勝彥個人在內。正犀居士著，優惠價140元。

阿含正義—唯識學探源：廣說四大部《阿含經》諸經中隱說之眞正義理，一一舉示佛陀本懷，令阿含時期初轉法輪根本經典之眞義，如實顯現於佛子眼前。並提示末法大師對於阿含眞義誤解之實例，一一比對之，證實唯識增上慧學確於原始佛法之阿含諸經中已隱覆密意而略說之，證實 世尊確於原始佛法中已曾密意而說第八識如來藏之總相；亦證實 世尊在四阿含中已說此藏識是名色十八界之因、之本—證明如來藏是能生萬法之根本心。佛子可據此修正以往受諸大師（譬如西藏密宗應成派中觀師：印順、昭慧、性廣、大願、達賴、宗喀巴、寂天、月稱、……等人）誤導之邪見，建立正見，轉入正道乃至親證初果而無困難；書中並詳說三果所證的心解脫，以及四果慧解脫的親證，都是如實可行的具體知見與行門。全書共七輯，已出版完畢。平實導師著，每輯三百餘頁，售價300元。

超意境CD：以平實導師公案拈提書中超越意境之頌詞，加上曲風優美的旋律，錄成令人嚮往的超意境歌曲，其中包括正覺發願文及平實導師親自譜成的黃梅調歌曲一首。詞曲雋永，殊堪翫味，可供學禪者吟詠，有助於見道。內附設計精美的彩色小冊，解說每一首詞的背景本事。每片280元。【每購買公案拈提書籍一冊，即贈送一片。】

我的菩提路第一輯：凡夫及二乘聖人不能實證的佛菩提證悟，末法時代的今天仍然有人能得實證，由正覺同修會釋悟圓、釋善藏法師等二十餘位實證如來藏者所寫的見道報告，已爲當代學人見證宗門正法之絲縷不絕，證明大乘義學的法脈仍然存在，爲末法時代求悟般若之學人照耀出光明的坦途。由二十餘位大乘見道者所繕，敘述各種不同的學法、見道因緣與過程，參禪求悟者必讀。全書三百餘頁，售價300元。

我的菩提路第二輯：由郭正益老師等人合著，書中詳述彼等諸人歷經各處道場學法，一一修學而加以檢擇之不同過程以後，因閱讀正覺同修會、正智出版社書籍而發起抉擇分，轉入正覺同修會中修學；乃至學法及見道之過程，都一一詳述之。**本書已改版印製重新流通**，讀者原購的初版書，不論是第一刷或第二、三、四刷，都可以寄回換新，免附郵費。

我的菩提路第三輯：由王美伶老師等人合著。自從正覺同修會成立以來，每年夏初、冬初都舉辦精進禪三共修，藉以助益會中同修們得以證悟明心發起般若實相智慧；凡已實證而被平實導師印證者，皆書具見道報告用以證明佛法之眞實可證而非玄學，證明佛法並非純屬思想、理論而無實質，是故每年都能有人證明正覺同修會的「實證佛教」主張並非虛語。特別是眼見佛性一法，自古以來中國禪宗祖師實證者極寡，較之明心開悟的證境更難令人信受；至2017年初，正覺同修會中的證悟明心者已近五百人，然而其中眼見佛性者至今唯十餘人爾，可謂難能可貴，是故明心後欲冀眼見佛性者實屬不易。黃正倖老師是懸絕七年無人見性後的第一人，她於2009年的見性報告刊於本書的第二輯中，爲大眾證明佛性確實可以眼見；其後七年之中求見性者都屬解悟佛性而無人眼見，幸而又經七年後的2016冬初，以及2017夏初的禪三，復有三人眼見佛性，希冀鼓舞四眾佛子求見佛性之大心，今則具載一則於書末，顯示求見佛性之事實經歷，供養現代佛教界欲得見性之四眾弟子。全書四百頁，售價300元，已於2017年6月30日發行。

我的菩提路第四輯：由陳晏平等人著。中國禪宗祖師往往有所謂「見性」之言，所言多屬看見如來藏具有能令人發起成佛之自性，並非《大般涅槃經》中如來所說之眼見佛性。眼見佛性者，於親見佛性之時，即能於山河大地眼見自己佛性，亦能於他人身上眼見自己佛性及對方之佛性，如是境界無法爲尚未實證者解釋；勉強說之，縱使眞實明心證悟之人聞之，亦只能以自身明心之境界想像之，但不論如何想像多屬非量，能有正確之比量者亦是稀有，故說眼見佛性極爲困難。眼見佛性之人若所見極分明時，在所見佛性之境界下所眼見之山河大地、自己五蘊身心皆是虛幻，自有異於明心者之解脫功德受用，此後永不思證二乘涅槃，必定邁向成佛之道而進入第十住位中，已超第一阿僧祇劫三分有一，可謂之爲超劫精進也。今又有明心之後眼見佛性之人出於人間，將其明心及後來見性之報告，連同其餘證悟明心者之精彩報告一同收錄於此書中，供養眞求佛法實證之四衆佛子。全書380頁，售價300元，已於2018年6月30日發行。

我的菩提路第五輯：林慈慧老師等人著，本輯中所舉學人從相似正法中來到正覺同修會的過程，各人都有不同，發生的因緣亦是各有差別，然而都會指向同一個目標——證實生命實相的源底，確證自己生從何來、死往何去的事實，所以最後都證明佛法眞實而可親證，絕非玄學；本書將彼等諸人的始修及末後證悟之實例，羅列出來以供學人參考。本期亦有一位會裡的老師，是從1995年即開始追隨 平實導師修學，1997年明心後持續進修不斷，直到2017年眼見佛性之實例，足可證明《大般涅槃經》中世尊開示眼見佛性之法正眞無訛，第十住位的實證在末法時代的今天仍有可能，如今一併具載於書中以供學人參考，並供養現代佛教界欲得見性之四衆弟子。全書四百頁，售價300元，已於2019年12月31日發行。

我的菩提路第六輯：劉惠莉老師等人著，本輯中舉示劉老師明心多年以後的眼見佛性實錄，供末法時代學人了知明心之異於見性本質，足可證明《大般涅槃經》中世尊開示眼見佛性之法正眞無訛。亦列舉多篇學人從各道場來到正覺學法之不同過程，以及如何發覺邪見之異於正法的所在，最後終能在正覺禪三中悟入的實況，以證明佛教正法仍在末法時代的人間繼續弘揚的事實，鼓舞一切眞實學法的菩薩大衆思之：我等諸人亦可有因緣證悟，絕非空想白思。約四百頁，售價300元，已於2020年6月30日發行。

我的菩提路第七輯：余正偉老師等人著，本輯中舉示余老師明心二十餘年以後的眼見佛性實錄，供末法時代學人了知明心異於見性之本質，並且舉示其見性後與平實導師互相討論眼見佛性之諸多疑訛處；除了證明《大般涅槃經》中世尊開示眼見佛性之法正眞無訛以外，亦得一解明心後尚未見性者之所未知處，甚爲精彩。此外亦列舉多篇學人從各不同宗教進入正覺學法之不同過程，以及發覺諸方道場邪見之內容與過程，最終得於正覺精進禪三中悟入的實況，足供末法精進學人借鑑，以彼鑑己而生信心，得以投入了義正法中修學及實證。凡此，皆足以證明不唯明心所證之第七住位般若智慧及解脫功德仍可實證，乃至第十住位的實證與當場發起如幻觀之實證，於末法時代的今天皆仍有可能。本書約四百頁，售價300元。

鈍鳥與靈龜：鈍鳥及靈龜二物，被宗門證悟者說爲二種人：前者是精修禪定而無智慧者，也是以定爲禪的愚癡禪人；後者是或有禪定、或無禪定的宗門證悟者，凡已證悟者皆是靈龜。但後者被人虛造事實，用以嘲笑大慧宗杲禪師，說他雖是靈龜，卻不免被天童禪師預記「患背」痛苦而亡：「鈍鳥離巢易，靈龜脫殼難。」藉以貶低大慧宗杲的證量。同時將天童禪師實證如來藏的證量，曲解爲意識境界的離念靈知。自從大慧禪師入滅以後，錯悟凡夫對他的不實毀謗就一直存在著，不曾止息，並且捏造的假事實也隨著年月的增加而越來越多，終至編成「鈍鳥與靈龜」的假公案、假故事。本書是考證大慧與天童之間的不朽情誼，顯現這件假公案的虛妄不實；更見大慧宗杲面對惡勢力時的正直不阿，亦顯示大慧對天童禪師的至情深義，將使後人對大慧宗杲的誣謗至此而止，不再有人誤犯毀謗賢聖的惡業。書中亦舉證宗門的所悟確以第八識如來藏爲標的，詳讀之後必可改正以前被錯悟大師誤導的參禪知見，日後必定有助於實證禪宗的開悟境界，得階大乘眞見道位中，即是實證般若之賢聖。全書459頁，售價350元。

維摩詰經講記：本經係　世尊在世時，由等覺菩薩維摩詰居士藉疾病而演說之大乘菩提無上妙義，所說函蓋甚廣，然極簡略，是故今時諸方大師與學人讀之悉皆錯解，何況能知其中隱含之深妙正義，是故普遍無法爲人解說；若強爲人說，則成依文解義而有諸多過失。今由平實導師公開宣講之後，詳實解釋其中密意，令維摩詰菩薩所說大乘不可思議解脫之深妙正法得以正確宣流於人間，利益當代學人及與諸方大師。書中詳實演述大乘佛法深妙不共二乘之智慧境界，顯示諸法之中絕待之實相境界，建立大乘菩薩妙道於永遠不敗不壞之地，以此成就護法偉功，欲冀永利娑婆人天。已經宣講圓滿整理成書流通，以利諸方大師及諸學人。全書共六輯，每輯三百餘頁，售價各250元。

真假外道：本書具體舉證佛門中的常見外道知見實例，並加以教證及理證上的辨正，幫助讀者輕鬆而快速的了知常見外道的錯誤知見，進而遠離佛門內外的常見外道知見，因此即能改正修學方向而快速實證佛法。游正光老師著 。成本價200元。

勝鬘經講記：如來藏爲三乘菩提之所依，若離如來藏心體及其含藏之一切種子，即無三界有情及一切世間法，亦無二乘菩提緣起性空之出世間法；本經詳說無始無明、一念無明皆依如來藏而有之正理，藉著詳解煩惱障與所知障間之關係，令學人深入了知二乘菩提與佛菩提相異之妙理；聞後即可了知佛菩提之特勝處及三乘修道之方向與原理，邁向攝受正法而速成佛道的境界中。平實導師講述，共六輯，每輯三百餘頁，售價各250元。

楞嚴經講記：楞嚴經係大乘祕密教之重要經典，亦是佛教中普受重視之經典；經中宣說明心與見性之內涵極爲詳細，將一切法都會歸如來藏及佛性—妙眞如性；亦闡釋五陰區宇及五陰盡的境界，作諸地菩薩自我檢驗證量之依據，旁及佛菩提道修學過程中之種種魔境，以及外道誤會涅槃之狀況，亦兼述明三界世間之起源，具足宣示大乘菩提之奧祕。然因言句深澀難解，法義亦復深妙寬廣，學人讀之普難通達，是故讀者大多誤會，不能如實理解佛所說之明心與見性內涵，亦因是故多有悟錯之人引爲開悟之證言，成就大妄語罪。今由平實導師詳細講解之後，整理成文，以易讀易懂之語體文刊行天下，以利學人。全書十五輯，全部出版完畢。每輯三百餘頁，售價每輯300元。

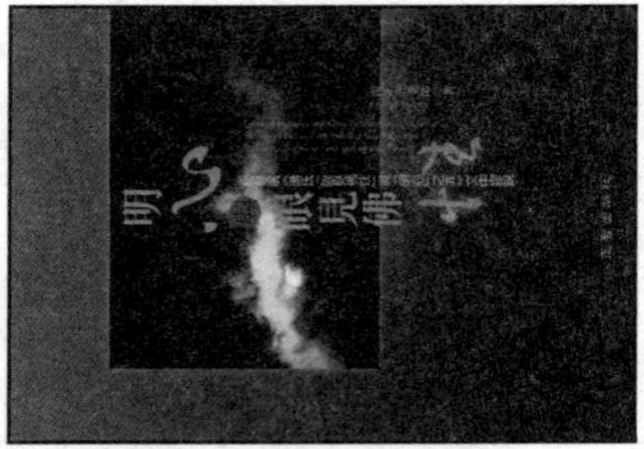

明心與眼見佛性：本書細述明心與眼見佛性之異同，同時顯示了中國禪宗破初參明心與重關眼見佛性二關之間的關聯；書中又藉法義辨正而旁述其他許多勝妙法義，讀後必能遠離佛門長久以來積非成是的錯誤知見，令讀者在佛法的實證上有極大助益。也藉慧廣法師的謬論來教導佛門學人回歸正知正見，遠離古今禪門錯悟者所墮的意識境界，非唯有助於斷我見，也對未來的開悟明心實證第八識如來藏有所助益，是故學禪者都應細讀之。 游正光老師著 共448頁 售價300元。

菩薩底憂鬱CD：將菩薩情懷及禪宗公案寫成新詞，並製作成超越意境的優美歌曲。 1.主題曲〈菩薩底憂鬱〉，描述地後菩薩能離三界生死而迴向繼續生在人間，但因尚未斷盡習氣種子而有極深沈之憂鬱，非三賢位菩薩及二乘聖者所知，此憂鬱在七地滿心位方才斷盡；本曲之詞中所說義理極深，昔來所未曾見；此曲係以優美的情歌風格寫詞及作曲，聞者得以激發嚮往諸地菩薩境界之大心，詞、曲都非常優美，難得一見；其中勝妙義理之解說，已印在附贈之彩色小冊中。2.以各輯公案拈提中直示禪門入處之頌文，作成各種不同曲風之超意境歌曲，值得玩味、參究；聆聽公案拈提之優美歌曲時，請同時閱讀內附之印刷精美說明小冊，可以領會超越三界的證悟境界；未悟者可以因此引發求悟之意向及疑情，眞發菩提心而邁向求悟之途，乃至因此眞實悟入般若，成眞菩薩。3.正覺總持咒新曲，總持佛法大意；總持咒之義理，已加以解說並印在隨附之小冊中。本CD共有十首歌曲，長達63分鐘，附贈二張購書優惠券。每片320元。

金剛經宗通：三界唯心，萬法唯識，是成佛之修證內容，是諸地菩薩之所修；般若則是成佛之道（實證三界唯心、萬法唯識）的入門，若未證悟實相般若，即無成佛之可能，必將永在外門廣行菩薩六度，永在凡夫位中。然而實相般若的發起，全賴實證萬法的實相；若欲證知萬法的眞相，則必須探究萬法之所從來，則須實證自心如來—金剛心如來藏，然後現觀這個金剛心的金剛性、眞實性、如如性、清淨性、涅槃性、能生萬法的自性性、本住性，名爲證眞如；進而現觀三界六道唯是此金剛心所成，人間萬法須藉八識心王和合運作方能現起。如是實證《華嚴經》的「三界唯心、萬法唯識」以後，由此等現觀而發起實相般若智慧，繼續進修第十住位的如幻觀、第十行位的陽焰觀、第十迴向位的如夢觀，再生起增上意樂而勇發十無盡願，方能滿足三賢位的實證，轉入初地；自知成佛之道而無偏倚，從此按部就班、次第進修乃至成佛。第八識自心如來是般若智慧之所依，般若智慧的修證則要從實證金剛心自心如來開始；《金剛經》則是解說自心如來之經典，是一切三賢位菩薩所應進修之實相般若經典。這一套書，是將平實導師宣講的《金剛經宗通》內容，整理成文字而流通之；書中所說義理，迥異古今諸家依文解義之說，指出大乘見道方向與理路，有益於禪宗學人求開悟見道，及轉入內門廣修六度萬行。已於2013年9月出版完畢，總共9輯，每輯約三百餘頁，售價各250元。

禪意無限CD：平實導師以公案拈提書中偈頌寫成不同風格曲子，與他人所寫不同風格曲子共同錄製出版，幫助參禪人進入禪門超越意識之境界。盒中附贈彩色印製的精美解說小冊，以供聆聽時閱讀，令參禪人得以發起參禪之疑情，即有機會證悟本來面目，實證大乘菩提般若。本CD共有十首歌曲，長達69分鐘，每盒各附贈二張購書優惠券。每片320元。

空行母—性別、身分定位，以及藏傳佛教：本書作者爲蘇格蘭哲學家，因爲嚮往佛教深妙的哲學內涵，於是進入當年盛行於歐美的假藏傳佛教密宗，擔任卡盧仁波切的翻譯工作多年以後，被邀請成爲卡盧的空行母（又名佛母、明妃），開始了她在密宗裡的實修過程；後來發覺在密宗雙身法中的修行，其實無法使自己成佛，也發覺密宗對女性岐視而處處貶抑，並剝奪女性在雙身法中擔任一半角色時應有的身分定位。當她發覺自己只是雙身法中被喇嘛利用的工具，沒有獲得絲毫應有的尊重與基本定位時，發現了密宗的父權社會控制女性的本質；於是作者傷心地離開了卡盧仁波切與密宗，但是卻被恐嚇不許講出她在密宗裡的經歷，也不許她說出自己對密宗的教義與教制下對女性剝削的本質，否則將被咒殺死亡。後來她去加拿大定居，十餘年後方才擺脫這個恐嚇陰影，下定決心將親身經歷的實情及觀察到的事實寫下來並且出版，公諸於世。出版之後，她被流亡的達賴集團人士大力攻訐，誣指她爲精神狀態失常、說謊……等。但有智之士並未被達賴集團的政治操作及各國政府政治運作吹捧達賴的表相所欺，使她的書銷售無阻而又再版。正智出版社鑑於作者此書是親身經歷的事實，所說具有針對「藏傳佛教」而作學術研究的價值，也有使人認清假藏傳佛教剝削佛母、明妃的男性本位實質，因此洽請作者同意中譯而出版於華人地區。珍妮·坎貝爾女士著，呂艾倫 中譯，每冊250元。

霧峰無霧—給哥哥的信 本書作者藉兄弟之間信件往來論義，略述佛法大義；並以多篇短文辨義，舉出釋印順對佛法的無量誤解證據，並一一給予簡單而清晰的辨正，令人一讀即知。久讀、多讀之後即能認清楚釋印順的六識論見解，與眞實佛法之牴觸是多麼嚴重；於是在久讀、多讀之後，於不知不覺之間提升了對佛法的極深入理解，正知正見就在不知不覺間建立起來了。當三乘佛法的正知見建立起來之後，對於三乘菩提的見道條件便將隨之具足，於是聲聞解脫道的見道也就水到渠成；接著大乘見道的因緣也將次第成熟，未來自然也會有親見大乘菩提之道的因緣，悟入大乘實相般若也將自然成功，自能通達般若系列諸經而成實義菩薩。作者居住於南投縣霧峰鄉，自喻見道之後不復再見霧峰之霧，故鄉原野美景一一明見，於是立此書名爲《霧峰無霧》；讀者若欲撥霧見月，可以此書爲緣。游宗明 老師著 已於2015年出版售價250元。

霧峰無霧—第二輯—救護佛子向正道　本書作者藉釋印順著作中之各種錯謬法義提出辨正，以詳實的文義一一提出理論上及實證上之解析，列舉釋印順對佛法的無量誤解證據，藉此教導佛門大師與學人釐清佛法義理，遠離岐途轉入正道，然後知所進修，久之便能見道明心而入大乘勝義僧數。被釋印順誤導的大師與學人極多，很難救轉，是故作者大發悲心深入解說其錯謬之所在，佐以各種義理辨正而令讀者在不知不覺之間轉歸正道。如是久讀之後欲得斷身見、證初果，即不爲難事；乃至久之亦得大乘見道而得證眞如，脫離空有二邊而住中道，實相般若智慧生起，於佛法不再茫然，漸漸亦知悟後進修之道。屆此之時，對於大乘般若等深妙法之迷雲暗霧亦將一掃而空，生命及宇宙萬物之故鄉原野美景一一明見，是故本書仍名《霧峰無霧》，爲第二輯；讀者若欲撥雲見日、離霧見月，可以此書爲緣。游宗明　老師著　已於2019年出版　售價250元。

假藏傳佛教的神話—性、謊言、喇嘛教：本書編著者是由一首名爲「阿姊鼓」的歌曲爲緣起，展開了序幕，揭開假藏傳佛教—喇嘛教—的神秘面紗。其重點是蒐集、摘錄網路上質疑「喇嘛教」的帖子，以揭穿「假藏傳佛教的神話」爲主題，串聯成書，並附加彩色插圖以及說明，讓讀者們瞭解西藏密宗及相關人事如何被操作爲「神話」的過程，以及神話背後的眞相。作者：張正玄教授。售價200元。

達賴真面目—玩盡天下女人：假使您不想戴綠帽子，請記得詳細閱讀此書；假使您不想讓好朋友戴綠帽子，請您將此書介紹給您的好朋友。假使您想保護家中的女性，也想要保護好朋友的女眷，請記得將此書送給家中的女性和好友的女眷都來閱讀。本書爲印刷精美的大本彩色中英對照精裝本，爲您揭開達賴喇嘛的眞面目，內容精彩不容錯過，爲利益社會大眾，特別以優惠價格嘉惠所有讀者。編著者：白志偉等。大開版雪銅紙彩色精裝本。售價800元。

童女迦葉考—論呂凱文《佛教輪迴思想的論述分析》之謬：童女迦葉是佛世率領五百大比丘遊行於人間的歷史事實，是以童貞行而依止菩薩戒弘化於人間的大菩薩，不依別解脫戒（聲聞戒）來弘化於人間。這是大乘佛教與聲聞佛教同時存在於佛世的歷史明證，證明大乘佛教不是從聲聞法中分裂出來的部派佛教的產物，卻是聲聞佛教分裂出來的部派佛教聲聞凡夫僧所不樂見的史實；於是古今聲聞法中的凡夫都欲加以扭曲而作詭說，更是末法時代高聲大呼「大乘非佛說」的六識論聲聞凡夫極力想要扭曲的佛教史實之一，於是想方設法扭曲迦葉菩薩為聲聞僧，以及扭曲迦葉童女為比丘僧等荒謬不實之論著便陸續出現，古時聲聞僧寫作的《分別功德論》是最具體之事例，現代之代表作則是呂凱文先生的《佛教輪迴思想的論述分析》論文。鑑於如是假藉學術考證以籠罩大眾之不實謬論，未來仍將繼續造作及流竄於佛教界，繼續扼殺大乘佛教學人法身慧命，必須舉證辨正之，遂成此書。平實導師 著，每冊180元。

末代達賴—性交教主的悲歌：簡介從藏傳偽佛教（喇嘛教）的修行核心—性力派男女雙修，探討達賴喇嘛及藏傳偽佛教的修行內涵。書中引用外國知名學者著作、世界各地新聞報導，包含：歷代達賴喇嘛的祕史、達賴六世修雙身法的事蹟，以及《時輪續》中的性交灌頂儀式……等；達賴喇嘛書中開示的雙修法、達賴喇嘛的黑暗政治手段；達賴喇嘛所領導的寺院爆發喇嘛性侵兒童；新聞報導《西藏生死書》作者索甲仁波切性侵女信徒、澳洲喇嘛秋達公開道歉、美國最大假藏傳佛教組織領導人邱陽創巴仁波切的性氾濫，等等事件背後真相的揭露。作者：張善思、呂艾倫、辛燕。售價250元。

黯淡的達賴—失去光彩的諾貝爾和平獎：本書舉出很多證據與論述，詳述達賴喇嘛不為世人所知的一面，顯示達賴喇嘛並不是真正的和平使者，而是假借諾貝爾和平獎的光環來欺騙世人；透過本書的說明與舉證，讀者可以更清楚的瞭解，達賴喇嘛是結合暴力、黑暗、淫欲於喇嘛教裡的集團首領，其政治行為與宗教主張，早已讓諾貝爾和平獎的光環染污了。 本書由財團法人正覺教育基金會寫作、編輯，由正覺出版社印行，每冊250元。

第七意識與第八意識？—穿越時空「超意識」：「三界唯心，萬法唯識」是佛教中應該實證的聖教，也是《華嚴經》中明載而可以實證的法界實相。唯心者，三界一切境界、一切諸法唯是一心所成就，即是每一個有情的第八識如來藏，不是意識心。唯識者，即是人類各各都具足的八識心王——眼識、耳鼻舌身意識、意根、阿賴耶識，第八阿賴耶識又名如來藏，人類五陰相應的萬法，莫不由八識心王共同運作而成就，故說萬法唯識。依聖教量及現量、比量，都可以證明意識是二法因緣生，是由第八識藉意根與法塵二法爲因緣而出生，又是夜夜斷滅不存之生滅心，即無可能反過來出生第七識意根、第八識如來藏，當知不可能從生滅性的意識心中，細分出恆審思量的第七識意根，更無可能細分出恆而不審的第八識如來藏。本書是將演講內容整理成文字，細說如是內容，並已在《正覺電子報》連載完畢，今彙集成書以廣流通，欲幫助佛門有緣人斷除意識我見，跳脫於識陰之外而取證聲聞初果；嗣後修學禪宗時即得不墮外道神我之中，得以求證第八識金剛心而發起般若實智。平實導師 述，每冊300元。

中觀金鑑—詳述應成派中觀的起源與其破法本質：學佛人往往迷於中觀學派之不同學說，被應成派與自續派所迷惑；修學般若中觀二十年後自以爲實證般若中觀了，卻仍不曾入門，甫聞實證般若中觀者之所說，則茫無所知，迷惑不解；隨後信心盡失，不知如何實證佛法；凡此，皆因惑於這二派中觀學說所致。自續派中觀所說同於常見，以意識境界立爲第八識如來藏之境界，應成派所說則同於斷見，但又同立意識爲常住法，故亦具足斷常二見。今者孫正德老師有鑑於此，乃將起源於密宗的應成派中觀學說，追本溯源，詳考其來源之外，亦一一舉證其立論內容，詳加辨正，令密宗雙身法祖師以識陰境界而造之應成派中觀學說本質，詳細呈現於學人眼前，令其維護雙身法之目的無所遁形。若欲遠離密宗此二大派中觀謬說，欲於三乘菩提有所進道者，允宜具足閱讀並細加思惟，反覆讀之以後將可捨棄邪道返歸正道，則於般若之實證即有可能，證後自能現觀如來藏之中道境界而成就中觀。本書分上、中、下三冊，每冊250元，全部出版完畢。

入間佛教—實證者必定不悖三乘菩提：「大乘非佛說」的講法似乎流傳已久，卻只是日本人企圖擺脫中國正統佛教的影響，而在明治維新時期才開始提出來的說法；台灣佛教、大陸佛教的淺學無智之人，由於未曾實證佛法而迷信日本人錯誤的學術考證，錯認爲這些別有用心的日本佛學考證的講法爲天竺佛教的眞實歷史；甚至還有更激進的反對佛教者提出「釋迦牟尼佛並非眞實存在，只是後人捏造的假歷史人物」，竟然也有少數佛教徒願意跟著「學術」的假光環而信受不疑，亦導致部分台灣佛教界人士，造作了反對中國大乘佛教而推崇南洋小乘佛教的行爲，使台灣佛教的信仰者難以檢擇，亦導致一般大陸人士開始轉入基督教的盲目迷信中。在這些佛教及外教人士之中，也就有一分人根據此邪說而大聲主張「大乘非佛說」的謬論，這些人以「人間佛教」的名義來抵制中國正統佛教，公然宣稱中國的大乘佛教是由聲聞部派佛教的凡夫僧所創造出來的。這樣的說法流傳於台灣及大陸佛教界凡夫僧之中已久，卻非眞正的佛教歷史中曾經發生過的事，只是繼承六識論的聲聞法中凡夫僧，以及別有居心的日本佛教界，依自己的意識境界立場，純憑臆想而編造出來的妄想說法，卻已經影響許多無智之凡夫僧俗信受不移。本書則是從佛教的經藏法義實質及實證的現量內涵本質立論，證明大乘佛法本是佛說，是從《阿含正義》尚未說過的不同面向來討論「人間佛教」的議題，證明「大乘眞佛說」。閱讀本書可以斷除六識論邪見，迴入三乘菩提正道發起實證的因緣；也能斷除禪宗學人學禪時普遍存在之錯誤知見，對於建立參禪時的正知見有很深的著墨。平實導師 述，內文488頁，全書528頁，定價400元。

喇嘛性世界—揭開假藏傳佛教譚崔瑜伽的面紗：這個世界中的喇嘛，號稱來自世外桃源的香格里拉，穿著或紅或黃的喇嘛長袍，散布於我們的身邊傳教灌頂，吸引了無數的人嚮往學習；這些喇嘛虔誠地爲大眾祈福，手中拿著寶杵（金剛）與寶鈴（蓮花），口中唸著咒語：「唵．嘛呢．叭咪．吽……」，咒語的意思是說：「我至誠歸命金剛杵上的寶珠伸向蓮花寶穴之中」！「喇嘛性世界」是什麼樣的「世界」呢？本書將爲您呈現喇嘛世界的面貌。當您發現眞相以後，您將會唸：「噢！喇嘛．性．世界，譚崔性交嘛！」作者：張善思、呂艾倫。售價200元。

見性與看話頭：黃正倖老師的《見性與看話頭》於《正覺電子報》連載完畢，今結集出版。書中詳說禪宗看話頭的詳細方法，並細說看話頭與眼見佛性的關係，以及眼見佛性者求見佛性前必須具備的條件。本書是禪宗實修者追求明心開悟時參禪的方法書，也是求見佛性者作功夫時必讀的方法書，內容兼顧眼見佛性的理論與實修之方法，是依實修之體驗配合理論而詳述，條理分明而且極爲詳實、周全、深入。本書內文375頁，全書416頁，售價300元。

實相經宗通：學佛之目的在於實證一切法界背後之實相，禪宗稱之爲本來面目或本地風光，佛菩提道中稱之爲實相法界；此實相法界即是金剛藏，又名佛法之祕密藏，即是能生有情五陰、十八界及宇宙萬有（山河大地、諸天、三惡道世間）的第八識如來藏，又名阿賴耶識心，即是禪宗祖師所說的眞如心，此心即是三界萬有背後的實相。證得此第八識心時，自能瞭解般若諸經中隱說的種種密意，即得發起實相般若——實相智慧。每見學佛人修學佛法二十年後仍對實相般若茫然無知，亦不知如何入門，茫無所趣；更因不知三乘菩提的互異互同，是故越是久學者對佛法越覺茫然，都肇因於尚未瞭解佛法的全貌，亦未瞭解佛法的修證內容即是第八識心所致。本書對於修學佛法者所應實證的實相境界提出明確解析，並提示趣入佛菩提道的入手處，有心親證實相般若的佛法實修者，宜詳讀之，於佛菩提道之實證即有下手處。平實導師述著，共八輯，已於2016年出版完畢，每輯成本價250元。

真心告訴您（一）——達賴喇嘛在幹什麼？這是一本報導篇章的選集，更是「破邪顯正」的暮鼓晨鐘。「破邪」是戳破假象，說明達賴喇嘛及其所率領的密宗四大派法王、喇嘛們，弘傳的佛法是仿冒的佛法；他們是假藏傳佛教，是坦特羅（譚崔性交）外道法和藏地崇奉鬼神的苯教混合成的「喇嘛教」，推廣的是以所謂「無上瑜伽」的男女雙身法冒充佛法的假佛教，詐財騙色誤導衆生，常常造成信徒家庭破碎、家中兒少失怙的嚴重後果。「顯正」是揭櫫眞相，指出眞正的藏傳佛教只有一個，就是覺囊巴，傳的是　釋迦牟尼佛演繹的第八識如來藏妙法，稱爲他空見大中觀。正覺教育基金會即以此古今輝映的如來藏正法正知見，在眞心新聞網中逐次報導出來，將箇中原委「眞心告訴您」，如今結集成書，與想要知道密宗眞相的您分享。售價250元。

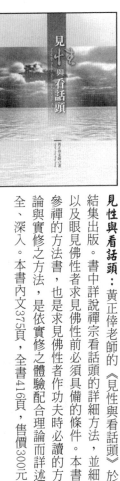

法華經講義：此書爲平實導師始從2009/7/21演述至2014/1/14之講經錄音整理所成。世尊一代時教，總分五時三教，即是華嚴時、聲聞緣覺教、般若教、種智唯識教、法華時；依此五時三教區分爲藏、通、別、圓四教。本經是最後一時的圓教經典，圓滿收攝一切法教於本經中，是故最後的圓教聖訓中，特地指出無有三乘菩提，其實唯有一佛乘；皆因眾生愚迷故，方便區分爲三乘菩提以助眾生證道。世尊於此經中特地說明如來示現於人間的唯一大事因緣，便是爲有緣眾生「開、示、悟、入」諸佛的所知所見——第八識如來藏妙眞如心，並於諸品中隱說「妙法蓮花」如來藏心的密意。然因此經所說甚深難解，眞義隱晦，古來難得有人能窺堂奧；平實導師以知如是密意故，特爲末法佛門四眾演述《妙法蓮華經》中各品蘊含之密意，使古來未曾被古德註解出來的「此經」密意，如實顯示於當代學人眼前。乃至〈藥王菩薩本事品〉、〈妙音菩薩品〉、〈觀世音菩薩普門品〉、〈普賢菩薩勸發品〉中的微細密意，亦皆一併詳述之，可謂開前人所未曾言之密意，示前人所未見之妙法。最後乃至以〈法華大義〉而總其成，全經妙旨貫通始終，而依佛旨圓攝於一心如來藏妙心，厥爲曠古未有之大說也。平實導師述，共有25輯，已於2019/05/31出版完畢。每輯300元。

西藏「活佛轉世」制度—附佛、造神、世俗法：歷來關於喇嘛教活佛轉世的研究，多針對歷史及文化兩部分，於其所以成立的理論基礎，較少系統化的探討。尤其是此制度是否依據「佛法」而施設？是否合乎佛法眞實義？現有的文獻大多含糊其詞，或人云亦云，不曾有明確的闡釋與如實的見解。因此本文先從活佛轉世的由來，探索此制度的起源、背景與功能，並進而從活佛的尋訪與認證之過程，發掘活佛轉世的特徵，以確認「活佛轉世」在佛法中應具足何種果德。定價150元。

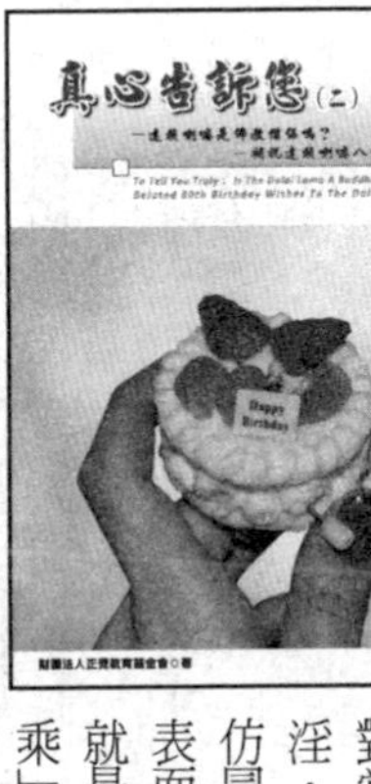

真心告訴您(二)—達賴喇嘛是佛教僧侶嗎？補祝達賴喇嘛八十大壽：這是一本針對當今達賴喇嘛所領導的喇嘛教，冒用佛教名相、於師徒間或師兄姊間，實修男女邪淫，而從佛法三乘菩提的現量與聖教量，揭發其謊言與邪術，證明達賴及其喇嘛教是仿冒佛教的外道，是「假藏傳佛教」。藏密四大派教義雖有「八識論」與「六識論」的表面差異，然其實修之內容，皆共許「無上瑜伽」四部灌頂爲究竟「成佛」之法門，也就是共以男女雙修之邪淫法爲「即身成佛」之密要，雖美其名曰「欲貪爲道」之「金剛乘」，並誇稱其成就超越於（應身佛）釋迦牟尼佛所傳之顯教般若乘之上；然詳考其理論，則或以意識離念時之粗細心爲第八識如來藏，或以中脈裡的明點爲第八識如來藏，或如宗喀巴與達賴堅決主張第六意識爲常恆不變之眞心者，分別墮於外道之常見與斷見中；全然違背 佛說能生五蘊之如來藏的實質。售價300元。

涅槃—解說四種涅槃之實證及內涵：眞正學佛之人，首要即是見道，由見道故方有涅槃之實證，證涅槃者方能出生死，但涅槃有四種：二乘聖者的有餘涅槃、無餘涅槃，以及大乘聖者的本來自性清淨涅槃、佛地的無住處涅槃。大乘聖者實證本來自性清淨涅槃，入地前再取證二乘涅槃，然後起惑潤生捨離二乘涅槃，繼續進修而在七地心前斷盡三界愛之習氣種子，依七地無生法忍之具足而證得念念入滅盡定；八地後進斷異熟生死，直至妙覺地下生人間成佛，具足四種涅槃，方是眞正成佛。此理古來少人言，以致誤會涅槃正理者比比皆是，今於此書中廣說四種涅槃、如何實證之理、實證前應有之條件，實屬本世紀佛教界極重要之著作，令人對涅槃有正確無訛之認識，然後可以依之實行而得實證。本書共有上下二冊，每冊各四百餘頁，對涅槃詳加解說，每冊各350元。

佛藏經講義：本經說明爲何佛菩提難以實證之原因，都因往昔無數阿僧祇劫前的邪見，引生此世求證時之業障而難以實證。即以諸法實相詳細解說，繼之以念佛品、念法品、念僧品，說明諸佛與法之實質；然後以淨戒品之說明，期待佛弟子四衆堅持清淨戒而轉化心性，並以往古品的實例說明歷代學佛人在實證上的業障由來，教導四衆務必滅除邪見轉入正見中，不再造作謗法及謗賢聖之大惡業，以免未來世尋求實證之時被業障所障；然後以了戒品的說明和囑累品的付囑，期望末法時代的佛門四衆弟子皆能清淨知見而得以實證。平實導師於此經中有極深入的解說，總共21輯，已於2022/11/30出版完畢，每輯三百餘頁，售價300元。

大法鼓經講義：本經解說佛法的總成：法、非法。由開解法、非法二義，說明了義佛法與世間戲論法的差異，指出佛法實證之標的即是法——第八識如來藏；並顯示實證後的智慧，如實擊大法鼓、演深妙法，演說如來祕密教法，非二乘定性及諸凡夫所能得聞，唯有具足菩薩性者方能得聞。正聞之後即得依於 世尊大願而拔除邪見，入於正法而得實證；深解不了義經之方便說，亦能實解了義經所說之眞實義，得以證法——如來藏，而得發起根本無分別智，乃至進修而發起後得無分別智；並堅持布施及受持清淨戒而轉化心性，得以現觀眞我眞法如來藏之各種層面。此爲第一義諦聖教，並授記末法最後餘八十年時，一切世間樂見離車童子以七地證量而示現爲凡夫身，將繼續護持此經所說正法。平實導師於此經中有極深入的解說，總共六輯，每輯300元，於2023/01/30 開始每二個月發行一輯。

成唯識論釋：本論係大唐玄奘菩薩揉合當時天竺十大論師的說法加以辨正而著成，攝盡佛門證悟菩薩及部派佛教聲聞凡夫論師對佛法的論述，並函蓋當時天竺諸大外道對生命實相的錯誤論述加以辨正，是由玄奘大師依據無生法忍證量加以評論確定而成爲此論。平實導師弘法初期即已依於證量略講過一次，歷時大約四年，當時正覺同修會規模尚小，聞法成員亦多尚未證悟，是故並未整理成書；如今正覺同修會中的證悟同修已超過六百人，鑑於此論在護持正法、實證佛法及悟後進修上的重要性，已於2022年初重講，並已經預先註釋完畢編輯成書，名爲《成唯識論釋》，總共十輯，每輯目次41頁、序文7頁、每輯內文多達四百餘頁，並將原本13級字縮小爲12級字編排，以增加其內容；於增上班宣講時的內容將會更詳細於書中所說，涉及佛法密意的詳細內容只於增上班中宣講，於書中皆依佛誡隱覆密意而說，然已足夠所有學人藉此一窺佛法堂奧而進入正道、免入岐途。重新判教後編成的〈目次〉已經詳盡判定論中諸段句義，用供學人參考；是故讀者閱完此論之釋，即可深解成佛之道的正確內涵。本書總共十輯，預定每一輯內容講述完畢時即予出版，第一輯於2023年五月底出版，然後每七至十個月出版下一輯，每輯定價400元。

不退轉法輪經講義：世尊弘法有五時三教之別，分爲藏、通、別、圓四教之理，本經是大乘般若期前的通教經典，所說之大乘般若正理與所證解脫果，通於二乘解脫道，佛法智慧則通大乘般若，皆屬大乘般若與解脫甚深之理，故其所證解脫果位通於二乘法教；而其中所說第八識無分別法之正理，即是世尊降生人間的唯一大事因緣。如是第八識能仁而且寂靜，恆順衆生於生死之中從無乖違，識體中所藏之本來無漏性的有爲法以及眞如涅槃境界，皆能助益學人最後成就佛道；此謂釋迦意爲能仁，牟尼意爲寂靜，此第八識即名釋迦牟尼，釋迦牟尼即是能仁寂靜的第八識眞如；若有人聽聞如是第八識常住、如來不滅之正理，信受奉行之人皆有大乘實證之因緣，永得不退於成佛之道，是故聽聞釋迦牟尼名號而解其義者，皆得不退轉於無上正等正覺，未來世中必有實證之因緣。如是深妙經典，已由平實導師詳述圓滿並整理成書，預定於《大法鼓經講義》發行圓滿之後接著梓行，每二個月發行一輯，總共十輯，每輯300元。

解深密經講義：本經是所有尋求大乘見道及悟後欲入地者所應詳讀串習的三經之一，即是《楞伽經》、《解深密經》、《楞嚴經》三經中的一經，亦可作爲見道眞假的自我印證依據。此經是　世尊晚年第三轉法輪時，宣說地上菩薩所應熏修之無生法忍唯識正義經典；經中總說眞見道位所見的智慧總相，兼及相見道位所應熏修的七眞如等法；亦開示入地應修之十地眞如等義理，乃是大乘一切種智增上慧學，以阿陀那識—如來藏—阿賴耶識爲成佛之道的主體。禪宗之證悟者，若欲修證初地無生法忍乃至八地無生法忍者，必須修學《楞伽經、解深密經、楞嚴經》所說之八識心王一切種智。此三經所說正法，方是眞正成佛之道；印順法師否定第八識如來藏之後所說萬法緣起性空之法，墮於六識論中而著作的《成佛之道》，乃宗本於密宗宗喀巴六識論邪思而寫成的邪見，是以誤會後之二乘解脫道取代大乘眞正成佛之道，承襲自古天竺部派佛教聲聞凡夫論師的邪見，尚且不符二乘解脫道正理，亦已墮於斷滅見及常見中，所說全屬臆想所得的外道見，不符本經、諸經中佛所說的正義。平實導師曾於本會郭故理事長往生時，於喪宅中從**首七**開始宣講此經，於每一七起各宣講三小時，至**十七**而快速略講圓滿，作爲郭老之往生後的佛事功德，迴向郭老早證八地、速返娑婆住持正法。茲爲今時後世學人故，已經開始重講《解深密經》，以淺顯之語句講畢後，將會整理成文並梓行流通，用供證悟者進道；亦令諸方未悟者，據此經中佛語正義修正邪見，依之速能入道。平實導師述著，全書輯數未定，每輯三百餘頁，將於未來重講完畢後逐輯陸續出版。

修習止觀坐禪法要講記：修學四禪八定之人，往往錯會禪定之修學知見，欲以無止盡之坐禪而證禪定境界，卻不知修除性障之行門才是修證四禪八定不可或缺之要素，故智者大師云「性障初禪」；性障不除，初禪永不現前，云何修證二禪等？又：行者學定，若唯知數息，而不解六妙門之方便善巧者，欲求一心入定，未到地定極難可得，智者大師名之爲「事障未來」：障礙未到地定之修證。又禪定之修證，不可違背二乘菩提及第一義法，否則縱使具足四禪八定，亦不能實證涅槃而出三界。此諸知見，智者大師於《修習止觀坐禪法要》中皆有闡釋。作者平實導師以其第一義之見地及禪定之實證證量，曾加以詳細解析。將俟正覺寺竣工啓用後重講，不限制聽講者資格；講後將以語體文整理出版。欲修習世間定及增上定之學者，宜細讀之。平實導師述著。

阿含經講記—小乘解脫道之修證：小乘解脫道之修證：數百年來，南傳佛法所說證果之不實，所說解脫道之虛妄，所弘解脫道法義之世俗化，皆已少人知之；阿含解脫道從南洋傳入台灣與大陸之後，所說法義虛謬之事，亦復少人知之；今時台灣全島印順系統之法師居士，多不知南傳佛法數百年來所說解脫道之義理已然偏斜、已然世俗化、已非眞正之二乘解脫正道，猶極力推崇與弘揚。彼等南傳佛法近代所謂之證果者皆非眞實證果者，譬如阿迦曼、葛印卡、帕奧禪師、一行禪師……等人，悉皆未斷我見故。近年更有台灣南部大願法師，高抬南傳佛法之二乘修證行門爲「捷徑究竟解脫之道」者，然而南傳佛法縱使眞修實證，得成阿羅漢，至高唯是二乘菩提解脫之道，絕非究竟解脫，無餘涅槃中之實際尚未得證故，法界之實相尚未了知故，習氣種子待除故，一切種智未實證故，焉得謂爲「究竟解脫」？即使南傳佛法近代眞有實證之阿羅漢，尚且不及三賢位中之七住明心菩薩本來自性清淨涅槃智慧境界，則不能知此賢位菩薩所證之無餘涅槃實際，仍非大乘佛法中之見道者，何況彼等普未實證聲聞果乃至未斷我見之人？謬充證果已屬逾越，更何況是誤會二乘菩提之後，以未斷我見之凡夫知見所說之二乘菩提解脫偏斜法道，焉可高抬爲「究竟解脫」？而且自稱「捷徑之道」？又妄言解脫之道即是成佛之道，完全否定般若實智、否定三乘菩提所依之如來藏心體，此理大大不通也！平實導師爲令修學二乘菩提欲證解脫果者，普得迴入二乘菩提正見、正道中，是故選錄四阿含諸經中，對於二乘解脫道法義有具足圓滿說明之經典，預定未來十年內將會加以詳細講解，令學佛人得以了知二乘解脫道之修證理路與行門，庶免被人誤導之後，未證言證，梵行未立，干犯道禁自稱阿羅漢或成佛，成大妄語，欲升反墮。本書首重斷除我見，以助行者斷除我見而實證初果為著眼之目標，若能根據此書內容，配合平實導師所著《識蘊眞義》《阿含正義》內涵而作實地觀行，實證初果非為難事，行者可以藉此三書自行確認聲聞初果為實際可得現觀成就之事。此書中除依二乘經典所說加以宣示外，亦依斷除我見等之證量，及大乘法中道種智之證量，對於意識心之體性加以細述，令諸二乘學人必定得斷我見、常見，免除三縛結之繫縛。次則宣示斷除我執之理，欲令升進而得薄貪瞋痴，乃至斷五下分結…等。平實導師將擇期講述，然後整理成書。共二冊，每冊三百餘頁。每輯300元。

＊喇嘛教修外道雙身法，墮識陰境界，非佛教＊
＊弘揚如來藏他空見的覺囊派才是眞正藏傳佛教＊

總經銷： 聯合發行股份有限公司

231 新北市新店區寶橋路 235 巷 6 弄 6 號 4F

Tel.02－2917-8022（代表號） Fax.02－2915-6275（代表號）

零售：1.**全台連鎖經銷書局：**

三民書局、誠品書局、何嘉仁書店

敦煌書店、紀伊國屋、金石堂書局、建宏書局

諾貝爾圖書城、墊腳石圖書文化廣場

2.**台北市**：佛化人生 **大安區**羅斯福路 3 段 325 號 6 樓之 4　台電大樓對面

3.**新北市**：春大地書店 **蘆洲區**中正路 117 號

4.**桃園市**：御書堂 **龍潭區**中正路 123 號

5.**新竹市**：大學書局 **東區**建功路 10 號

6.**台中市**：瑞成書局 **東區**雙十路 1 段 4 之 33 號

佛教詠春書局 **南屯區**永春東路 884 號

文春書店 **霧峰區**中正路 1087 號

7.**彰化市**：心泉佛教文化中心 南瑤路 286 號

8.**高雄市**：政大書城 **前鎮區**中華五路 789 號 2 樓（高雄夢時代店）

明儀書局 **三民區**明福街 2 號

青年書局 **苓雅區**青年一路 141 號

9.**台東市**：東普佛教文物流通處 博愛路 282 號

10.**其餘鄉鎮市經銷書局**：請電詢總經銷**聯合**公司。

11.**大陸地區請洽：**

香港：樂文書店

銅鑼灣店 :香港銅鑼灣駱克道 506 號 2 樓

電話 :(852) 2881 1150 email: luckwinbs@gmail.com

廈門：廈門外圖臺灣書店有限公司

地址：廈門市思明區湖濱南路809 號 廈門外圖書城3 樓 郵編：361004

電話：0592-5061658（臺灣地區請撥打 86-592-5061658）

E-mail：JKB118＠188.COM

12.**美國：世界日報圖書部**：紐約圖書部　電話 7187468889#6262

洛杉磯圖書部　電話 3232616972#202

13.**國內外地區網路購書：**

正智出版社 書香園地　http://books.enlighten.org.tw/

（書籍簡介、經銷書局可直接聯結下列網路書局購書）

三民 網路書局　http://www.sanmin.com.tw

誠品 網路書局　http://www.eslitebooks.com

博客來 網路書局　http://www.books.com.tw

金石堂 網路書局　http://www.kingstone.com.tw

聯合 網路書局　http:// www.nh.com.tw

附註：1.請儘量向各經銷書局購買：郵政劃撥需要八天才能寄到（本公司在您劃撥後第四天才能接到劃撥單，次日寄出後第二天您才能收到書籍，此六天中可能會遇到週休二日，是故共需八天才能收到書籍）若想要早日收到書籍者，請劃撥完畢後，將劃撥收據貼在紙上，旁邊寫上您的姓名、住址、郵區、電話、買書詳細內容，直接傳眞到本公司 02-28344822，並來電 02-28316727、28327495 確認是否已收到您的傳眞，即可提前收到書籍。 2.因台灣每月皆有五十餘種宗教類書籍上架，書局書架空間有限，故唯有新書方有機會上架，通常每次只能有一本新書上架；本公司出版新書，大多上架不久便已售出，若書局未再叫貨補充者，書架上即無新書陳列，則請直接向書局櫃台訂購。 3.若書局不便代購時，可於晚上共修時間向正覺同修會各共修處請購（共修時間及地點，詳閱**共修現況表**。每年例行年假期間請勿前往請書，年假期間請見共修現況表）。 4.郵購：郵政劃撥帳號 19068241。 5.正覺同修會會員購書都以八折計價（戶籍台北市者為一般會員，外縣市為護持會員）都可獲得優待，欲一次購買全部書籍者，可以考慮入會，節省書費。入會費一千元（第一年初加入時才需要繳），年費二千元。**6.尚未出版之書籍，請勿預先郵寄書款與本公司，謝謝您！** 7.若欲一次購齊本公司書籍，或同時取得正覺同修會贈閱之全部書籍者，請於正覺同修會共修時間，親到各共修處請購及索取；**台北市讀者**請洽：103 台北市承德路三段 267 號 10 樓（捷運淡水線 圓山站旁）請書時間：週一至週五為 18.00~21.00，第一、三、五週週六為 10.00~21.00，雙週之週六為 10.00~18.00 請購處專線電話：25957295-分機 14（於請書時間方有人接聽）。

敬告大陸讀者：

大陸讀者購書、索書捷徑（尚未在大陸出版的書籍，以下二個途徑都可以購得，電子書另包括結緣書籍）：

1.廈門外國圖書公司：廈門市思明區湖濱南路 809 號 廈門外圖書城 3F
郵編：361004　電話：0592-5061658　網址：http://www.xibc.com.cn/

2.電子書：正智出版社有限公司及正覺同修會在台灣印行的各種局版書、結緣書，已有『**正覺電子書**』陸續上線中，提供讀者於手機、平板電腦上購書、下載、閱讀正智出版社、正覺同修會及正覺教育基金會所出版之電子書，詳細訊息敬請參閱『正覺電子書』專頁：http://books.enlighten.org.tw/ebook

關於平實導師的書訊，請上網查閱：
成佛之道　http://www.a202.idv.tw
正智出版社 書香園地　http://books.enlighten.org.tw/

中國網採訪佛教正覺同修會、正覺教育基金會訊息：

http://foundation.enlighten.org.tw/newsflash/20150817_1

http://video.enlighten.org.tw/zh-CN/visit_category/visit10

★ 正智出版社有限公司售書之稅後盈餘，全部捐助財團法人正覺寺籌備處、佛教正覺同修會、正覺教育基金會，供作弘法及購建道場之用；懇請諸方大德支持，功德無量。

★ 聲 明 ★

本社於 2015/01/01 開始調整本目錄中部分書籍之售價，以因應各項成本的持續增加。

＊ 喇嘛教修外道雙身法、墮識陰境界，非佛教 ＊

＊ 弘揚如來藏他空見的覺囊派才是真正藏傳佛教 ＊

售後服務—換書啓事（免附回郵） 2017/12/05

《楞伽經詳解》第三輯初版免費調換新書啓事：茲因 平實導師弘法早期尚未回復往世全部證量，有些法義接受他人的說法，寫書當時並未察覺而有二處（同一種法義）跟著誤說，如今發現已將之修正。茲爲顧及讀者權益，已開始免費調換新書；敬請所有讀者將以前所購第三輯（不論第幾刷），攜回或寄回本公司免費換新；郵寄者之回郵由本公司負擔，不需寄來郵票。因此而造成讀者閱讀、以及換書的不便，在此向所有讀者致上萬分的歉意，祈請讀者大眾見諒！

《楞嚴經講記》第 14 輯初版首刷本免費調換新書啓事：本講記第 14 輯出版前因 平實導師諸事繁忙，未將之重新閱讀而只改正校對時發現的錯別字，故未能發覺十年前所說法義有部分錯誤，於第 15 輯付印前重閱時才發覺第 14 輯中有部分錯誤尚未改正。今已重新審閱修改並已重印完成，煩請所有讀者將以前所購第 14 輯初版首刷本，寄回本公司免費換新（初版二刷本無錯誤），本公司將於寄回新書時同時附上您寄書來換新時的郵資，並在此向所有讀者致上最誠懇的歉意。

《心經密意》初版書免費調換二版新書啓事：本書係演講錄音整理成書，講時因時間所限，省略部分段落未講。後於再版時補寫增加 13 頁，維持原價流通之。茲爲顧及初版讀者權益，自 2003/9/30 開始免費調換新書，原有初版一刷、二刷書籍，皆可寄來本公司換書。

《宗門法眼》已經增寫改版爲 464 頁新書，2008 年 6 月中旬出版。讀者原有初版之第一刷、第二刷書本，都可以寄回本公司免費調換改版新書。改版後之公案及錯悟事例維持不變，但將內容加以增說，較改版前更具有廣度與深度，將更能助益讀者參究實相。

換書者**免附回郵**，亦無截止期限；舊書請寄：111 台北郵政 73-151 號信箱 或 103 台北市承德路三段 267 號 10 樓 正智出版社有限公司。舊書若有塗鴨、殘缺、破損者，仍可換取新書；但缺頁之舊書至少應仍有五分之三頁數，方可換書。所有讀者不必顧念本公司是否有盈餘之問題，都請踴躍寄來換書；本公司成立之目的不是營利，只要能眞實利益學人，即已達到成立及運作之目的。若以郵寄方式換書者，免附回郵；並於寄回新書時，由本公司附上您寄來書籍時耗用的郵資。造成您不便之處，再次致上萬分的歉意。

正智出版社有限公司 啓

換書及道歉公告

《法華經講義》第十三輯初版免費調換新書啟事：本書因謄稿、印製等相關人員作業疏失，導致該書中的經文及內文用字將「**親近**」誤植成「清淨」。茲爲顧及讀者權益，自 2017/8/30 開始免費調換新書；敬請所有讀者將以前所購第十三輯初版首刷及二刷本，攜回或寄回本公司免費換新，或請自行更正其中的錯誤之處；郵寄者之回郵由本公司負擔，不需寄來郵票。同時對因此而造成讀者閱讀、以及換書的困擾及不便，在此向所有讀者致上最誠懇的歉意，祈請讀者大眾見諒！錯誤更正說明如下：

一、第 256 頁第 10 行~第 14 行：【就是先要具備「**法親近處**」、「**眾生親近處**」；法**親近**處就是在實相之法有所實證，如果在實相法上有所實證，他在二乘菩提中自然也能有所實證，以這個作爲第一個**親近**處——第一個基礎。然後還要有第二個基礎，就是瞭解應該如何善待眾生；對於眾生不要有排斥或者是貪取之心，平等觀待而攝受、親近一切有情。以這兩個**親近**處作爲基礎，來實行其他三個安樂行法。】。

二、第 268 頁第 13 行：【具足了那兩個「**親近處**」，使你能夠在末法時代，如實而圓滿的演述《法華經》時，那麼你作這個夢，它就是如理作意的，完全符合邏輯去完成這個過程，就表示你那個晚上，在那短短的一場夢中，已經度了不少眾生了。

《大法鼓經講義》第一輯初版免費調換新書啟事：本書因校對相關人員作業疏失錯失別字，導致該書中的內文 255 頁倒數 5 行有二字錯植而無發現，乃「『**智慧**』的滅除不容易」應更正爲「『**煩惱**』的滅除不容易」。茲爲顧及讀者權益，自 2023/2/15 開始免費調換新書，或請自行更正其中的錯誤之處；敬請所有讀者將以前所購第一輯初版首刷及二刷本，攜回或寄回本公司免費換新；郵寄者之回郵由本公司負擔，不需寄來郵票。同時對因此而造成讀者閱讀、以及換書的困擾及不便，在此向所有讀者致上最誠懇的歉意，祈請讀者大眾見諒！

正智出版社有限公司 敬啓

國家圖書館出版品預行編目資料

起信論講記／平實導師講述—初版—壹
北市：正智，2004〔民93-〕
面；　　公分
ISBN 957-28743-5-7（第1輯；平裝）
ISBN 957-28743-6-5（第2輯；平裝）
ISBN 957-28743-7-3（第3輯；平裝）
ISBN 957-28743-9-X（第4輯；平裝）
ISBN 986-81358-0-X（第5輯；平裝）
ISBN 986-81358-1-8（第6輯；平裝）
1. 論藏
222.3　　93010953

起信論講記

——第一輯

著述者：平實導師
音文轉換：正覺同修會編譯組
校　對：章乃鈞　陳介源
出版者：正智出版社有限公司
電話：〇二 28327495　28316727（白天）
傳眞：〇二 28344822
111 台北郵政 73-151 號信箱
郵政劃撥帳號：一九〇六八二四一
正覺講堂：總機〇二 25957295（夜間）
總經銷：聯合發行股份有限公司
231 新北市新店區寶橋路 235 巷 6 弄 6 號
電話：〇二 29178022（代表號）
傳眞：〇二 29156275
初　版：公元二〇〇四年六月底　二千冊
初版十刷：公元二〇二三年四月　二千冊
定　價：二五〇元